D0855758

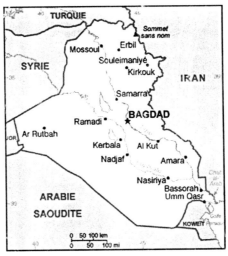

Source : http://fr.wikipedia.org/wiki/Image:Iraq_carte.png

L'ERREUR

*L'Échec américain en Irak
cinq ans plus tard*

Charles-Philippe David
Karine Prémont
Julien Tourreille

L'ERREUR

*L'Échec américain en Irak
cinq ans plus tard*

SEPTENTRION

Les éditions du Septentrion remercient le Conseil des Arts du Canada et la Société de développement des entreprises culturelles du Québec (SODEC) pour le soutien accordé à leur programme d'édition, ainsi que le gouvernement du Québec pour son Programme de crédit d'impôt pour l'édition de livres. Nous reconnaissons également l'aide financière du gouvernement du Canada par l'entremise du Programme d'aide au développement de l'industrie de l'édition (PADIÉ) pour nos activités d'édition.

Conception graphique et montage: Folio infographie
Couverture: Olivier Lasser
Révision: Céline Huyghebaert
Correction d'épreuves: Céline Huyghebaert et Sophie Imbeault

Si vous désirez être tenu au courant des publications
des ÉDITIONS DU SEPTENTRION
vous pouvez nous écrire au
1300, av. Maguire, Sillery (Québec) G1T 1Z3
ou par télécopieur (418) 527-4978
ou consulter notre catalogue sur Internet:
www.septentrion.qc.ca

© Les éditions du Septentrion
1300, av. Maguire
Sillery (Québec)
G1T 1Z3

Dépôt légal:
Bibliothèque et Archives
nationales du Québec, 2008
ISBN: 978-2-89448-542-2

Diffusion au Canada:
Diffusion Dimedia
539, boul. Lebeau
Saint-Laurent (Québec)
H4N 1S2

Ventes en Europe:
Distribution du Nouveau Monde
30, rue Gay-Lussac
75005 Paris

À Léo et Mattys
Puissent-ils apprendre de leurs erreurs !

AVANT-PROPOS

I L Y A DERRIÈRE toute entreprise un certain nombre d'artisans sans lesquels elle ne pourrait aboutir et qui sont aussi essentiels que discrets. À ce titre, les auteurs de cet ouvrage souhaitent remercier Josée Morissette et Sophie Imbeault de l'accueil chaleureux qu'elles ont fait à ce projet lorsqu'il a été évoqué il y a maintenant plus de deux ans. Leurs remerciements vont également à Marie-Chantal Locas qui a complété la chronologie à la fin de cet ouvrage et en a effectué le fastidieux travail de relecture. Enfin, et surtout, leur gratitude doit être adressée à Céline Huyghebaert, la cheville ouvrière des publications de la Chaire Raoul-Dandurand, dont la plume est tout à la fois crainte et indispensable. Il va de soi que les conjoints et collègues de travail ont également mérité par leur patience, leur disponibilité et, parfois, leur endurance cette part de reconnaissance qui leur revient.

Montréal, janvier 2008

Mission... impossible ?

2002. L'année restera dans l'Histoire celle de *l'erreur* pour
la politique étrangère des États-Unis. En effet, après l'attaque
d'Oussama Ben Laden et d'Al-Qaida le 11 septembre 2001,
les Américains répliquent en Afghanistan et se retrouvent
en position de force à la fin de l'année. En 2002, George
W. Bush et ses conseillers décident d'envahir l'Irak, au nom
de la lutte contre le terrorisme et de la recherche d'hypothé-
tiques armes de destruction massive. La puissance et la crédibilité américaines sont alors rudement mises à l'épreuve.
D'abord, quand la planète se rend compte que Bush délaisse
peu à peu le théâtre afghan et décide d'«aller à Bagdad»
envers et contre le jugement de beaucoup de pays. Ensuite,
quand l'invasion brillamment menée de mars 2003 fait place
à une occupation bâclée qui produit l'inverse des résultats
promis par les Américains. La position de force dont jouis-
saient les États-Unis fin 2001 bascule à la fin de l'année 2003.
En plus d'avoir perdu Ben Laden, Washington perd l'Irak.
L'erreur d'avoir envahi et occupé l'Irak coûtera cher aux
Américains. Cinq ans plus tard, les dommages causés à leur
politique extérieure demeurent considérables.

«Mission accomplie», concluait George W. Bush début
mai 2003 en annonçant le renversement de Saddam Hussein
et la fin des opérations militaires dans le pays. Cinq ans
après, il serait sans doute plus juste de conclure «mission
impossible». Les choses iront peut-être mieux un jour en

Irak, mais personne ne pourra oublier les déboires de cette invasion et les conséquences pour les Irakiens qui l'ont subie. On peut aussi se demander ce que serait devenu l'Afghanistan aujourd'hui si, au lieu d'envahir l'Irak, les États-Unis avaient déployé *en sol afghan* leurs 160 000 troupes actuellement présentes en sol irakien ? L'Afghanistan serait-il plus stable ? Ben Laden déjà arrêté ou tué ? Le Pakistan moins enclin à subir les turbulences de l'islamisme extrémiste ? Bref, si l'Irak n'avait pas été envahi, la sécurité dans le monde, et notamment en Afghanistan, ne s'en porterait-elle pas mieux ? L'erreur de jugement de la stratégie à adopter en Irak est donc aussi une erreur de jugement sur l'Afghanistan : les deux subissent l'impact du choix de la guerre qu'a décidé d'entreprendre Bush le 19 mars 2003.

C'est en décembre 2001 que l'administration Bush commence à perdre de vue l'objectif de la lutte contre le terrorisme — qui impose alors d'accorder la priorité à la traque de Ben Laden et à la stabilisation de l'Afghanistan — pour se concentrer sur sa prochaine guerre en Irak. D'ores et déjà, cette décision ampute l'armée américaine du nombre de troupes réservées jusqu'alors au théâtre afghan. D'autres pays, et notamment le Canada, doivent rapidement combler cette désertion. L'erreur d'intervenir en Irak se double donc de l'erreur de délaisser l'Afghanistan et, surtout, de ne pas bloquer la frontière afghano-pakistanaise par laquelle Ben Laden s'enfuira, avec les conséquences dramatiques que l'on connaît pour le Pakistan d'aujourd'hui. La décision d'aller en Irak a également un impact *positif* sur Al-Qaida. Cette dernière profite de ce moment de répit pour se reconstruire dans les zones tribales du nord-ouest du Pakistan et pour attirer de nouveaux djihadistes. Al-Qaida survit ainsi à Saddam Hussein !

Comment expliquer le choix de cette guerre qu'a menée la Maison-Blanche il y a cinq ans ? Qui, du groupe Carlyle, des groupes pétroliers, du Pentagone, de la Maison-Blanche ou encore d'Halliburton est derrière cette décision? Quel intérêt la présidence Bush a-t-elle servi en occupant un État que George H. Bush père avait délibérément refusé d'envahir plus d'une décennie auparavant? L'erreur qu'ont commise les décideurs en s'enlisant quelque part dans les sables de Mésopotamie est si désarmante qu'il est désormais difficile de croire véritablement au complot. Car, pour ce faire, il faudrait résoudre un paradoxe: comment penser que cette présidence ait pu fomenter un plan d'une telle complexité et ne pas trouver le moyen d'enterrer quelques armes nucléaires dans le désert irakien pour justifier son invasion? La distorsion entre l'hyperpuissance des décideurs américains et l'ineptie des dirigeants que l'on identifie au gré de leurs bourdes est manifeste. Finalement, l'explication de *l'erreur* est beaucoup plus simple. Loin de constituer un complot de l'Empire américain, l'invasion de l'Irak est à la mesure des incohérences, de l'incapacité des acteurs du drame irakien, et reflète les contradictions et la cacophonie du système décisionnel américain.

Cinq ans plus tard, l'erreur irakienne apparaît comme une somme de bourdes, d'errances et de manquements, d'hommes et de femmes au gouvernement, au Parlement, dans les juridictions américaines, mais aussi dans les médias, l'opinion publique et l'armée. Au cœur de l'administration Bush, beaucoup ont été pris dans la spirale inflationniste portée par la vague du 11 septembre. Certains ont poussé leur propre ordre du jour, qu'il s'agisse des néo-conservateurs ou des exilés irakiens. Tous ont utilisé les ficelles et les lacunes de l'organigramme décisionnel. Ce sont donc des intérêts divers et des incompréhensions multiples qui ont convergé progressivement vers l'invasion de l'Irak, au mépris parfois du bon sens et de la rationalité. *L'erreur politique,* qu'examine tout d'abord Charles-Philippe David, est avant tout le reflet du dysfonctionnement de la prise de décision à la Maison-Blanche.

L'erreur politique se double alors d'une *erreur militaire*: Julien Tourreille expose les limites militaires de la puissance américaine, qui reste pendant longtemps inadaptée et réfractaire au théâtre de guerre que devient l'Irak après la chute de Saddam Hussein. Pendant ce temps, ceux qui auraient peut-être pu faire contrepoids au rouleau compresseur de la Maison-Blanche, comme l'expliquent Karine Prémont et Élisabeth Vallet, tels les médias, l'opinion publique, le Congrès et même la Cour suprême des États-Unis, paraissent tétanisés. Peu disposés à défier la Maison-Blanche, tous restent cois pendant près de deux ans, *institutionnalisant l'erreur* commise en 2002. Lorsque la tendance s'inverse, dans la foulée de l'ouragan Katrina, l'égarement initial n'est pas vraiment corrigé, en tout cas, pas par eux.

Cinq ans plus tard, le bilan est lourd: près de 4 000 soldats sont morts du côté américain et l'Organisation mondiale de la santé recense plus de 151 000 décès dans la population irakienne entre 2003 et 2006. La mission était-elle donc... impossible? À la veille des élections de 2008, les candidats à la Maison-Blanche paraissent souvent hésitants, malhabiles lorsqu'il s'agit d'évoquer la question irakienne. Le retrait n'est d'ailleurs pas toujours présenté comme la solution. Parce que la complexité du système politique américain, du processus décisionnel et du déséquilibre des pouvoirs demeure entière. L'erreur commise par la présidence Bush marquera encore longtemps le paysage politique des États-Unis, mais aussi, surtout, leur image dans le monde et la géopolitique du Moyen-Orient.

I

L'ERREUR POLITIQUE

Charles-Philippe David

« We invaded not Iraq but the Iraq of our dreams, a country
that didn't exist, that we didn't understand. »

Un ancien ambassadeur américain à Riyad

« If this place succeeds, it will be in spite
of what we did, not because of it. »

Un haut fonctionnaire américain en poste à Bagdad[1]

L'IDÉE REÇUE selon laquelle les États-Unis voulaient s'approprier l'Irak pour mettre la main sur ses puits de pétrole, reconstruire la carte géopolitique du Moyen-Orient et faire de ce pays un vassal des intérêts américains bute sur une contradiction : comment imaginer qu'une administration à la stratégie si bien rodée ait pu être à ce point ignorante des difficultés qui l'attendaient. La question mérite d'être posée : si l'administration américaine avait réalisé la folie de l'aventure irakienne, aurait-elle tout de même voulu renverser Saddam Hussein ? L'appétit impérialiste des États-Unis, sur toile de fond de dépendance pétrolière, pourrait bien expliquer leur aveuglement dans cette entreprise. Les choses n'auraient alors tout simplement pas tourné comme les conseillers du président et comme l'occupant de la

Maison-Blanche l'avaient souhaité. Cette thèse du complot pourrait-elle justifier qu'en dépit d'informations contradictoires l'administration Bush a persisté sur cette voie catastrophique ? La réponse est déroutante : l'invasion et l'échec des États-Unis en Irak, cinq ans plus tard, s'expliquent moins par un plan diabolique répondant à une soif de pouvoir que par une énorme sottise, qui découle d'une conjoncture particulière et d'un processus décisionnel foncièrement défectueux. Bref, l'erreur qui a mené les États-Unis en Irak est le produit d'une conjonction de circonstances et d'influences, d'un entêtement pernicieux et non d'une décision réfléchie. Elle résulte davantage d'une idée que d'un intérêt, et elle est fondée, comme plusieurs observateurs de la politique étrangère américaine l'ont abondamment souligné, sur un « choix » et non sur une « nécessité ».

En outre, si on a tendance à croire à un plan prémédité et au complot pétrolier, il est alors difficile d'imaginer qu'une administration si stratégique ait pu commettre autant d'erreurs et de faux pas accumulés durant l'occupation américaine de l'Irak à partir d'avril 2003. Là encore, en dépit de tous les avertissements et de toutes les études — au sein même de l'administration —, Bush et ses conseillers ont pris à peu près toutes les décisions qui ont eu pour conséquence de saper une quelconque chance — si petite ait-elle été — de gagner leur pari irakien. On peut alors se demander qui aurait pu être assez bête pour faire le contraire de ce qui était nécessaire à la mise en œuvre d'une décision apparemment si bien calculée ? Si le complot contre l'Irak était aussi rationnel et intelligent qu'on le présume parfois, comment les moyens pour l'exécuter ont-ils été conçus de façon si approximative ? L'erreur de l'invasion se répercute sur l'erreur de l'occupation : tout ce qui aurait dû être fait ne l'a pas été, et tout ce qui a été fait n'aurait pas dû l'être ! Cinq ans après l'invasion, l'échec américain en Irak est bien davantage explicable par les bavures et les méprises de l'administration, que par les seules velléités irakiennes de résistance au projet impérial américain. Bref, l'administration américaine peut être largement blâmée pour avoir bâclé pendant trop longtemps toute l'œuvre de stabilisation de l'Irak après le renversement de Saddam Hussein. Pourquoi une telle erreur depuis la chute de ce dernier ?

L'erreur était-elle évitable ?

Ce chapitre, au demeurant, comme les autres chapitres de ce livre, élucide *l'erreur* — en fait, une série d'erreurs — commise en Irak en démontrant que les États-Unis ont davantage brillé par leur aveuglement et leur incompétence, que par leur intelligence et leur esprit stratégique. L'Empire ne pouvait en réalité concevoir une décision plus contraire à son intérêt et ses décideurs ont déjà payé cher une aventure aussi mal pensée qu'exécutée. Les détracteurs de l'Amérique impériale peuvent sûrement s'en réjouir, mais force est de constater que cette décision pitoyable démontre bien, au final, que l'idée même d'Empire américain est surfaite : l'erreur en Irak est le reflet de toutes les limites, les défaillances et les luttes de pouvoir au sein de l'administration américaine qui caractérisent l'évolution généralement déroutante et parfois incohérente de la politique extérieure des États-Unis.

Les choses auraient pu se dérouler différemment

Les prophéties et les mises en garde de spécialistes (d'anciens conseillers, tel Brent Scowcroft et James Baker, ou d'anciens présidents, comme Gerald Ford, Jimmy Carter et George H. Bush) ne manquent pas pour alerter les décideurs et, au premier chef, le président Bush, le vice-président Cheney, le secrétaire d'État Powell, le secrétaire à la Défense Rumsfeld, de même que la conseillère à la sécurité nationale Rice, des risques que comportait la chute éventuelle du régime de Saddam Hussein[2]. Dès avril 2002, au sein même du gouvernement américain, plus d'une centaine d'experts de 17 agences fédérales, et plus de quelque 240 leaders irakiens d'origines et d'obédiences diverses, réunis dans le *Future of Iraq Project* sous l'égide d'un haut fonctionnaire du département d'État, Tom Warrick, soumettent 2 000 pages d'études et de rapports sur les actions qui seront nécessaires à la stabilisation de l'Irak (telle une présence américaine soutenue sur une période de dix ans), et ce, dans tous les domaines[3]. De même, à l'été 2002, des groupes de travail interdépartementaux œuvrent ensemble pour acheminer aux décideurs expertise et recommandations. Des représentants du gouvernement américain participent au même moment à des séminaires et à des simulations menés par la *National Defense University* à Washington. Toutes ces démarches visent à informer les décideurs des difficultés et des obstacles prévisibles qu'auront à affronter les États-Unis. À l'hiver 2003, la *Defense Intelligence Agency* (DIA) et le *National Intelligence Council* (NIC), au cœur du dispositif de la communauté américaine du renseignement, seront encore plus insistants et précis — tout le contraire de la CIA dans le dossier des armes de destruction massive — pour alerter l'administration en place des problèmes qu'engendrerait une intervention en Irak et, notamment, des risques d'insurrection. Les travaux du *U.S. War College*, ou encore de think tanks reconnus tel le *Council of Foreign Relations* ou la RAND seront sciemment ignorés, alors qu'ils prévoient que l'occupation américaine de l'Irak sera longue, qu'il faudra déployer une imposante force militaire d'occupation pour accompagner la stabilisation et la reconstruction, que les troupes risquent de faire face à des attaques terroristes, que l'économie irakienne s'effondrera rapidement et, fait à noter, que le démantèlement de l'armée irakienne aura des conséquences désastreuses. Le rapport de février du *War College* est prophétique : il affirme que la menace posée par le régime de Hussein est infime, comparée aux problèmes (décrits avec beaucoup de justesse) que causeront sa chute. L'administration Bush, en particulier le Pentagone dirigé par des civils nommés par Rumsfeld, feront fi de tous ces « scénarios catastrophes ». Ironie du sort, selon le journaliste d'enquête James Fallows, « les prédictions du gouvernement américain sur les problèmes en Irak après la guerre s'avéreront exactes, tandis que celles qui ont précédé la guerre sur la menace stratégique posée par l'Irak se sont révélées totalement fausses[4] ». En d'autres termes, selon Fallows, la débâcle en Irak ne sera pas causée par un manque de planification, mais plutôt par le manque d'attention que les décideurs entourant Bush auront sciemment accordé à cette planification. L'ancien directeur de la CIA, George Tenet, abonde en ce sens : « notre analyse de l'Irak après la guerre était visionnaire... Mais, là où nous avons échoué, c'est dans notre incapacité à prévoir certaines des actions de *notre* propre gouvernement[5] ». Sans nul doute, cette déclaration permet aussi à l'ancien directeur de la CIA de se dédouaner de ses propres erreurs dans ses prédictions sur la présence d'armes de destruction massive en Irak.

Plusieurs autres exemples démontrent le fait que l'information gouvernementale a été transmise aux décideurs, mais qu'elle n'a en aucun cas produit de signal d'alarme :

- Juste avant que la guerre ne débute en mars 2003, l'expert sur l'Irak au sein de l'organisation du Conseil de sécurité nationale (*National Security Council* ou NSC), Zalmay Khalilzad, diffuse aux membres de l'administration une estimation du nombre de troupes requises pour stabiliser l'Irak après l'invasion : 139 000 si le modèle pris pour faire l'étude est l'Afghanistan, 360 000 s'il s'agit de la Bosnie et

Irak: Bush 41 sur Bush 43

Un détail intéressant dans l'histoire de l'invasion de l'Irak est le fait que Bush 41 (le 41ᵉ président de l'Histoire des États-Unis, de 1989 à 1992) se soit opposé — discrètement certes, mais avec opiniâtreté — à son fils, Bush 43. Diverses sources, dont le journaliste Bob Woodward, racontent en effet plusieurs épisodes, conversations et rencontres pendant lesquels les deux hommes ont échangé leurs points de vue sur la question. À cet égard, Bush 41 a toujours justifié sa décision de «ne pas aller à Bagdad» durant la guerre du Golfe de 1991: «Nous aurions alors été une puissance d'occupation — l'Amérique en terres arabes — et n'aurions eu aucun allié à nos côtés. C'aurait été un désastre[7]». Ce sera une affirmation que l'ancien président répètera tout au long des cinq années qui suivront, sans succès. Bush 43 a-t-il voulu ainsi se démarquer de la politique de Bush 41, tout en vengeant l'affront fait à son père lors de sa défaite électorale de 1992[8]? Saddam Hussein était alors resté au pouvoir et avait tenté d'assassiner George H. Bush lors de son passage au Koweït. Il est certain que les raisons de l'intervention américaine en Irak se trouvent ailleurs. Néanmoins, les divergences d'opinion entre les deux hommes sur ce dossier contredisent assurément l'idée reçue d'une «dynastie Bush» cherchant à mettre la main par tous les moyens sur le pétrole au Moyen-Orient.

500 000 s'il s'agit du Kosovo[6]. L'expert est d'avis que la situation en Irak ressemble davantage à celle prévalant dans les Balkans qu'en Afghanistan. Cette perception est partagée par le chef d'état-major de l'Armée de terre, le général Eric Shinseki, qui affirme devant un comité du Sénat, que l'invasion puis l'occupation requièrent plusieurs centaines de milliers de troupes — un avis que rejettera catégoriquement quelques jours plus tard, devant le même comité, le sous-secrétaire à la Défense Paul Wolfowitz[9]. Plusieurs autres évaluations militaires abondent dans le sens de Shinseki et de Khalilzad: 200 000 troupes seraient requises seulement pour sécuriser les 20 principales villes irakiennes.

- Durant la période qui précède l'invasion, la CIA prépare à de maintes reprises des rapports secrets prévenant les décideurs d'une haute probabilité d'insurrection en cas de chute du régime irakien. Le Bureau d'analyse du renseignement du département d'État prévoit lui aussi les risques d'insurrection et d'inertie durant les premiers mois de l'occupation américaine. Un autre rapport du NIC met en garde la Maison-Blanche contre toute attente de démocratisation à long terme de l'Irak, affirmant que l'apprentissage de la démocratie n'y sera pas facile et que l'effondrement de l'État irakien pourrait profiter à l'Iran[10]. Steve Herbits, conseiller politique et membre du cabinet personnel de Rumsfeld au Pentagone, avertit ce dernier en décembre 2002 que la planification post-Saddam Hussein est bâclée : « nous serons incapables de gagner la paix », met-il en garde son patron[11]. Qu'à cela ne tienne, le vice-président Cheney affirme à la mi-mars, donc à la veille du début des opérations militaires, que les soldats américains « seront accueillis en libérateurs[12] ».

- Des consultants politiques, tel Larry Diamond, recruté par le département d'État pour aider à la transition politique en Irak, tentent d'anticiper le risque pour les États-Unis de répéter l'erreur commise en Afghanistan, en ne dotant pas l'effort de stabilisation et de reconstruction des ressources militaires et financières suffisantes. Il réitère ses mises en garde à la fin de son séjour, en avril 2004, en recommandant formellement le déploiement d'un plus grand nombre de troupes et l'élaboration d'une véritable stratégie de contre-insurrection pour rétablir la sécurité en Irak — un avis qui trouve une issue favorable... trois ans plus tard[13]. Mais à l'époque, les suggestions de Diamond restent lettre morte.

- Un an après l'invasion, en juillet 2004, la CIA émet une autre « *National Intelligence Estimate* » qui annonce l'imminence d'une guerre civile. Personne n'y croit vraiment avant que l'armée désigne la situation sur le terrain en ces termes au printemps de l'année suivante[14]. À la fin de l'été 2005, un rapport également classifié de la CIA affirme que les États-Unis sont en voie de perdre la guerre en Irak et que cette dernière nourrit le renouvellement des effectifs d'Al-Qaida. En avril 2006, l'agence du renseignement conclut que l'Irak deviendra pour une génération une raison de s'engager dans la djihad[15].

Dans tous les cas, estime David Phillips — alors l'un des consultants du département d'État —, les faits montrent bien que « le problème n'était pas l'absence de plans mais plutôt la propension des conseillers politiques du Pentagone à vouloir précipiter une guerre tout en ignorant la planification en cours[16] ». Le résultat est que les États-Unis ont envahi l'Irak sans disposer d'une véritable stratégie pour gagner la paix après avoir gagné la guerre. Chaque décideur, chaque organisation de l'administration américaine a développé sa vision politique de ce que deviendrait l'Irak : le département d'État a opté pour une solution « à l'irakienne », reposant sur l'émergence de nouveaux leaders dans le pays, tandis que le département de la Défense a envisagé le scénario d'un télescopage d'exilés. Le président Bush a opté pour cette dernière vision, désignant d'ailleurs le Pentagone — et non le département d'État comme cela avait toujours été le cas jusqu'à présent dans des situations semblables — responsable de la situation postconflit. Cela aura été sans doute la pire décision de toute sa présidence, après celle d'avoir initié la guerre.

En rétrospective, pour paraphraser l'ancien secrétaire à la Défense, Robert McNamara, l'erreur des États-Unis concernant l'Irak — à l'instar du Viêtnam — a été une erreur de jugement et de moyens, et non une erreur de valeurs et d'intentions. On retrouve les mêmes causes d'échec dans les deux conflits : la méconnaissance des adversaires, la croyance en la possibilité d'exporter l'expérience démocratique américaine partout dans le monde, la sous-estimation du nationalisme irakien, l'ignorance de l'histoire et de la culture du pays occupé, la mauvaise appréciation des limites de la technologie militaire de pointe pour venir à bout de l'ennemi, le refus d'engager le Congrès et le public américain dans une discussion ouverte et honnête sur les risques de l'intervention, le refus de revoir les objectifs et les politiques, et de procéder aux changements nécessaires, l'arrogance et l'omnipotence des décideurs, le refus de considérer la position de la communauté internationale et d'agir avec son consentement, l'entêtement à chercher des solutions pour des problèmes qui n'en avaient pas, et, enfin, l'incapacité à organiser un système de prise de décision compétent pour débattre des enjeux et pour faire face à la complexité d'une guerre[17]. Comme le conclut McNamara, l'invasion puis l'occupation de l'Irak, à l'instar du Viêtnam, reflète surtout une conjoncture décisionnelle désastreuse au sein de l'administration américaine. En cela, les États-Unis ont été en réalité de « pires ennemis[18] » pour eux-mêmes que les insurgés irakiens (et cela ne va pas sans rappeler les analyses de la prise de décision de la guerre américaine en Indochine). Mais le paradoxe ultime dans cet échec, pour paraphraser de nouveau les spécialistes du sujet qui ont étudié le cas de l'intervention au Viêtnam, est que « le système gouvernemental a fonctionné, mais que la politique a échoué[19] ». En effet, la tragédie de l'erreur en Irak, c'est que l'information était bien disponible, mais qu'elle n'a pas été exploitée par les décideurs. L'idéologie et les manigances des opérateurs politiques ont eu raison de l'expertise et de la compétence des bureaucrates. Comment en est-on arrivé là ?

Erreur fortuite ou délibérée ?

Avant de mettre en place une démocratie, fallait-il d'abord que l'Irak puisse faire fonctionner un État. Or, encore aujourd'hui, l'Irak n'a ni l'un ni l'autre, et certains pensent que le mieux qu'on puisse espérer y accomplir soit l'un *sans* l'autre. Durant les six premiers mois après l'invasion, les États-Unis ne savent que faire de l'Irak. « Nous n'y sommes pas allés avec un plan mais avec une théorie », déclare un vétéran du département d'État[20]. Les hauts fonctionnaires de l'organisation du Conseil de sécurité nationale ne commencent à prendre les choses en main qu'à partir d'octobre 2003. Et il faut attendre l'été 2004 pour qu'on réalise au plus haut niveau l'ampleur de la débâcle irakienne. L'administration Bush ne semble pas négliger seulement *quelques*, mais bien *toutes* les conséquences négatives, tous les pires scénarios provoqués par la guerre. Un nombre incalculable d'erreurs sont commises durant les quatorze mois que dure l'occupation : l'incapacité de restaurer l'ordre sitôt la chute du régime, et à contrer les actes spectaculaires et abondants de pillage, le manque de traducteurs et de troupes sur le terrain, le démantèlement de l'armée, du Parti baassiste et du gouvernement irakien, le manque d'expérience du personnel sur place, la corruption et l'inefficacité de l'administration, les abus, la torture, l'absence de services publics et d'alternative politique crédible pour succéder à Saddam Hussein illustrent la très mauvaise gestion de l'après-Hussein[21].

On répète souvent, dans le domaine de la recherche stratégique, la mise en garde du général Prusse Von Moltke sur le fait qu'aucun plan de guerre ne résiste aux premières heures des combats ; on pourrait dire la même chose des plans civils et des premières heures de « paix ». Sauf que, dans le cas de l'Irak, il n'y a tout simplement pas eu de plan, ceci expliquant du coup toutes les difficultés qu'ont rencontrées les États-Unis en Irak par la suite. De plus, une fois les erreurs commises, peu de correctifs ont été apportés et le processus d'ajustement de la prise de décision a été pitoyable. Par exemple, le refus d'envoyer rapidement et massivement des troupes en renfort, Bush faisant entièrement confiance au secrétaire à la Défense, a été une décision lourde de conséquences. Bref, le nombre élevé d'anomalies décisionnelles présentes avant et après l'invasion de l'Irak explique aisément l'erreur américaine. Pensons, entre autres, aux consensus précipités entre décideurs, à l'insuffisance de discussions sur les différentes options qui s'offraient, à l'absence de débat structuré, aux recommandations trop peu contestées, au peu d'engagement et d'intérêt qu'a accordé à la situation le président. La conclusion d'un universitaire belge est, à cet égard, convaincante : « la prise de décision qui émerge [à propos de l'Irak] se caractérise par des erreurs de jugement, des querelles bureaucratiques et de personnalités, des analogies utiles mais biaisées, une trop grande confiance en soi, une réaction au *feedback* parfois trop lente[22] », etc. Une sorte de carambolage de la prise de décision, se déroulant au ralenti, selon l'image qu'évoque l'un des participants à cette prise de décision, alors directeur de la CIA, George Tenet. Au lieu de recoller les morceaux en Irak, cette manière de procéder finit par fractionner le pays, de l'aveu même du patron du renseignement[23]. Pire encore, l'administration Bush n'apprend pas des erreurs de ses prédécesseurs : en s'inspirant de l'opération *Tempête du désert* pour mettre en place l'opération *Liberté en Irak*, les décideurs auraient alors pu planifier les actions américaines à entreprendre si une situation de chaos était survenue. Pourtant, à l'instar de Bush 41, Bush 43 a complètement négligé de préparer les suites de la guerre[24]. Le refus d'apprendre des expériences précédentes s'est même répercuté sur d'autres choix, comme le rejet par Bush fils de l'approche multilatérale qui avait si bien servi Bush père ou encore comme la négligence des leçons enseignées par les interventions de paix dans les Balkans sous Bill Clinton.

Le reporter George Packer suggère une thèse provocante pour expliquer cette absence de planification en présence d'une information disponible et abondante. À son avis, l'erreur a été *délibérée*. N'en déplaise aux partisans de la thèse sur l'impérialisme américain, le Pentagone ne voulait de toute évidence pas que les États-Unis aient à (trop) s'occuper de l'Irak après en avoir délogé son dictateur. « S'il n'y a jamais eu de plan d'après-guerre cohérent, c'est parce que les décideurs qui comptent à Washington n'ont jamais voulu demeurer en Irak[25]. » À la suite de l'analyse de Gelb et Betts en 1979, *The Irony of Vietnam. The System Worked but the Policy Failed*, on peut dire que celle de Packer estime que ce n'est pas le processus mais la *stratégie* d'intervention qui a échoué. Packer a passé une grande partie de son temps en Irak, de mai 2003 à juin 2004, et il n'a pas été surpris de constater que les décisions prises n'étaient fondées sur aucune stratégie cohérente et réaliste. Personne n'était en charge de celle-ci, hormis Paul Bremer, le proconsul américain à Bagdad, qui agissait selon ses propres volontés en passant outre les objections des responsables militaires. Les bureaucraties à Washington étaient à couteaux tirés et la Maison-Blanche avait les yeux tournés vers l'échéancier électoral de novembre 2004. Si quelque chose n'allait pas, c'était toujours la faute des autres, remarque George Packer[26]. Les certitudes et l'arrogance ont aveuglé les décideurs et les ont empêchés de percevoir correctement la réalité irakienne. Peut-être même les États-Unis ont-ils perdu par leur propre faute toute possibilité de réussite — du moins, c'est ce qu'avancent certains témoins de la mésaventure américaine[27].

Dès lors, comment rendre compte de l'erreur américaine ? Pourquoi s'est-elle produite et pourquoi a-t-elle persisté ? Une analyse approfondie de la prise de décision montre non seulement que les choses auraient pu se dérouler différemment, mais qu'elles étaient sujettes à plusieurs influences cognitives et bureaucratiques[28]. On ne peut occulter le rôle des facteurs perceptuels et organisationnels pour comprendre les raisons de l'intervention militaire en Irak, puis les déboires de l'occupation. Ces facteurs, comme nous le verrons, ont pris le dessus sur une démarche décisionnelle qui sans cela aurait pu être rationnelle — expliquant du coup l'erreur américaine. On ne peut que souscrire à la thèse du journaliste d'enquête Ron Suskind :

> La charge de diriger le pays [...] empêche les présidents de se désintéresser de ce qui se passe au niveau inférieur. Leur expose-t-on réellement tous les points de vue ; les faits essentiels sont-ils connus ou connaissables ? Leur donne-t-on vraiment un résumé complet des choix et de leurs conséquences ? Ils sont poussés par la crainte de commettre des erreurs — *des erreurs évitables*[29].

Voila de bonnes questions qui soulèvent une problématique intéressante pour notre analyse de l'erreur en Irak : cette erreur était-elle effectivement « *évitable* » ?

D'autres scénarios possibles

En théorie, les délibérations et les actions de l'équipe décisionnelle de Bush auraient pu se dérouler différemment et produire d'autres résultats que ceux qu'on connaît :

- Colin Powell a reconnu s'être trompé lors de sa présentation aux Nations unies du 5 février 2003, durant laquelle il affirmait et démontrait, sur la base de fausses informations, la présence d'armes de destruction massive en Irak. Il assure aujourd'hui qu'il n'aurait pas soutenu l'intervention américaine s'il avait su que tous les renseignements sur lesquels se fondait sa présentation étaient faux

— déjà qu'il avait éliminé beaucoup d'informations qu'il jugeait ténues pour ne conserver que celles qui, à ses yeux, étaient incontestables[30]… Que se serait-il passé, pour la prise de décision, si, à l'instar de l'un de ses prédécesseurs (Cyrus Vance en 1980), le secrétaire d'État avait menacé de démissionner[31]? S'il avait laissé savoir au président ce qu'il pensait vraiment du processus décisionnel, aussi franchement qu'il le fera à la veille de quitter ses fonctions en janvier 2005[32]. En 2002, l'impact d'une seule personne aurait-il changé le cours de l'Histoire? Les néo-conservateurs et le Pentagone auraient-ils tout de même eu gain de cause, ou auraient-ils dû abandonner ou ralentir leur plan d'intervention? Comment aurait réagi Bush?

- Le rôle du directeur du renseignement, George Tenet, est également crucial: si lui aussi avait tenu tête aux conseillers de Bush et au président lui-même en refusant de considérer que les arguments prouvant la présence des armes de destruction massive en Irak étaient « en béton » — une expression que Tenet regretterait trois ans plus tard d'avoir utilisée (« les deux mots les plus stupides que j'ai jamais prononcés », dira-t-il[33]) —, que se serait-il passé? Et s'il était intervenu directement auprès de Bush, au lieu de se fier à la conseillère Condoleezza Rice pour acheminer certaines informations nuançant les affirmations de la Maison-Blanche, la guerre aurait-elle perdu sa raison d'être? Pourquoi n'a-t-il pas, à son tour, menacé de démissionner, ou démissionné tout court, lorsqu'il s'est aperçu que Cheney et ses alliés déformaient les renseignements disponibles? Une telle démission aurait sans nul doute fait dérailler le plan ou le calendrier de la guerre. Mais elle était improbable pour quelqu'un comme Tenet qui voulait à tout prix satisfaire son président[34].

- L'occupation américaine aurait-elle eu plus de succès si les États-Unis avaient déployé au moins deux fois plus de troupes, dès le départ, pour fermer les frontières, prévenir le pillage et protéger les édifices gouvernementaux ? Que se serait-il passé si, au lieu de démanteler l'armée, la police, le gouvernement et le Parti politique baassiste irakiens, les autorités américaines avaient conservé un embryon d'effectifs pour restaurer et maintenir l'ordre ? Si, en lieu et place de ce démantèlement, une « commission de la vérité et de la réconciliation », sur le modèle de l'Afrique du Sud, avait été mise sur pied ? Si l'on avait désarmé la milice de Moktada Al-Sadr dès la première année, au lieu d'attendre avril 2004 pour lancer des opérations contre elle ? Si les États-Unis avaient transféré à un « conseil de sages » irakien sous la tutelle de l'ONU la responsabilité de constituer rapidement un gouvernement et une administration intérimaire à Bagdad ? Si tous les dépôts d'armes avaient été confisqués et protégés ? Et si les décisions de démanteler l'armée, la police et le Parti baassiste avaient été prises par le gouvernement irakien, plutôt que par un vice-roi (Paul Bremer), alors l'insurrection sunnite, et les actions des milices chiites ou d'Al-Qaida auraient-elles pu être évitées ? Si toutes ces décisions avaient été prises par les conseillers de Bush, celui-ci aurait-il accompli son objectif et gagné son pari[35] ? Pourquoi personne ne les a-t-il considérées alors qu'elles auraient pu éviter aux États-Unis ce cuisant échec ?

• Constatant l'erreur et l'échec de l'intervention en Irak durant l'année 2005, le président Bush aurait pu entièrement renouveler son équipe travaillant sur la politique étrangère et, notamment, renvoyer Donald Rumsfeld, voire même Condoleezza Rice. Il aurait pu, bien avant que le rapport Baker-Hamilton ne lui soit soumis en décembre 2006, nommer des personnes d'expérience (tel Baker) pour réorienter la politique américaine en Irak. Il n'y a eu aucun ajustement ni aucune mesure correctrice apportés à la stratégie américaine avant l'hiver 2007 — quatre ans après la chute de Saddam Hussein.

« *What if* » poseraient comme question les historiens. Avec d'autres acteurs et en d'autres circonstances, il aurait peut-être été possible d'éviter l'erreur d'une intervention militaire et d'une occupation bâclée en Irak. L'analyse décisionnelle permet de mieux comprendre les étapes, puis les raisons de cette double erreur.

L'ampleur de l'erreur américaine

La plus importante remarque que l'on puisse faire au sujet de l'intervention américaine en Irak est de rappeler que, selon toute vraisemblance, les États-Unis n'auraient jamais envahi ce pays sans le 11 septembre 2001. Cela met encore une fois en doute la thèse répandue de la préméditation de l'invasion. Durant les neuf mois qui ont précédé l'attaque terroriste, la politique américaine a suivi la voie tracée par le secrétaire d'État Powell : des sanctions dites « intelligentes » contre le régime de Saddam Hussein, et ce, au grand dam du bureau du vice-président Dick Cheney, ainsi que du Pentagone. La conjoncture favorisait alors une position modérée de la CIA et du département d'État. La stratégie de « libération » de l'Irak, recrudescente depuis l'arrivée au pouvoir de Bush et discutée dès la première réunion formelle entre décideurs en janvier 2001, était alors confinée à une éventualité. Elle serait restée marginale si n'étaient pas survenus les attentats contre New York et Washington. Mais ces événements ont radicalement changé la donne.

Avant l'invasion : de septembre 2001 à mars 2003

La volonté d'attaquer l'Irak est quasi irrésistible dans les jours qui suivent le 11 septembre. Cette histoire a été racontée à de maintes reprises, notamment par Richard Clarke, l'expert du NSC sur le contre-terrorisme[36]. Les plans d'intervention sont « actualisés » tout au long de l'automne, tandis que le président signe plusieurs directives à cet effet, la première dès le 17 septembre, puis lors d'entretiens entre Bush et le général Tom Franks, alors président du Comité des chefs d'état-major, notamment le 21 novembre et le 28 décembre. Le 29 janvier 2002, Bush prononce son discours sur « l'axe du mal », qui inclut bien évidemment l'Irak. Entre mars et septembre 2002, la diplomatie coercitive est de mise. Elle est accompagnée de discours très durs, de menaces et de déclarations exagérées sur les craintes de voir l'Irak disposer d'armes de destruction massive et les distribuer à Al-Qaida. Le 1er juin 2002, Bush énonce dans son discours à l'académie militaire de West Point la doctrine de la guerre *préemptive* (préventive) qui justifie une action militaire de prévention contre un adversaire que l'on suspecte de vouloir attaquer les États-Unis (cette doctrine sera avalisée dans un document officiel de sécurité nationale en septembre). On comprend alors facilement l'identité de l'État visé par l'expression de cette doctrine et quasi déclaration de guerre ! C'est alors durant l'été 2002, selon toutes les sources disponibles, que la prise de décision se précise sur le plan d'attaque de l'Irak. Deux camps s'affrontent encore. D'un côté, les diplomates, les militaires et le renseignement considèrent qu'il faut donner une chance à la diplomatie (les positions publiques de Baker et de Scowcroft leur viennent en aide au même moment, ce qui n'est pas le fruit du hasard). De l'autre côté, les civils du Pentagone et l'entourage du vice-président sont résolument « va-t-en guerre ». Le temps et l'impact du 11 septembre jouent en faveur de ces derniers. Rapidement, la question n'est plus de savoir *si* mais *quand* l'Irak sera attaqué. Powell rencontre seul à seul Bush le 5 août pour tenter, une dernière fois, de le dissuader (gentiment) d'entreprendre une intervention[37] ou, au moins, pour l'inciter à adopter la voie multilatérale pour justifier une attaque — c'est d'ailleurs ce qui relancera les inspections onusiennes en Irak pour vérifier l'exactitude de l'information sur la présence des armes de destruction massive. Un mois plus tard, cette voie est approuvée par les décideurs, mais Cheney continue de s'y opposer. De toute façon, entre septembre 2002 et mars 2003, l'opération *Liberté en Irak* semble poussée en avant par une irrésistible force : votes au Congrès américain en octobre, au Conseil de sécurité de l'ONU en novembre, discussions finales sur le plan militaire en décembre, plus rien ne semble pouvoir arrêter la marche vers la guerre au sein du gouvernement américain. De janvier à mars 2003, les diplomates s'affrontent — en vain — sur le bien fondé des rapports des enquêteurs onusiens et sur celui de la présentation de Powell dans l'enceinte de l'ONU le 5 février 2003. Le 19 mars, les États-Unis attaquent l'Irak et l'invasion débute le lendemain. Le régime de Saddam Hussein tombe le 9 avril.

Plusieurs facteurs contribuent à orienter la prise de décision en faveur d'une intervention militaire en Irak après le 11 septembre 2001[38] :

- L'émergence d'une faction anti-Powell résolument influente et déterminée au sein de l'administration. Cette faction loge surtout au Pentagone, mais s'appuie sur le vice-président Cheney et sur son organisation, très rapidement surnommée le « mini département d'État ».
- Cheney, en particulier, a une ascendance très forte sur Bush, notamment lors de l'énoncé de sa doctrine du « 1 % » qui s'applique au cas des armes de destruction massive et de l'Irak : « même si la probabilité que l'inconcevable se réalise n'est que de un pour cent, il faut agir comme si c'était un fait avéré[39] ». Cette doctrine s'impose

Quand la décision d'envahir l'Irak a-t-elle été prise ?

À la fin du mois de décembre 2002, le sort en est jeté : Bush confirme à la conseillère à la Sécurité nationale, Condoleezza Rice, que sa décision est prise et qu'il n'a pas le choix de ne pas attaquer l'Irak. « Nous allons devoir y aller », confirme-t-il début janvier. En réalité, la décision est prise depuis longtemps, mais depuis quand *exactement* ? Personne dans l'entourage des conseillers ne se souvient aujourd'hui du moment où une discussion formelle entre eux aurait avalisé la guerre, et cela, pour une bonne raison : cette réunion n'a jamais eu lieu ! « La décision d'envahir l'Irak n'a pas été prise, elle est survenue, et vous ne pouvez dire quand ni comment », déclare Richard Haass, alors directeur du bureau de la Planification au département d'État[40]. Tenet ajoute : « l'un des grands mystères pour moi est de savoir quand exactement la guerre en Irak est devenue inévitable[41] ». Ce qui ressort des discussions révélées aux médias (principalement à Ron Suskind et à Bob Woodward), c'est que le président aurait fait personnellement son choix en faveur de l'option militaire un jour de mars 2002, pendant qu'il confiait à Rice sa détermination à vouloir expulser Saddam Hussein. Celle-ci est réitérée les 6 et 7 avril 2002 à l'occasion de la visite du premier ministre britannique, Tony Blair, à la Maison-Blanche du Texas. Bush raconte à Woodward que c'est à ce moment qu'il a décidé que Saddam Hussein devait être délogé. Cette position est encore plus évidente en juillet, lorsque Sir Richard Dearlove, le patron du renseignement britannique, rencontre Rice et Tenet, puis informe Blair et ses ministres de l'inéluctabilité de l'intervention militaire en Irak, du fait que les renseignements sont truqués de manière à servir les intentions politiques des dirigeants, et qu'il n'y a aucune volonté d'impliquer l'ONU[42]. Rice avertit également Haass, en juillet, que la décision a été prise et qu'il ne doit plus perdre son temps à débattre des avantages et désavantages d'une intervention. Enfin, l'analyste David Phillips estime que c'est lors d'un sommet informel au Texas tenu le 21 août 2002, et réunissant le président des États-Unis et son équipe de sécurité nationale, que Bush décide formellement « d'aller à Bagdad[43] ».

d'elle-même, sans discussion ni délibération : la guerre préventive fondée sur la simple suspicion. La possibilité qu'existent ces armes en Irak est, de l'aveu même de Paul Wolfowitz, l'enjeu unique sur lequel toute la bureaucratie américaine fonde son consensus, aussi superficiel soit-il, pour appuyer une intervention. Un enjeu sans aucune légitimité réelle.

- L'influence des conseillers néo-conservateurs dans les rangs inférieurs de la bureaucratie (et notamment Paul Wolfowitz, Douglas Feith, William Luti, Abram Shulsky, Richard Perle, David Wurmser, John Hannah, Lewis Libby et Elliott Abrams, qui occupent divers postes au bureau des « opérations spéciales » du département de la Défense, au NSC et au bureau du vice-président). Les idéologues nommés par l'administration ont le dessus sur les experts du département d'État. Ils profitent immensément du travail de lobbying exercé par certains exilés irakiens, tels qu'Ahmad Chalabi et Kanan Makiya. Ces derniers retiennent beaucoup l'attention de Bush et de Cheney. Ils font part aux deux hommes d'État américains de leur conviction sur le bien-fondé et sur les heureuses conséquences de la libération de l'Irak : « les gens accueilleront vos troupes dans l'allégresse, avec des friandises et des fleurs », sont les mots qu'ils emploient devant Bush[44]. Le président est ainsi convaincu que sa guerre en Irak est un instrument de progrès et qu'elle sera une bonne chose pour l'image des États-Unis…

- La manipulation extrême des renseignements devant servir à justifier l'invasion de l'Irak est maintenant bien documentée[45]. L'influence de Cheney est également désormais prouvée et s'est avérée désastreuse pour le processus normal d'évaluation du renseignement, ainsi que pour les débats qui l'ont accompagné. En particulier, le rapport contenant toute l'information qui était disponible au sein de la communauté du renseignement, incluant de nombreux avis opposés à une intervention en Irak, n'est divulgué que le 1er octobre 2002. De cette manière, l'argumentaire favorable à l'invasion s'exalte, sans pouvoir être contrebalancé par les nuances contenues dans le rapport. La preuve sur l'existence présumée des armes de destruction massive, par voie de conséquence, est pour le moins très complaisante et fortement biaisée. Il en est de même du discours sur l'état de l'Union de janvier 2003, alors que Bush, devant prouver que Saddam Hussein veut se doter de l'arme nucléaire, ment en affirmant que l'Irak s'est procuré de l'uranium enrichi provenant du Niger. Tenet avait auparavant manifesté à l'adjoint de Rice ses doutes quant à la véracité de cette information, mais ce dernier avait ignoré son avis. Le paroxysme est atteint lors de la préparation de l'exposé de Powell à l'ONU en février 2003 : une bataille en règle oppose les analystes de la CIA aux conseillers du Pentagone et de la Maison-Blanche qui finissent par l'emporter. Pourtant, un mois après la présentation de Powell, des réserves énormes sont exprimées au sein de la communauté du renseignement quant à la précision et à la véracité des déclarations de Powell : « un fantastique exposé, dira Tenet, mais hélas dénué de substance[46] ». En fait, la CIA a depuis longtemps conclu que le programme nucléaire de l'Irak était mort en 1991, qu'il n'existe plus. Mais, pour des raisons obscures — et sur lesquelles se pencheront diverses commissions d'enquête —, Tenet ne partage pas directement cette information avec Bush. Celui-ci a donc maintes fois l'occasion de répéter, à l'instar de Cheney et sans se faire contredire publiquement par Tenet, qu'il n'y a « tout simplement pas de doute possible [sur le fait] que Saddam Hussein possède aujourd'hui des armes de destruction massive[47] ».

Pourquoi les États-Unis ont-ils envahi l'Irak ?

Voila bien « la question qui tue » ! Richard Haass, auquel nous avons fait allusion précédemment, affirme qu'il cherchera la réponse pour le reste de ses jours[48]... On a d'ailleurs l'impression que Bush a décidé d'aller en guerre avant même de savoir pourquoi. Certains, pas mal de gens en fait, prétendent que le pétrole a été le facteur déterminant (citons, entre autres, Éric Laurent, Craig Unger et Michael Moore[49]). Il est vrai que si l'Irak avait exporté du brocoli, il n'aurait sûrement pas été envahi... Mais, tout bien considéré, les États-Unis obtenaient déjà indirectement du pétrole sous Saddam Hussein, et même bien davantage que ce qu'ils obtiennent aujourd'hui. D'ailleurs, pour acquérir du pétrole à bon marché et avec des conditions stables, quoi de mieux que de faire affaire avec des dictateurs ou des pays autoritaires (telle l'Arabie saoudite). Pour Amir Taheri, spécialiste du Golfe persique, « la théorie selon laquelle c'est le pétrole qui a été le vrai motif de la guerre a du plomb dans l'aile[50] ». Il est en fait peu probable qu'il y ait eu un complot pétrolier.

L'autre thèse populaire est l'influence du lobby juif et d'Israël dans la décision américaine — une thèse que défendent notamment John Mearsheimer et Stephen Walt[51]. Il est indéniable que cette influence a été grande, et qu'elle l'est depuis des années dans de nombreux dossiers, mais a-t-elle été pour autant déterminante ? Pourquoi, dans ce cas-là, avoir choisi l'Irak et non, par exemple, la Syrie — un pays qui aurait pu également être désigné comme faisant partie de « l'axe du mal » ? Pourquoi les juifs américains auraient-ils soudainement souhaité renforcer le pouvoir chiite irakien et iranien ? Il est difficile de croire que, sans l'influence du lobby juif, l'invasion de l'Irak n'aurait pas eu lieu. Selon l'avis d'à peu près tous les observateurs, elle serait advenue de toute façon. Le lobby a donc été utile pour justifier et pour appuyer l'invasion, mais il n'en a pas été la raison fondamentale. En dernière analyse, Israël a-t-il vraiment bénéficié de la chute de Saddam Hussein, et de l'accroissement de l'influence chiite en Irak et en Iran dans la région ? Sans doute Israël n'a-t-il pas, lui non plus, vu l'erreur venir.

Que reste-t-il comme explication ? En voici quelques-unes. Bush aurait pu souhaiter terminer le travail que son père avait laissé inachevé en 1991 et se venger de la tentative d'assassinat par Saddam contre le père[52]. Le hic : Bush 41, on le sait, s'est opposé en privé à Bush 43 au sujet de l'invasion de l'Irak, en avançant les mêmes raisons qui prévalaient 17 ans plus tôt. Peut-être alors, les États-Unis avaient-ils besoin de frapper un pays appartenant au monde arabe après le 11 septembre. L'Irak aurait alors été la cible toute désignée pour venger l'humiliation causée par les attentats de 2001 et pour « envoyer un message[53] » puissant au monde. Mais cela aussi est plutôt illogique, quand on pense que Saddam Hussein était sans nul doute le *pire* ennemi de Ben Laden... S'agissait-il donc de « changer la donne », d'une tactique d'intimidation à l'égard des pays désirant se doter de l'arme nucléaire ? « En agissant vigoureusement contre Saddam Hussein, les États-Unis modifieraient les règles de l'analyse et du comportement géopolitiques d'innombrables autres pays[54]. » Ceux-ci sauraient à quoi s'attendre s'ils acquéraient des armes de destruction massive. Mais, dans ce cas, pourquoi avoir alors laissé tranquille le Pakistan, la Corée du Nord et l'Iran — dont l'attitude à cet égard est bien plus inquiétante que celle qu'avait l'Irak à l'époque... Est-ce « l'hémisphère gauche du cerveau du vice-président[55] » qui a voulu faire appliquer sa doctrine du « 1 % » et se servir de l'Irak comme d'exemple ? Une explication plus convaincante en effet, qu'appuie d'ailleurs Ron Suskind. Si on la jumelle à l'influence omniprésente de l'idéologie néo-conservatrice au sein de l'administration Bush, elle éclaire beaucoup mieux que les autres hypothèses les événements. L'invasion de l'Irak était-elle donc motivée par une « idée » ? C'est bien possible, si l'on considère que cette guerre est d'abord et avant tout une guerre de « l'imaginaire[56] », fabriquée de toutes pièces par les décideurs pour assouvir les folles aspirations néo-conservatrices : utiliser l'Irak tel un tsunami démocratique au Moyen-Orient — comme cela avait été fait de l'Allemagne et du Japon en leur temps — pour transformer la région... La route de la rédemption libérale qui passerait par Jérusalem, Riyad, Téhéran et Damas devait ainsi s'ouvrir à Bagdad. Cette explication a le mérite de comprendre la portée du message comme du messager : le premier n'a d'importance que si le second a le pouvoir d'y donner suite, et c'est sans nul doute ce qui est arrivé dans le cas de l'Irak. Notre analyse des raisons de l'erreur élucidera la dynamique à l'œuvre dans ce couple déterminant pour la prise de décision.

Immédiatement après l'invasion : avril 2003

Si la catastrophe était une image, ce serait les nombreuses scènes de pillage de Bagdad, qui ont eu lieu dès les premières heures de sa libération. Hormis l'affaissement de la statue de Saddam Hussein, aucun événement n'est venu réjouir les troupes américaines, alors que ce pillage, imprévu par elles, a rapidement terni leur conviction d'avoir remporté une victoire efficace et rapide contre l'armée implosée du dictateur déchu. « Ce n'est pas une exagération d'affirmer que les États-Unis ont perdu la guerre d'Irak le jour même où ils sont entrés dans Bagdad, le 9 avril 2003 », écrit Peter Galbraith[57]. Certes, un « plan » avait été prévu pour les heures et les jours qui allaient suivre : gérer des puits de pétrole en feu, une grave crise humanitaire, des représailles massives contre les leaders du gouvernement de Saddam Hussein ou encore des menaces des voisins de l'Irak — mais ce n'était pas le bon ! Le plan n'était somme toute qu'une vue de l'esprit[58]. Personne n'avait tenu compte des centaines d'avertissements et des milliers de pages (venant notamment du projet *Future of Iraq*) qui avaient été acheminés aux décideurs. Par excès de confiance et de jubilation, le Pentagone, qui avait reçu en janvier 2003 le contrôle effectif de l'Irak via une directive présidentielle de Bush, avait imaginé un scénario de transition rapide, nommé la « phase quatre ». Celle-ci devait reposer, en premier lieu, sur le retour à Bagdad et sur la prise du pouvoir de l'exilé Ahmad Chàlabi, et, en second lieu, sur la présence d'une aide humanitaire et d'une aide à la reconstruction, assurées par le général à la retraite, Jay Garner. Tout cela devait se produire en moins de 90 jours et être suivi d'un retrait graduel des troupes avec l'objectif qu'il reste moins de 30 000 soldats en Irak à l'été 2003 ! Enfin, les revenus pétroliers irakiens devaient payer pour toutes les dépenses de reconstruction et de stabilisation. Sans surprise, avec un tel état d'esprit, tout s'est donc fait à l'aveuglette, de manière improvisée, et sans plan de rechange[59].

Cette absence de planification s'explique par le fait que, depuis l'automne 2002, aucune discussion ni réflexion sérieuses n'ont été entreprises sur l'après-Hussein avant... fin janvier 2003, soit deux mois avant l'invasion, alors même qu'a été créé le bureau de l'aide humanitaire et de la reconstruction dirigé par Garner. Ce n'est pas avant les 21 et 22 février que Garner convoque la conférence du *National Defense University* — à laquelle nous avons fait allusion en introduction —, réunissant quelque 200 personnes qui évoquent avec assez d'exactitude les problèmes que le général pourrait rencontrer dès son arrivée en Irak. Garner ne rencontre directement Bush et ses conseillers qu'une seule fois, à la toute fin du mois de février : aucune directive particulière, aucun plan précis ne font alors l'objet d'une attention soutenue, ni ne soulèvent de questions. Le président semble même désintéressé. Au début du mois de mars, le numéro trois à la Défense, le sous-secrétaire responsable des politiques Douglas Feith, rassure Bush sur le bon déroulement prévu de la phase quatre. Pourtant, Antonio Zinni, l'ancien commandant du théâtre du golfe Persique et prédécesseur du général Thomas Franks, prévient le Pentagone du chaos qui risque d'accompagner la chute de Saddam Hussein. Mais Franks n'a aucune idée de ce que signifie concrètement la phase quatre. Pas plus que Garner d'ailleurs, dont l'expérience de l'Irak se limite à son implication dans l'acheminement de l'aide humanitaire aux Kurdes en avril 1991. Il ne dispose d'aucune information privilégiée sur la situation, ni des études faites auparavant — notamment par l'équipe de Warrick — sur ce qui pourrait advenir en Irak. Garner, comme son successeur, Bremer, ne consulte d'ailleurs *jamais* ces études avant d'arriver à Bagdad le 20 avril, un mois après le début des opérations militaires.

Au lieu de disposer des meilleurs experts, ceux et celles qui ont l'expérience des situations postconflit (principalement logés au département d'État), Garner peut uniquement compter sur les amis et les proches des conseillers du Pentagone, en particulier sur Douglas Feith qui se voit investi, avec son bureau peuplé de fidèles néo-conservateurs, de la responsabilité de superviser depuis Washington les décisions de l'après-Saddam Hussein. Lui et son patron, Rumsfeld, appuyés par le bureau du vice-président, bloquent des douzaines de nominations proposées par Garner en février, parce qu'elles sont associées au département d'État. Par exemple, la nomination de Thomas Warrick est repoussée, alors même qu'il a dirigé le projet de transition en 2002, et qu'il connaît, de ce fait, mieux qui quiconque la situation et les problèmes de l'Irak. Il ne sera finalement autorisé à aller donner un coup de main en Irak qu'en mars 2004, avec un an de retard. Pourquoi ? Rumsfeld, Wolfowitz et Feith estiment que les « arabistes » du département d'État ne croient pas en la possibilité d'implanter la démocratie en Irak. À un mois de l'invasion, les départements d'État et de la Défense sont donc déjà en guerre, non pas contre l'Irak, mais l'un contre l'autre. Et la situation ne s'améliore pas après l'invasion. Garner et son équipe voient toutes leurs initiatives systématiquement bloquées par Rumsfeld, Feith ou par la Maison-Blanche. En fait, Garner a les mains liées. Tout a été fait pour l'empêcher d'avancer. Son idée de mettre sur pied un gouvernement de transition, incluant à la fois des exilés et des leaders locaux, reste lettre morte, car personne à Washington ne s'entend sur la constitution d'un tel gouvernement : Feith ne veut que des exilés au pouvoir, alors que le département d'État écarte toute participation d'exilés et insiste sur des élections rapides. Son idée de restaurer un minimum d'autorité à Bagdad, en maintenant ou en réhabilitant des militaires et des technocrates baassistes de réputation convenable, est rejetée par les idéologues du Pentagone. Ces désaccords et l'absence d'un plan cohérent de transition paralysent toute action que Garner souhaiterait entreprendre. « Garner sera l'homme qui tombera à pic pour une mauvaise stratégie. Il fera exactement ce que Rumsfeld voulait qu'il fasse », conclura Packer[60]. Feith et ses adjoints prennent ou avalisent des décisions dans le plus grand secret, sans consulter le département d'État, ni la CIA, ni même parfois leurs propres experts de la branche militaire, alors qu'ils ne possèdent aucune expertise sur le Moyen-Orient, sur l'Irak, ou sur les opérations de stabilisation et de reconstruction postconflit — comme le réalisera à ses dépens Garner bien après son arrivée à Bagdad. Faut-il s'étonner que son travail soit peu apprécié, taxé d'amateurisme et perçu comme déconnecté de la situation? Le général essaie pourtant de faire de son mieux. Il ne dispose au départ que d'une carte de Bagdad et d'une centaine d'effectifs civils et militaires, dont la plupart est totalement ignorante des réalités du Moyen-Orient et s'initie à ses nouvelles tâches en Irak en consultant des livres traitant de l'occupation américaine... de l'Allemagne et du Japon[61]. Le parallèle, à cet égard, entre Jay Garner arrivant en Irak et Roméo Dallaire arrivant au Rwanda est saisissant. Dans le cas de Garner, sa mission a échoué, observe le journaliste en poste à Bagdad, Rajiv Chandrasekaran, parce qu'il a justement été envoyé en vue qu'elle ne réussisse pas[62]. Certains feraient la même remarque concernant Dallaire.

Devant le faible effectif des troupes américaines, ainsi que l'évaporation entière des soldats et des policiers irakiens, le mois qui suit l'arrivée de Garner en sol irakien est un cauchemar. Le commandement américain sur le terrain est peu préparé et peu coopératif aux requêtes pressantes de Garner. Par ailleurs, le gouvernement est hors service, les infrastructures vétustes, les ministères en feu, les prisonniers ont été relâchés, les forces d'ordre dissoutes et les dépôts d'armes laissés sans surveillance. La mission n'est pas claire. Elle est sous-financée et manque d'équipements. Les traducteurs ne sont pas disponibles, et les tensions entre Garner et l'armée sur le terrain sont vives. De toute manière, ce n'est pas dans les plans du Pentagone de faire du « *nation-building* » en Irak, ce genre d'entreprise ayant été vertement critiqué et abandonné par Rumsfeld qui a fait fermer, quelques mois avant l'invasion, le seul collège des forces armées sur les missions de paix aux États-Unis! Les 150 000 soldats qui doivent s'occuper d'un pays de 27 millions de personnes représentent un ratio défiant toutes les expériences passées. Dès lors, face à la détérioration sérieuse des conditions de sécurité en Irak, il n'est pas étonnant que la Maison-Blanche réalise l'urgence de changer de cap. Rumsfeld annonce à Garner à la fin du mois d'avril qu'il sera remplacé le 12 mai par Paul Bremer, un ancien diplomate. Une nouvelle page, guère plus reluisante, s'ouvre.

L'occupation américaine : de mai 2003 à juin 2004

Plusieurs exilés irakiens ont prévenu les conseillers de Bush que la nomination et l'envoi d'un « vice-roi » américain à Bagdad, ainsi qu'une occupation militaire prolongée seraient mal vus en Irak. Par ailleurs, toutes les initiatives pour favoriser une influence iranienne visant à modérer les Chiites d'Irak échouent, Rumsfeld manœuvrant contre les efforts de l'adjoint de Rice, Zalmay Khalilzad, pour entreprendre en mai 2003 un dialogue avec Téhéran. Ces tentatives resteront vaines jusqu'à ce jour.

Paul Bremer, un expert du contre-terrorisme et un vétéran du département d'État depuis deux décennies, arrive à Bagdad le 6 mai. Il n'a jamais mis les pieds en Irak, n'a pas d'expertise particulière concernant le Moyen-Orient, ne connaît pas la langue arabe, n'a jamais servi dans une mission postconflit et n'a aucune expérience en reconstruction d'État. Sa seule expérience de direction est d'avoir été ambassadeur aux Pays-Bas. Durant sa première semaine, qu'il partage avec Garner, il prend pourtant des décisions radicales et fatidiques, après les avoir âprement débattues avec son prédécesseur qu'il n'écoute pas[63]. Il explique que « la Maison-Blanche n'a jamais eu l'intention de faire de Garner son émissaire permanent à Bagdad. C'est moi qui avait les talents requis et l'expérience pour ce poste[64] ». Pas tout à fait sûr, quand on examine de près ses deux premières décisions ! Bremer fait initialement confiance aux officiels du département de la Défense — un contresens, si l'on pense qu'il a fait sa carrière au département d'État. Mais il doit sa nomination à Rumsfeld qui l'a recommandé auprès de Bush. Cela explique sans doute la raison pour laquelle Bremer suit à la lettre les directives de Feith élaborées avant même que le vice-roi n'arrive à Bagdad : la première vise à exclure tous les éléments baassistes de la société irakienne ; la seconde, à renvoyer ou à exclure les soldats et les officiers irakiens[65]. Bremer avait déjà suspendu les pourparlers que Garner avait initiés pour former un gouvernement intérimaire irakien, le *Iraqi Leadership Council*. Garner tente donc par tous les moyens de le dissuader de donner suite à ces directives qui auraient pour conséquence d'annihiler les plans de réintégration des anciennes troupes irakiennes régulières qu'il était en train d'élaborer. Concernant la première directive, Garner prévient : « Vous allez vous retrouver avec 50 000 personnes dans la rue, passées dans la clandestinité et très remontées contre les Américains ». Concernant la seconde : « Si vous faites ça, le résultat sera désastreux. Il faudra dix ans pour remettre ce pays d'aplomb et, pendant trois ans, vous allez renvoyer nos gars chez eux dans des cercueils », prédit-il avec justesse[66]. Bremer ne cède pas et promulgue ses décisions le 16 mai. Pour Garner, ce jour-là, les États-Unis se font 350 000 ennemis qu'ils n'avaient pas le jour précédant : 50 000 baassistes (incluant des enseignants, des docteurs et des bureaucrates) et 300 000 militaires déboutés. Pour le général, ce qui est encore plus stupéfiant, c'est que cette double décision fatidique n'a jamais reçu l'aval du Conseil de sécurité nationale. Au contraire, jamais il n'a été question de telles initiatives lorsque Garner l'a rencontré à la fin du mois de février. Pourtant, durant les semaines qui ont précédé cette rencontre au sommet, ces propositions ont fait l'objet d'âpres débats au sein du comité décisionnel inter-départemental existant, sous l'égide de Rice. Les discussions qui ont alors opposé les pourfendeurs de ces directives — le département d'État et la CIA — au bureau du vice-président et aux civils du département de la Défense n'ont donné aucun résultat. Une seule réunion au sommet incluant les décideurs du cabinet de guerre, mais pas Garner, est parvenue, le 10 mars, à des compromis. Mais ceux-ci ont vite été oubliés, les décideurs du Pentagone faisant comme s'ils emportaient le morceau. Feith conçoit et écrit alors la directive de purge complète du système baassiste irakien, avec la bénédiction de Rumsfeld et de Wolfowitz, mais sans en informer Powell ni Rice. Le comité interdépartemental est démantelé dès la nomination de Bremer. Celui-ci décide aussi qu'il ne prendra dorénavant ses ordres que du président et ignorera ceux des autres. En d'autres mots, cela signifie qu'il peut décider à peu près de tout. Mais le mal est fait : apparemment tout le monde, hormis Feith, Rumsfeld et leurs alliés au bureau du vice-président, est mis devant le fait accompli. Les conséquences des directives de Bremer sont dévastatrices pour les mois qui suivent. Elles transforment la mission américaine en mission à très haut risque. Soudainement, les chômeurs forcés de l'ancien régime se recyclent en insurgés de fortune, résolument antiaméricains.

Bremer affirmera qu'il n'avait pas le choix et que « c'était la seule option que nous avions[67] ». On peut tout de même se demander ce que serait devenue l'occupation américaine si ces directives n'avaient pas été édictées. À sa décharge, Bremer tentera en vain de convaincre Bush et Rumsfeld, dans les semaines qui suivront, d'envoyer beaucoup plus de troupes en Irak — recommandation qu'il fondera sur l'analyse de la RAND (qu'il lit une fois rendu à Bagdad) qui estime à 500 000 troupes les besoins pour rétablir la sécurité, ce qui représente trois fois le nombre de soldats de la coalition déployés après l'invasion. Bremer n'obtiendra jamais de réponse de la Maison-Blanche ou du Pentagone.

Qu'à cela ne tienne, Bremer voulait réaliser en Irak ce que les États-Unis avaient accompli en Allemagne et au Japon. Tel un MacArthur des temps modernes, il se percevait comme un vice-roi et souhaitait disposer des pleins pouvoirs, en sol irakien comme au sein du gouvernement américain. Il ne voulait ni d'un comité décisionnel émanant de Washington auquel il serait soumis, ni d'une autorité intérimaire gouvernementale comprenant des figures irakiennes auxquelles il aurait à rendre des comptes. Il autorisera tout de même, en juillet 2003, la formation symbolique d'un *Iraqi Governing Council* pour le conseiller, une autre erreur que l'ayatollah Ali Al-Sistani dénoncera, provoquant ainsi une brouille sérieuse entre lui et le vice-roi. En attendant, Bremer met plutôt sur pied une Autorité provisoire de la coalition (CPA), dont il prend l'absolu contrôle en dirigeant les quelque 1 200 fonctionnaires qui la constituent, dont 34 seulement sont des diplomates de carrière. Les conseillers politiques, tel Khalilzad, sont écartés ; plusieurs vétérans entourant Garner sont remerciés, parmi lesquels se trouvent les ambassadeurs ayant une longue expérience du Moyen-Orient, comme Barbara Bodine, Ryan Crocker, Bill Eagleton et Tim Carney, qui étaient venus en urgence prêter main-forte à la reconstruction de l'Irak. Toutes les initiatives des membres de la CPA doivent être approuvées par Bremer. De l'avis de certains, il «gère la CPA comme une sorte de mini Maison-Blanche[68]». Pour la plupart, les fonctionnaires sont jeunes, néophytes, et non seulement peu instruits sur les réalités du Moyen-Orient, mais aussi incapables de comprendre ou de parler l'arabe. Les nominations sont souvent politiques. À bien des égards, les résultats sont décevants, au point où les mauvaises langues rebaptisent la CPA « *Can't Provide Anything*[69] » : très peu d'aide économique (23 millions de dollars américains sur quatre mois, soit un dollar par Irakien et 400 millions concrètement dépensés sur un an), beaucoup de gaspillage et de corruption, une croissance des violences insurrectionnelles, une laborieuse démarche de transfert du pouvoir, l'absence de services et de reconstruction (le réseau électrique, notamment, est peu fiable et nettement insuffisant pour les besoins de consommation), une faible production pétrolière et un chômage dramatique (65 % de la population active irakienne). La CPA donne l'impression de fonctionner dans l'illusion qu'elle progresse sur la bonne voie. Rien de tel ne correspond à la réalité. Au début du mois d'octobre 2003, Robert Blackwill est nommé, au sein du NSC, coordonnateur dans les dossiers de l'Irak pour faire le pont avec Bremer afin de redonner une cohérence à l'action de la CPA. Cela donnera des résultats[70]. L'accord du 15 novembre 2003 sur l'adoption d'une loi administrative (une constitution) intérimaire prévoyant la mise sur pied d'un gouvernement provisoire irakien, ainsi que la fin de l'occupation américaine, le retour timide mais symbolique des Nations unies pour aider à la transition, suivi de la capture de Saddam Hussein le 14 décembre rendront Bremer et Blackwill plus optimistes. Mais cet intervalle sera de courte durée. Trop peu, trop tard ? Les choses iront de mal en pis, atteignant leur paroxysme au printemps 2004, lorsque la milice chiite de Moktada Al-Sadr mènera pendant deux mois une résistance féroce contre l'armée américaine. Tant sur le plan militaire (augmentation des attaques sunnites contre les forces américaines) que sur le plan politique (rejet par les Chiites, menés par Al-Sistani, d'une transition dénuée de promesses rapides d'élection), les mauvaises nouvelles effaceront les bonnes. Le fond du baril sera atteint en avril 2004, avec l'éclatement du scandale du traitement de prisonniers irakiens à Abou Ghraïb, qui créera un énorme problème de crédibilité et d'image pour l'armée américaine.

Ce qui devait être une libération dans la joie et l'allégresse aboutit le 28 juin au départ de Bremer, deux jours avant la passation officielle du pouvoir au gouvernement intérimaire irakien nommé quelques heures avant que les États-Unis ne quittent «officiellement» l'Irak. Dans les faits, non seulement le départ anticipé du vice-roi illustre dans toute son ampleur l'état dans lequel est la sécurité du pays, mais il ne change en rien les données fondamentales du problème. L'administration Bush paie le prix (fort) d'une préparation totalement inadéquate et incohérente. Le chaos en Irak n'a d'égal que le chaos à Washington : Bremer n'est plus en bons termes avec le commandant sur le terrain, le général Ricardo Sanchez, tandis que le Pentagone, le NSC et le département d'État se blâment à mots couverts en cherchant le coupable du fiasco. On ne peut que souscrire à la conclusion de Packer : «alors qu'elle s'apprêtait à prendre le contrôle d'un pays, l'administration est restée irrémédiablement en guerre avec elle-même. Personne réellement en charge n'aura posé la question fondamentale : mais que ferons-nous si tout va mal[71] ? »

L'échec américain : depuis juillet 2004

Sitôt Bremer parti et la CPA dissoute, les autorités américaines prévoient de réduire les troupes à 50 000 d'ici l'été

2005, et à 5 000 en décembre 2006. Elles sont toujours, en mars 2008, plus de 150 000! Les généraux de l'Armée de terre et du corps des fusiliers marins manifestent d'ailleurs en avril 2006 leur mécontentement face aux lacunes, au manque de vision et de ressources, et aux décisions émanant de Rumsfeld et de son équipe de conseillers civils[72]: il s'agit de la « révolte des généraux ». Les critiques, de plus en plus ouvertes et acerbes, contribuent à renforcer l'impression d'une guerre en déroute, d'une débâcle américaine. Plusieurs estiment que les militaires auraient dû dire tout haut, et publiquement, ce qu'ils pensaient tout bas, à l'instar du général Shinseki avant la guerre. Les hauts gradés, à commencer par le général Franks, se sont comportés dans cette guerre de la même façon que durant les moments décisifs de la guerre du Viêtnam: ils sont restés silencieux et ont laissé faire des décideurs qui n'avaient aucune expérience militaire ni aucune connaissance de la guerre. Bremer admet lui-même, ce qu'il n'avouera jamais en public lors de son passage en Irak, que « la CPA n'est même pas capable d'assurer la fonction première d'un gouvernement, la sécurité; nous sommes parvenus au pire des résultats — une force d'occupation inadéquate[73] ». Rice d'ajouter: « nous avons commis des erreurs tactiques, des milliers d'entre elles, dans la conduite de la guerre[74] ». Rumsfeld, dans un mémo qui tombe dans les mains des médias, avoue que « ce que les forces américaines font en Irak ne fonctionne pas bien et suffisamment vite[75] ». Pourtant, le secrétaire à la Défense est le premier coupable. La formation de nouvelles forces de sécurité irakiennes, policiers comme soldats, a été depuis longtemps ralentie par son aversion à financer un effort de redressement de la situation. Avant l'invasion, Rumsfeld avait écarté l'option de dépêcher une force internationale de police de 5 000 hommes. La CPA avait réitéré cette recommandation en mai 2003, puis en mai 2004, toujours en vain.

Cela a constitué une autre erreur de jugement dommageable pour la politique américaine en Irak.

À l'été 2004, le contrôle du processus décisionnel, par voie de promulgation présidentielle, passe finalement sous l'autorité du département d'État, avec le départ de Bremer et l'arrivée à Bagdad du nouvel ambassadeur des États-Unis, John Negroponte. Pas plus que son prédécesseur, celui-ci n'est en mesure de changer le cours des choses, alors que la Maison-Blanche, engagée en pleine année électorale dans les démarches pour gagner un deuxième mandat pour Bush, aurait bien souhaité pouvoir présenter l'Irak aux électeurs comme une véritable « mission achevée ». Mais il se trouve qu'à la veille des élections présidentielles aux États-Unis la violence en Irak est désormais *dix* fois plus importante que lorsque Bush avait déclaré, en mai 2003, que les combats étaient terminés et que la mission était accomplie. Les Irakiens subissent chaque semaine, depuis leur « libération », l'équivalent des pertes américaines du 11 septembre 2001. Les événements, ainsi que le nombre de soldats américains morts en sol irakien font perdre, tant aux décideurs qu'aux électeurs, toutes leurs illusions. Ironie du sort : tandis que les électeurs renouvellent en novembre leur appui à Bush, ils déchantent largement sur les perspectives de succès en Irak. Seulement, les démocrates ne profitent pas de cette perte de confiance pour proposer une alternative crédible, efficace et convaincante, capable de corriger l'erreur en Irak. À partir du milieu de l'année 2004, l'Irak ressemble à un pays en proie à la guerre civile avec son lot quotidien d'attentats-suicides, d'explosions de bombes artisanales, ou improvisées, contre les soldats et dans les lieux publics. Les Sunnites et les Chiites s'affrontent sur fond d'attaques terroristes d'Al-Qaida qui profite des conditions propices du terrain (les attaques sont notamment organisées par Abou Al-Zarkaoui). La destruction de la mosquée de Samarra, en février 2006, décuple encore les heurts entre communautés. Sur le plan politique, le succès des élections de janvier 2005 ne parvient pas davantage à aplanir les rivalités, les Sunnites dédaignant de participer pleinement au partage du pouvoir, et au fédéralisme fonctionnel dessiné et voulu par les Américains. Pour leur part, les Kurdes demeurent insatisfaits devant l'absence de règlement du sort de Kirkuk. Ces difficultés et ces revers pourraient entraîner des changements significatifs dans la stratégie américaine. Après les élections de fin 2004, l'occasion est belle pour Bush de faire le ménage dans son équipe de conseillers et de remettre en état son processus décisionnel — comme de profiter du départ de Powell pour exiger celui de Rumsfeld[76]. D'aucuns auraient souhaité qu'un décideur tel James Baker remplace Rumsfeld. Ce n'est pourtant pas le cas : le secrétaire à la Défense demeure en poste, et cela est déterminant pour la persistance de l'erreur, de l'échec de la guerre américaine en Irak durant les deux années qui suivent. D'une part, la tension entre la secrétaire d'État Condoleezza Rice, nommée pour remplacer Powell, et Rumsfeld est particulièrement vive pendant tout ce temps. D'autre part, le nouveau conseiller pour la sécurité nationale, Stephen Hadley, n'a guère plus de succès que sa prédécesseur pour mater le système décisionnel et, en particulier, le secrétaire à la Défense, qui continue d'ignorer tout ce qui provient de l'organisation du NSC[77]. Le résultat est toujours le même pour tous les enjeux relatifs à l'avenir de l'Irak : pas de décision présidentielle, des débats stériles et une absence de stratégie cohérente sur la marche à suivre. Coïncidence ou lien de cause à effet, le départ de Rumsfeld en novembre 2006 s'accompagne d'un changement de cap, même si celui-ci n'implique pas pour autant l'augmentation des chances de succès en Irak. Le départ, d'abord de Wolfowitz et surtout de Feith au début de l'année 2005 (« le gars le plus sot sur la planète », écrira le général Franks à son sujet dans ses mémoires[78]), puis de Rumsfeld remplacé par Robert Gates, facilitent tout de même les choses, de la même façon que l'influence décroissante du vice-président Cheney aide le département d'État à reprendre quelque peu sa place dans la prise de décision.

Sans doute en raison de ce nouveau contexte décisionnel, et à l'occasion de la victoire des démocrates lors des élections législatives de mi-mandat de novembre 2006, Bush accorde une attention toute particulière au rapport du comité d'étude bipartisan Baker-Hamilton, mis sur pied en mars pour acheminer au président des recommandations sur l'Irak. Croyant que le contexte décisionnel au sein de la Maison-Blanche lui est favorable — les membres les plus réalistes, comme Rice et Gates, ayant désormais l'ascendant sur les idéologues tel Cheney[79] —, le comité Baker-Hamilton recommande en décembre 2006 un renforcement des conseillers militaires, puis surtout, et à certaines conditions, un retrait graduel des troupes de combat américaines au plus tard en 2008 : en d'autres termes, une stratégie des États-Unis visant « l'irakisation » du conflit, soit la prise en charge directe par l'Irak de sa sécurité[80]. Qu'à cela ne tienne, Bush confie au journaliste Woodward sa détermination : « on ne partira pas, même si Laura [la première dame] et Barney [leur chien] sont les seuls à me soutenir[81] ». Les comités interdépartementaux du NSC, menés par Hadley, et exploitant d'autres études internes et externes du gouvernement américain, recommandent plutôt en janvier un « sursaut » (*surge*) des effectifs militaires dépêchés en Irak, soit l'ajout de 30 000 troupes pour sécuriser Bagdad. Ces renforts sont effectivement déployés durant la première moitié de l'année 2007 et permettent de stabiliser la sécurité dans la capitale irakienne comme dans la province voisine d'Anbar jugée particulièrement dangereuse. La mission américaine est à présent sous la gouverne d'un nouveau commandant, le général David Petraeus, qui applique cette fois méthodiquement une doctrine de contre-insurrection qui sera étudiée dans le chapitre prochain. Elle a le mérite de réconcilier la classe politique américaine, et notamment le Congrès qui a souscrit en septembre 2007 à la nouvelle stratégie du général. La violence et le nombre de victimes, de même que les pertes de soldats américains, diminuent depuis les six derniers mois, mais les perspectives de stabilité, de réconciliation, et d'implantation de la démocratie à moyen et à long terme, après le retrait éventuel des troupes américaines tel que suggéré par le comité Baker-Hamilton, restent encore très incertaines. De même, les haines confessionnelles sont loin d'être surmontées. L'avenir révélera l'ampleur du gâchis causé par l'erreur de l'invasion américaine. Entre-temps, l'Irak aura besoin de beaucoup d'aide et d'espoir.

Les raisons de l'erreur américaine

Les accusations d'incompétence contre le gouvernement Bush ont pullulé depuis cinq ans. Ainsi, l'ancien président Carter déclarait en juin 2007 : « Je pense qu'en termes d'impact préjudiciable pour les États-Unis dans le monde cette administration a été la pire de l'Histoire[82] ». Quelles raisons peuvent expliquer cette incompétence à propos de l'Irak ? Plus précisément, pourquoi Bush et ses conseillers ont-ils cru être « les meilleurs et les plus intelligents[83] » ? Quels facteurs ont été à l'œuvre dans le processus décisionnel et comment ont-ils produit, *de l'intérieur*, une décision (une erreur) qui, *de l'extérieur*, a été considérée insensée (et évitable) par la plupart des spécialistes ? On peut s'en douter, ce n'est pas une, mais plusieurs raisons — neuf à notre avis — qui permettent d'élucider l'échec américain en Irak depuis cinq ans.

Des méconnaissances qui ont hypothéqué
les leçons de l'Histoire

La première erreur, et la plus fondamentale à notre avis, a été de « ne pas avoir vu l'Irak comme il est, mais comme nous souhaitions qu'il soit[84] », selon la lecture qu'en fait Peter Galbraith. Les Américains ont été « aveugles » devant les réalités et face à l'Histoire[85]. Comment peut-on en 60 ou 90 jours s'improviser experts de la société irakienne et comprendre un environnement aussi différent que celui de la société américaine ? Il n'est pas surprenant que cette différence puisse expliquer, à l'origine, les erreurs d'appréciation qui suivront l'invasion de mars 2003. Mais plusieurs erreurs supplémentaires vont aggraver cette situation, dont les décideurs américains sont les seuls responsables.

En premier lieu, la méconnaissance de l'Irak est pour le moins spectaculaire. Commençons par le président des États-Unis :

- Invités à la Maison-Blanche pour parler à Bush des perspectives après Saddam Hussein, trois exilés irakiens, dont le favori du président, Kanan Makiya, regardent avec lui le match traditionnel du *Super Bowl*, et découvrent qu'il ne sait rien de l'existence des communautés en Irak, et des différences entre Chiites, Sunnites et Kurdes. Makiya donne alors un cours accéléré à l'homme qui s'apprête à envahir son pays. Nous sommes en janvier 2003[86].
- Tenet juge sévèrement la CPA de Bremer dans ses mémoires : « elle n'incluait pas de gens qui possédaient les talents requis pour assurer notre succès. La plupart possédait les bonnes connections politiques, mais était ignorante des coutumes compliquées du Moyen-Orient[87] ». Les jeunes fonctionnaires de la CPA, tous Américains dans la trentaine, voire dans la vingtaine, et sélectionnés pour leurs allégeances républicaines, se sont vus confier

des tâches pour lesquelles leur formation était totalement inadéquate : superviser la reprise en main de la bourse de Bagdad, gérer le budget du gouvernement irakien de 13 milliards de dollars américains, mettre sur pied une chaîne de télévision nationale ou aider à l'écriture d'une constitution intérimaire. Une majorité d'entre eux n'avait *jamais* travaillé à l'étranger et ne disposait *d'aucune* aptitude particulière pour œuvrer dans un pays arabe[88] ! À peu près personne ne comprenait la société irakienne.

- Certaines personnes engagées n'ont pas été adéquatement filtrées et, par conséquent, ont commis des abus et des fraudes (détournement de fonds, surfacturation) qui ont coûté très cher au trésor américain, en plus de ternir l'image des États-Unis. Ceci est particulièrement vrai au sujet du comportement de certains entrepreneurs privés dans le domaine de la sécurité (on peut justement penser à la mésaventure d'Abou Ghraïb).

- De toute évidence, et selon les récits disponibles sur les préparatifs décisionnels et militaires précédant l'invasion, le leadership américain ne s'est à peu près pas penché sur la nature de la société irakienne et sur les problèmes auxquels les États-Unis feraient face après Saddam Hussein. Aucun des décideurs de haut niveau n'avait fait l'expérience du théâtre irakien. Comme on l'a dit, Bremer n'y avait jamais mis les pieds, et ne disposait pas de connaissance particulière du monde et de la langue arabes. Il n'a appris l'existence d'études sur l'après-Hussein qu'une fois rendu à Bagdad. Très peu de personnes d'expérience, provenant du département d'État, ont accompagné Bremer durant l'occupation. C'est tout dire…

- Ce qui se révèle clairement, en revanche, est la volonté des décideurs comme du personnel de la CPA d'implanter la démocratie, des élections, une économie de libre marché et un fonctionnement de l'État irakien « à l'américaine ». Cette restructuration de la société irakienne a constitué le seul « plan » des États-Unis, mais il n'a eu aucune résonance chez les Irakiens, habitués depuis trois générations à un système politique et économique dirigiste[89]. « L'utopie capitaliste au Moyen-Orient », comme la surnommera Rajiv Chandrasekaran, est sans rapport avec la réalité[90]. Mais les États-Unis ont continué d'y croire. Bremer a édicté des règles, Al-Sistani des fatwas ; le second aura presque systématiquement toujours eu le dessus.

Tout ce manque d'expérience a mené à de très mauvais calculs, à des résultats dangereux et à des perceptions erronées sur la manière de reconstituer, d'imposer, un nouvel État irakien. Chandrasekaran propose un autre exemple : Bremer et son équipe ont restructuré l'armée irakienne et ont obtenu l'assurance des Kurdes que leurs guerriers *Peshmerga* seraient assimilés aux troupes d'élite de montagne de la nouvelle armée. Lors de la cérémonie avalisant cette décision, l'assistant de Bremer s'est tourné vers le leader kurde, Massoud Barzani, et lui a demandé de traduire en langue kurde « troupes de montagne » pour se faire répondre… *Peshmerga*[91] !

Quand la Grande-Bretagne a occupé l'Irak en 1920…

Fort du mandat de la Société des Nations, Londres envoya des troupes en Mésopotamie pour occuper le territoire aujourd'hui irakien[92]. Les soldats y restèrent 12 ans, produisant des héros (Lawrence d'Arabie, la diplomate Gertrude Bell), mais aussi beaucoup de morts (2 000 seulement en 1920 pour mater un soulèvement… sunnite). « Nous sommes en Mésopotamie pour le bienfait de l'humanité », scandait le *Foreign Office*. Le départ des troupes britanniques en 1932 abandonna l'Irak à son sort, dans la violence, et donna naissance aux dictatures nombreuses qui, pendant 70 ans, le dirigèrent. L'occupation britannique

> devait démontrer que l'Irak pouvait devenir un modèle de déve-
> loppement et de démocratie pour la région. La présence de la
> Grande-Bretagne, loin de favoriser l'harmonie entre les groupes
> et la défense des droits des minorités, finit par coopter l'appui
> des Sunnites pour faciliter le départ des Anglais. L'Histoire se
> répétera-t-elle après le départ des Américains ?

En second lieu, l'erreur de l'occupation a sans doute été l'occupation en elle-même. L'Irak n'était pas, et n'est toujours pas, l'Allemagne ni le Japon d'après la Seconde Guerre mondiale. À l'instar de l'invasion du Viêtnam, les États-Unis n'ont pas tiré les leçons de l'Histoire. Au Viêtnam comme en Algérie, la France avait déjà perdu ses guerres dans les années 1950-1960 ; en Irak (Mésopotamie), les Britanniques n'avaient pas fait mieux dans les années 1920. L'administration Bush n'a pas tenu compte de ce passé[93]. « L'impossibilité de comprendre les leçons de l'expérience coloniale britannique en Irak a probablement été la plus grave erreur de l'intervention américaine », a écrit Larry Diamond[94]. Parmi ces leçons négligées :

- Les Britanniques n'ont jamais pu imposer ou implanter la démocratie, de toute façon inexistante dans les 16 pays arabes de la région, à l'exception du Liban. Il était illusoire de croire, dans ces conditions, qu'il serait possible ou aisé « d'exporter » la démocratie en Irak. L'idée était absurde. Avant d'avoir Jefferson et Madison, rappelle le spécialiste Larry Diamond, il faut tout d'abord passer par Hobbes. Or, pour construire un État démocratique, encore faut-il avoir établi un État de droit — deux constructions historiquement absentes d'Irak[95]. On ne peut donc espérer que des progrès lents et limités.
- À de maintes reprises, les Britanniques avaient sous-estimé la puissance du nationalisme irakien, une erreur que les Américains ont répétée 80 ans plus tard.

L'imposition d'une CPA ne pouvait que provoquer la résistance et faire (singulièrement vite) oublier le dictateur déchu. La frustration, la rancœur et la désaffection de nombreux Irakiens à la cause américaine ne se sont pas faits attendre au fur et à mesure qu'augmentait l'insécurité et que l'occupation produisait le contraire de ce qui avait été promis.

- Envahir un pays peut être difficile, mais le stabiliser et le reconstruire est encore plus ardu. Les États-Unis n'étaient pas organisés pour entreprendre cette tâche, négligeant les leçons des opérations récentes en « *nation-building*[96] ». Pas assez de troupes, pas de policiers, aide insuffisante et mal gérée, absence d'une institution spécialisée et dotée des ressources en reconstruction au sein du gouvernement américain, et, surtout, approche unilatéraliste — colonialiste — nuisible aux intérêts des États-Unis. Ceux-ci ont répété l'aventure des Britanniques qui avaient dû faire face à la révolte violente des Sunnites tout au long des années 1920.

Mauvaises analogies, vœux pieux et pensée magique

Loin de s'inspirer de l'expérience britannique — si cela avait été le cas et que cette leçon de l'Histoire ne l'avait pas dissuadé d'intervenir en Irak, parions qu'en se « rendant à Bagdad », Bush aurait été mieux préparé et plus instruit —, les États-Unis ont souhaité s'inspirer de leurs plus grandes réussites : l'Allemagne et le Japon d'après la Seconde Guerre mondiale. Ces expériences ont offert des analogies puissantes aux décideurs et à Bush lui-même, qui lira des ouvrages sur l'occupation américaine de ces pays (et non sur l'expérience britannique en Irak). L'analogie avec l'Allemagne, en particulier, sera très apparente dans les visions de l'après-Hussein de l'administration américaine[97]. Ainsi, conserver les membres du Parti baassiste après la reprise en main de l'Irak équivaudra pour l'administration à conserver les nazis au pouvoir lors de la reconstitution de l'État allemand. Paul Wolfowitz comparera régulièrement les deux partis, justifiant le fait que l'occupation ait eu le but de « refaire » l'Irak, de la même façon que les États-Unis avaient « refait » l'Allemagne.

L'architecte de la guerre : Paul Wolfowitz

À l'instar de Robert McNamara et de ses mémoires de 1995 sur les erreurs commises par les décideurs américains au Viêtnam, Wolfowitz écrira-t-il un jour « En rétrospective » ? Architecte de la guerre en Irak, le secrétaire adjoint à la Défense a certainement été le porte-parole le plus influent et le conseiller le plus entêté pour promouvoir la « Liberté en Irak ». Néo-conservateur dans l'âme, partisan de la guerre du Golfe en 1991 (quoique opposé à l'époque à l'idée d'envoyer les troupes jusqu'à Bagdad), signataire en 1998 de la lettre publique exigeant un changement de régime en Irak et donc la chute de Saddam Hussein, Wolfowitz s'est fait, dès les lendemains du 11 septembre 2001, le plus ardent partisan d'une attaque contre l'Irak, prétextant pour cela le lien entre Al-Qaida et Saddam Hussein. Sa vision de la libération de Bagdad est en tout point conforme à celle de Berlin en 1945[98]. Cette guerre, estime George Packer, est le fruit de l'imagination du secrétaire adjoint. Il a fait de cette intervention une affaire personnelle, facilitant l'accès des exilés irakiens aux élites politiques américaines, et notamment au pouvoir de la Maison-Blanche. Il a vendu l'idée de l'invasion auprès des décideurs, déjà réceptifs, en promettant une opération militaire aussi rapide que peu coûteuse. L'idée était en effet d'installer les exilés, immédiatement après l'invasion, pour qu'ils prennent la responsabilité de diriger un gouvernement provisoire. Chose que les Irakiens libérés refuseront.

Wolfowitz persiste et signe aujourd'hui : l'histoire finira bien par lui donner raison d'avoir encouragé — surtout après le 11 septembre 2001 qui a, dans ses mots, « transformé [son] point de vue » — le recours à la force. L'architecte de la guerre se permet même d'être critique et philosophe après sa nomination à la Banque mondiale en janvier 2005 : « J'ai le sentiment qu'on s'apprête à répéter l'erreur du général Meade [lors de la guerre civile] de ne pas donner suite à nos victoires », tout en admettant que « la connaissance imparfaite est une composante essentielle chez tout grand décideur[99] ». McNamara n'aurait pu mieux qualifier, « en rétrospective », l'erreur commise en Irak.

Nulle part cette vision de l'analogie « allemande » est plus évidente que dans les mémoires de Paul Bremer qui raconte qu'il envisageait dès le départ son travail comme celui d'un Lucius Clay (en Allemagne) ou d'un Douglas MacArthur (au Japon) : « Nous devions faire de l'Irak une histoire aussi réussie que l'Allemagne et le Japon depuis cinquante ans » ; « l'une des leçons de l'Allemagne est le besoin d'un processus en profondeur » ; « Conservons à l'esprit les leçons pertinentes de l'Allemagne et du Japon[100] », se plaisait-il à répéter, sans se demander pour autant si ces leçons étaient effectivement pertinentes... Il souligne toutefois le fait que les États-Unis avaient préparé leur plan d'occupation de l'Allemagne pendant trois ans, et qu'ils s'étaient appuyés sur un manuel de l'armée totalisant 400 pages d'instructions et de directives, aux côtés duquel les quelques présentations *PowerPoint* sur l'Irak de février 2003 lors des séminaires du *National Defense University* paraissent bien minables. Au lieu d'utiliser l'analogie avec l'Allemagne, les décideurs américains auraient sans doute été mieux inspirés de faire allusion aux cas de l'ex-URSS ou encore de la Pologne après la révolution de 1989 : ils y auraient trouvé des exemples de reconstitution d'État à éviter ou à suivre, surtout dans le contexte de l'implosion d'un système autoritaire. Les néoconservateurs feront d'ailleurs allusion au cas de la Pologne... pour justifier le recours à la thérapie de choc, c'est-à-dire à l'imposition rapide du capitalisme dans une économie dirigiste. Le cas polonais aurait pu enseigner d'autres leçons que celle-là, tout comme les exemples britannique et allemand, ou encore les allusions à l'Algérie, au Viêtnam, à la Bosnie ou au Kosovo qui seront faites par les critiques de Bush[101]. Cela démontre toute la prudence dont les décideurs (et les détracteurs) doivent faire preuve lorsqu'ils ont recours à des analogies pour prendre ou concevoir des décisions.

Il en va de même pour les idées reçues sur l'Irak après Saddam Hussein. Elles reflètent pour la plupart le remplacement de l'analyse par des vœux pieux et une forme de « pensée magique ». On ne peut mieux résumer l'atmosphère sur le terrain que lorsque Larry Diamond écrit : « le sens de l'optimisme et de la détermination [de la CPA] était contagieux, voire quelque peu euphorisant[102] ». À l'intérieur de la zone verte, la zone protégée de Bagdad où séjournent les officiers de la CPA, on rêve d'implanter la démocratie, d'organiser des élections et de faire de l'éducation politique (ou civique, comme les Américains l'entendent), de réaliser une constitution de poids fondée sur la protection des droits des minorités et sur le fédéralisme. Déjà, le général Garner promet que l'Irak sera un cas infiniment plus facile que l'Afghanistan[103] ! Son successeur est encore plus hardi : « Bremer voulait bâtir un Irak qui ressemble en tous points aux États-Unis[104] ». Bref, un Irak multiethnique, uni et démocratique. Les *Whiz Kids* (les « nouveaux cow-boys ») de la CPA nagent dans une parfaite abstraction qui rappelle les aspirations des États-Unis au Viêtnam. La pensée magique se substitue à l'analyse : on se persuade que les troupes seront accueillies en « libérateurs ». Cette idée sera bêtement crue et exprimée au plus haut niveau, par Cheney par exemple dans les médias, à la toute veille de l'invasion[105]. Tout comme l'idée que les infrastructures de l'Irak seront opérationnelles durant l'été 2003, que des élections auront lieu en septembre et que les soldats américains quitteront le sol irakien en octobre dans l'euphorie[106]. Et si ce n'est pas le cas, que faire alors ? De tels vœux pieux, la croyance naïve dans les meilleurs scénarios, compensent l'absence totale de connaissance de l'histoire et de la culture politique irakiennes, qui auraient recommandé la modestie et la prudence dans la conception de l'occupation. « On se référera au cas de l'Irak pour des années à venir, comme un sobre avertissement des conséquences terribles qu'entraîne un idéalisme inopportun », conclut Lawrence Freedman[107].

La pensée groupale

On retrouve huit symptômes de la pensée de groupe[108] au sein de l'équipe de décideurs de Bush — sans pour autant que cette pensée étouffe toute forme de dissension, la preuve en étant les réserves manifestées par le secrétaire d'État dans les six mois qui ont précédé l'invasion en 2003. De façon générale, les décideurs (1) se complaisent dans un sentiment collectif d'invulnérabilité, (2) surestiment leur capacité à contrôler les événements, (3) ont tendance à avoir une perception très élevée d'eux-mêmes, à croire en leur supériorité morale, (4) interprètent de façon biaisée les faits et filtrent tous ceux qui ne sont pas conformes à leur réalité, (5) s'entendent sur une vision stéréotypée du régime de Saddam Hussein, (6) justifient constamment leurs décisions au point de s'autocensurer, (7) pratiquent « l'enflure psychologique » qui consiste à privilégier des éléments d'information aux dépens d'autres et (8) exercent des pressions en faveur du conformisme. Bien que toutes les conditions de pensée groupale ne s'appliquent pas à tous, elles ont certainement concerné la faction la plus puissante au sein de l'administration : les très influents conseillers néo-conservateurs[109]. Ainsi, « le sentiment d'avoir raison a provoqué chez Wolfowitz la fâcheuse habitude d'enterrer les faits discordants... En dépit de ses grandes qualités, il s'est berné », observe Packer[110]. « Les points de vue contraires n'ont pas seulement été rejetés, ils ont été bannis », renchérit Peter Galbraith[111]. De l'enquête de Woodward, on retient qu'aucune solution de remplacement de l'occupation n'a été envisagée, qu'aucune réunion faisant l'examen formel de *toutes* les options n'a été tenue, qu'aucun avis sur le mérite de l'invasion ou de l'occupation n'a été sollicité par les autorités militaires[112]. La preuve de l'existence de cette pensée de groupe est le fait qu'hormis Powell — et peut-être d'autres dont on connaîtra mieux un jour les prises de position — personne ne s'est fait « l'avocat du diable » dans la prise de décision. Personne n'a manifesté de doutes devant le président. Celui-ci a résolument été entouré de conseillers qui lui disaient ce qu'il aimait entendre ou, du moins, ce qu'ils *croyaient* qu'il souhaitait entendre. Incompétence ? Arrogance ? Bush a sans doute vécu ou subi le pire symptôme de la pensée groupale : être guidé et agir au sein d'une bulle décisionnelle coupée du reste du gouvernement[113]. Même Powell n'a pas été aussi précis et insistant que l'avait été, par exemple, George Ball, durant le Viêtnam, lorsqu'il avait prévenu son président (Lyndon Johnson) des conséquences de l'invasion et de l'occupation américaines[114]. Le secrétaire d'État « faisait de la figuration et avait autant d'influence qu'une potiche », commentera Woodward[115].

Il en est de même pour l'occupation de l'Irak sous Bremer. La prédominance d'une pensée groupale est évidente dans la mesure où on fuyait les mauvaises nouvelles pour ne croire qu'aux bonnes et ne divulguer qu'elles. Après Garner, personne d'autre n'osa confronter Bremer sur les prémisses et les objectifs de ses décisions[116]. La foi et l'omnipotence mèneraient à la victoire ! Larry Diamond évoque les effets pernicieux de la pensée groupale à l'œuvre dans la CPA lorsque celle-ci a conçu la constitution intérimaire en mars 2004[117].

L'hégémonie idéologique des néo-conservateurs

« Au lendemain du 11 septembre, écrit Sébastien Fumaroli, l'Amérique tout entière, le Parti démocrate y compris, s'est jetée dans les bras des néo-conservateurs pour sauver la patrie en danger[118]. » Est-ce parce qu'ils sont « nés à gauche », qu'ils ont été désabusés des administrations démocrates et qu'ils sont « passés à droite » avec la présidence de Reagan que les néo-conservateurs ont conçu la guerre en Irak comme une guerre révolutionnaire ? Il s'agissait pour eux de « changer la donne » (*Game Changer*) au Moyen-Orient, comme l'a expliqué Ron Suskind. Les néo-conservateurs ont proposé une guerre quelque peu étrangère à la culture politique américaine, une guerre « de choix » fondée sur l'idéologie et non sur l'intérêt national. La guerre du Viêtnam était un peu un mélange des deux, du moins aux yeux des décideurs, mais l'Irak n'est purement qu'idéologique. Après le 11 septembre, qui a été traité comme un événement à la hauteur de Pearl Harbor, les « néo-cons », comme on les surnomme parfois, ont perçu le défi lancé par Al-Qaida comme une opportunité d'accomplir un projet utopique : démocratiser le Moyen-Orient. « La route de Jérusalem passe par Bagdad », a été un refrain souvent répété après 2001. Un Irak démocratique aurait servi de rampe de lancement pour éradiquer les causes de l'extrémisme islamique, pour provoquer des changements de régimes par « effet de domino » à la grandeur du Moyen-Orient et, au demeurant, pour assurer la sécurité d'Israël. « Les néo-conservateurs se sont mis à penser pour tout le monde, obtenant une hégémonie idéologique grâce au court-circuit intellectuel qui plongeait l'Amérique dans le noir[119]. » Qui sont les « néo-cons » et comment ont-ils réussi à faire pencher la décision en faveur de leurs idées ?

Un néo-conservateur, explique l'un de ses fondateurs, Irving Kristol, est « un homme de gauche qui se cogne à la réalité[120] ». Inspirés durant les années 1960-1970 par des philosophes politiques, tels que Léo Strauss et Allan Bloom, et par des politiciens, tel le sénateur Henry Jackson, les néo-conservateurs, comme Paul Wolfowitz, Richard Perle, Elliott Abrams, Zalmay Khalilzad, Douglas Feith, Lewis Libby, Kenneth Adelman, Francis Fukuyama, Bill Kristol ou Robert Kagan, ambitionnent de faire des États-Unis une puissance capable de transformer le monde et d'accélérer l'Histoire[121]. Ils veulent utiliser cette puissance pour ins-taurer un « wilsonisme musclé », c'est-à-dire qu'ils souhai-tent que les États-Unis assument un rôle de « domination bienveillante » permettant de faire avancer la démocratie. Ce faisant, ils veulent reconstruire la politique étrangère américaine. Cet effort débute avec la présidence de Reagan, qui leur procure la satisfaction d'avoir eu raison de croire qu'en accroissant leur puissance les États-Unis pouvaient provoquer la « fin de l'histoire » du communisme et le triomphe de la démocratie. Avec Bush, les néo-conservateurs espèrent retrouver la même détermination que sous Reagan, cette fois pour combattre « l'islamo-fascisme », en commen-çant avec le cas de l'Irak. Dès 1998, les ténors de ce courant de pensée avaient orchestré une campagne de presse pour prôner l'idée d'un « changement de régime » à Bagdad, notamment dans une lettre ouverte parue dans le *New York Times*. Le 11 septembre, comme on l'a dit, leur offre le pré-texte et le contexte pour justifier une invasion de l'Irak. Il ne manque alors plus que des décideurs disposés à se laisser convaincre par ces idées. Les néo-conservateurs gagnent la partie en colonisant très habilement et sans scrupules une présidence très réceptive, après 2001, à leur idée de « l'*Hé-gémon* bienveillant ». « Il y aura déjà en place au plus haut niveau à travers tout l'appareil de sécurité nationale un groupe de gens avec une histoire intellectuelle bien définie, qui pourra mettre en œuvre de nouvelles stratégie, doctrine et vision du monde profitables au président[122]. »

Les néo-conservateurs ont exercé une influence énorme au sein de l'administration, et ce, pour deux raisons[123]. Premièrement, ils ont occupé des postes-clés de l'appareil bureaucratique, qu'ils ont obtenus notamment en raison de l'ascendant du vice-président Cheney et de ses conseillers. Ils ont dominé, ou contourné, les rouages bureaucratiques, en mettant sur pied des structures parallèles (tel le bureau des Plans spéciaux conçu par Feith pour acheminer l'information qu'il juge pertinente aux décideurs). Deuxièmement, ils ont fait des accommodements de circonstance avec d'autres factions pour consolider leur emprise sur la prise de décision. D'un côté, ils n'ont eu aucune difficulté à rallier à leur cause les conservateurs Cheney et Rumsfeld (ceux-ci ne sont effectivement pas originellement des néo-conservateurs). De l'autre, grâce à cette alliance, ils sont parvenus à contrer l'influence des internationalistes, tels que Powell et Rice, dont la présence était plus minime dans l'équipe décisionnelle. Wolfowitz a d'ailleurs reconnu que seule la question des armes de destruction massive pouvait rallier tous les courants au sein de l'administration autour d'une position commune[124]. On peut ajouter à cet égard que, sans le 11 septembre, l'alliance bureaucratique aurait probablement joué en faveur des conservateurs, et non des néo-conservateurs, tandis que l'influence des internationalistes aurait été beaucoup plus grande. Bref, la politique étrangère de Bush serait possiblement restée « humble », pour reprendre les mots du président prononcés durant la campagne de 2000. Signe que l'erreur en Irak est même admise par certains des ténors du néo-conservatisme, l'un d'eux (Francis Fukuyama) renoncera à cette idéologie en 2006 et critiquera sévèrement Bush pour avoir bâclé l'après-Hussein[125]. Comme quoi, dans le débat des idées, les revirements sont parfois spectaculaires et imprévisibles.

Antagonismes et stratégies bureaucratiques

Le processus décisionnel a été victime d'innombrables querelles bureaucratiques entre les acteurs principaux (département d'État, département de la Défense, CIA, organisation du NSC, bureau du vice-président), mais surtout entre les représentants de la diplomatie et les civils du Pentagone. Ce dernier a largement réussi à assujettir la prise de décision à ses préférences, avant comme après l'invasion, en profitant des alliances auxquelles nous avons fait référence plus haut. Cette usurpation du pouvoir a été néfaste à la politique américaine, d'autant qu'elle a du même coup marginalisé le point de vue militaire et entraîné des conflits bureaucratiques *au sein* du département de la Défense. Ce jeu d'influence explique plusieurs déboires de la prise de décision sur la question irakienne.

Les antagonismes ont été évidents tout au long de l'échec américain en Irak et ont contribué à amplifier les erreurs des États-Unis en Irak. Parmi les nombreux exemples relevés par les acteurs et par les observateurs de cet échec, mentionnons les suivants :

- Les départements d'État et de la Défense ont été à couteaux tirés tout au long de l'année qui a précédé l'invasion. La rivalité entre eux, a écrit Woodward, « était si hargneuse que les réunions interdépartementales donnaient parfois lieu à rien de mieux que des altercations[126] ». La faction néo-conservatrice a mené une guerre ouverte contre la faction rassemblée autour de Powell. Cette dernière a perdu la bataille sur la stratégie à emprunter en Irak, à cause de l'influence omniprésente de Cheney et de ses conseillers. Le département d'État a été dépouillé de toute responsabilité lors de la stabilisation de l'Irak, les civils du Pentagone réussissant à imposer leur autorité dans la gestion des rouages organisationnels. À l'inverse de Bush 41, Bush 43 n'a pas limité cette double influence des néo-conservateurs et du vice-président sur le processus décisionnel. C'est sans doute là aussi une erreur de gestion qui aura été lourde de conséquences. De même, la CIA a elle aussi subi les conséquences de ces manœuvres bureaucratiques en étant soumise à une politisation du renseignement. La gestion américaine du cas irakien aura donc été, du début à la fin, l'œuvre des faucons au sein du gouvernement[127].

- George Tenet a insisté dans ses mémoires sur la volonté des officiels civils du Pentagone (Wolfowitz et Feith), appuyés par le bureau du vice-président (Libby), de propulser Chalabi à la tête de l'Irak à tout prix, et ce, en dépit des avertissements clairs adressés par la CIA sur l'irréalisme de ce scénario. Le département d'État et la CIA voulaient développer un plan d'après-guerre, mais le Pentagone en avait déjà un : les deux positions se sont avérées irréconciliables et n'ont même jamais été débattues, ni résolues, devant Bush. En d'autres occasions, les chefs d'antenne de la CIA sur le terrain en Irak étaient parvenus à établir des communications profitables avec plusieurs leaders sunnites. Mais l'arrivée de Bremer a mis fin à la plupart des démarches initiées par son prédécesseur, et tous les contacts qui avaient été établis ont alors été rompus. Lorsque ces représentants de la CIA ont offert, depuis Bagdad, des rapports critiques sur la situation ou sur l'action des États-Unis, ils ont été démis de leurs fonctions[128]. « Il ne faisait pas bon de rédiger des comptes rendus honnêtes sur ce qui se passait en Irak[129]. »

- La coordination entre les acteurs bureaucratiques a également été grandement déficiente. Cette lacune est en partie responsable de l'avortement des efforts produits pour prévenir l'éclatement de la violence intercommunautaire en Irak. « Le Pentagone a ignoré la première règle de la guerre : connais ton ennemi[130]. » À titre d'exemple, on peut citer la mise sur pied et le fonctionnement inadéquat de l'organisation pour la reconstruction du général Garner, qui a écarté des participants du département d'État, a été contournée par les militaires sur le terrain et a été soumise aux caprices de quelques décideurs du Pentagone, sans évaluation interdépartementale. À cet égard, les obstacles organisationnels (provenant notamment du bureau du budget de la Maison-Blanche, ainsi que de l'Agence américaine pour le développement international, l'USAID) ont eu de lourdes conséquences sur le travail entrepris par Bremer, frustré par le rejet de ses nombreuses requêtes visant à redresser rapidement la situation en Irak. Quant aux tentatives de la CPA pour arrêter Moktada Al-Sadr, elles ont buté contre la résistance du commandant des fusiliers marins, qui exhortait (en secret) ses officiers supérieurs et Rumsfeld à ignorer la directive de Bremer — ce qu'ils ont fait avec empressement. Bremer a même soupçonné les militaires américains de vouloir précipiter le plan de retrait anticipé des troupes, alors que le vice-roi tentait, à de maintes reprises, d'acheminer vers Bush et vers Rumsfeld sa recommandation *d'augmenter* rapidement le nombre de soldats. En réalité, Rumsfeld faisait tout ce qui était en son pouvoir pour amener l'armée à *réduire* ses effectifs déployés en Irak. L'absence de coordination s'est aussi répercutée dans les relations qu'entretenaient Bremer et les représentants de l'ONU, et a sapé de ce fait tous les efforts pour amener celle-ci à renforcer, à améliorer, les chances de succès des Américains[131].

L'usurpation par le Pentagone du contrôle du processus décisionnel constitue l'autre facteur organisationnel déterminant. Ce contrôle a été octroyé au Pentagone au début du mois de janvier 2003 par une directive présidentielle. Il a été motivé par une unique raison : la forte influence de Donald Rumsfeld[132]. Dans le contexte de la lutte contre le terrorisme, Rumsfeld et Cheney, de vieux routiers de l'administration Ford au milieu des années 1970, ont trouvé dans l'administration Bush le cadre idéal pour faire valoir leur style (plutôt déterminé) et leurs idées (peu conventionnelles). Le Pentagone — du moins sa structure civile — a pu faire ce qu'il voulait et « microgérer » la politique irakienne avec les encouragements du bureau du vice-président[133]. Ainsi, l'organisation du NSC, dirigée par Condoleezza Rice, a été complètement ignorée par les sbires de Rumsfeld. Celle de la CIA menée par George Tenet a subi la concurrence de nouvelles entités créées par le secrétaire à la Défense, qui a nommé un sous-secrétaire responsable du renseignement et a confié à un autre, Feith, le soin de coordonner les efforts d'espionnage (politiquement) utiles, notamment au sein de la CPA. Les « nouveaux cow-boys » du Pentagone, comme les surnommera James Risen, ont pris en main la politique américaine en Irak en mettant sur pied une unité spéciale de renseignement (ce qui explique largement la déconfiture dans le dossier des armes de destruction massive). Dès lors, faut-il être surpris des très mauvaises relations qu'a entretenues Rumsfeld avec Rice, Tenet, Powell ou Bremer ?

Le « côté obscur de la force » : Richard Cheney

Est-il « le Prince » de Machiavel ? Considéré désormais comme le génie — certains diront plutôt le Satan — de George W. Bush, le vice-président semble avoir tiré beaucoup de ficelles pendant l'aventure irakienne, entre autres dossiers. L'absence de curiosité du président a apparemment facilité l'influence de Cheney qu'il a acquise en adhérant aux convictions des néo-conservateurs soutenus par le bureau de la vice-présidence. Jamais de l'histoire la vice-présidence n'avait jusque-là obtenu autant d'ascendance sur la prise de décision. Cheney, avec Rumsfeld, ont outrageusement dominé tout le processus décisionnel. Il est notamment parvenu à imposer son point de vue auprès de Bush sur la présence des armes de destruction massive en Irak, sur le lien entre Saddam Hussein et Al-Qaida, sur la «libération dans l'allégresse» après la chute du dictateur, sur la redéfinition nécessaire de la torture et sur les mesures spéciales requises pour lutter contre le terrorisme. Difficile d'imaginer qu'en 1991 le même Cheney, alors secrétaire à la Défense sous Bush père, rejetait toute idée de «prendre Bagdad» en se demandant ce que les troupes américaines pourraient bien y faire, à part s'y embourber. Ses anciens collègues, tel Brent Scowcroft (le conseiller pour la sécurité nationale), diront ne plus le reconnaître aujourd'hui. Et pourtant, à l'époque où ils débutaient ensemble leur carrière sous le président Ford en 1974, on décrivait le vice-président et Rumsfeld comme «les petits prétoriens» de l'administration[134].

La plus grave erreur, parmi bon nombre d'erreurs déjà sérieuses, qu'a commise Rumsfeld est d'avoir négligé et écarté l'option d'un déploiement beaucoup plus significatif d'effectifs militaires afin de gagner la paix, après avoir gagné la guerre. Convaincu des qualités de sa doctrine de transformation des forces armées, fondée sur la révolution dans les affaires militaires (soit de petits contingents de soldats disposant d'armes dites intelligentes et précises), le secrétaire à la Défense a voulu substituer les technologies aux hommes, ce qui explique grandement la négligence d'une planification de l'après-guerre reposant sur un déploiement important d'effectifs militaires. Rumsfeld n'a jamais voulu tenir compte de considérations relatives au *« nation building »* pour l'Irak d'après l'invasion[135]. L'avis de ses propres experts du bureau des opérations de paix du département de la Défense a été exclu des décisions et de toute planification[136]. Sa manipulation politique lui a même permis de mettre sur le seul dos de Bremer la décision de démanteler entièrement le système baassiste irakien, omettant ainsi de mentionner le rôle-clé joué par Feith[137]. Ajoutons à tout cela l'obéissance excessive que les hauts gradés militaires ont accordée à Rumsfeld et aux civils du Pentagone. L'épisode du général Shinseki a certainement refroidi la flamme contestataire des militaires. Contredisant publiquement Wolfowitz sur le nombre de troupes requis pour assurer la stabilité de l'Irak à la veille de l'invasion, le général a été sévèrement réprimandé par le secrétaire adjoint et contraint, peu de temps après, à la retraite. Le général Richard Myers, puis le général Peter Pace, qui ont occupé tour à tour le poste de président du comité interarmes et de conseiller militaire du président dans ce domaine, ne sont apparemment jamais intervenus pour signifier aux décideurs leur quelconque désaccord avec les plans des néo-conservateurs, alors même que plusieurs militaires auraient bien voulu qu'ils expriment en haut lieu leurs réserves[138]. Mais Rumsfeld préférait « la nomination d'un chef de l'état-major qui n'en aurait en fait que le titre[139] ». En clair, il a fait savoir à Myers et à Pace qu'il ne souhaitait pas vraiment entendre leurs conseils ! Il a tourné en dérision toute accusation d'implication dans le scandale de la torture à Abou Ghraïb. Alors que le rapport d'enquête du général Antonio Taguba sera sans pitié pour certains hauts gradés dans ce dossier, ces derniers resteront impunis et Rumsfeld étouffera toute enquête de haut niveau[140]. Tout cela pourrait être ironique si les conséquences n'avaient pas été si tragiques : des décideurs tels que Bush, Cheney, Rice et Rumsfeld, qui n'avaient *jamais* connu personnellement la guerre ou servi dans les forces armées, ont pourtant pris la plupart des décisions relatives à l'Irak, sans vraiment consulter les militaires qui étaient pourtant là pour les conseiller.

Les tensions civilo-militaires sur le terrain

Il est frappant de constater qu'il n'y a eu aucune coordination entre la CPA de Bremer et les militaires sur le terrain. Au contraire, les tensions entre les deux organes ont été vives et ont miné toute chance de succès de la mission américaine. « La tension entre les militaires et les civils américains, durant l'occupation qui a duré quinze mois, est l'une des principales raisons pour lesquelles l'Irak demeure aujourd'hui dangereux[141]. » L'absence de véritable consultation entre les entités civile et militaire a poussé, dès le départ, les décideurs à négliger l'éventualité d'une évaporation de l'armée irakienne. La formation d'une police irakienne a été considérablement entravée par les dysfonctionnements entre les entités. Sans compter que les *Whiz Kids* du Pentagone ont été peu réceptifs aux idées des militaires et que Bremer n'a guère reçu d'aide de la part des commandants sur le terrain. En revanche, ces derniers ont eu l'impression d'être totalement écartés des décisions relatives à la reconstruction de l'Irak, alors que plusieurs d'entre eux avaient servi dans des missions en Haïti, en Somalie ou au Kosovo, et qu'ils possédaient donc une expertise pertinente pour le cas de l'Irak. Les tensions ont été particulièrement évidentes entre Bremer et le commandant des troupes américaines, d'abord le lieutenant général Ricardo Sanchez, puis son successeur le général John Abizaid[142]. L'état des relations entre Bremer et l'envoyé spécial du NSC, Zalmay Khalilzad, a été relativement similaire : ce dernier était perçu par le vice-roi comme une menace et a donc été écarté de toute décision prise par la CPA. Au demeurant, Bremer a refusé toute coordination avec les officiers de l'organisation du NSC, avec ceux du département d'État et de la CIA, ainsi qu'avec les groupes de décision interdépartementaux. Il ne s'entretenait et ne décidait qu'avec Bush ou Rumsfeld. David Phillips a eu raison de conclure que, « afin de démontrer le sérieux de la planification de l'après-guerre, le gouvernement américain aurait dû désigner une imposante personnalité pour obtenir le respect des Irakiens et aiguiller le travail interdépartemental[143] ». Bremer, de l'avis de Larry Diamond, a représenté « tout ce qu'il y a de mieux et de mauvais des États-Unis : il était brillant mais connaissait bien peu de choses de l'Irak, entreprenant mais dominant, charmant mais condescendant, informel mais impérial, pragmatique mais inflexible, impressionnant dans sa maîtrise des détails mais porté à faire de la microgestion[144] ». Ce comportement du vice-roi n'a arrangé ni les Irakiens ni les officiels américains, et a contribué à l'isolement des fonctionnaires de la CPA et à leur ignorance des réalités du terrain. Diamond a particulièrement reproché à Bremer et à la CPA (1) d'avoir trop tardivement compris toute l'importance politique des *vrais* leaders tel l'ayatollah Ali Al-Sistani, (2) d'avoir trop peu encouragé la participation des Irakiens au processus de transition, (3) de n'avoir pas assez tendu la main aux représentants sunnites mécontents, et (4) d'avoir été incapable de formuler une stratégie cohérente pour mater l'insurrection et, notamment, la résistance chiite menée par les brigades de Moktada Al-Sadr[145]. Cette administration, assez brave pour chasser un chef d'État, mais trop timorée pour arrêter un chef insurgé, laissera pantois plus d'un intervenant sur le terrain.

La manipulation et les défaillances du renseignement

« Il ne fait aucun doute que Saddam Hussein dispose à présent d'armes de destruction massive », avait déclaré Cheney le 26 août 2002[146]. Mais que savait au juste la communauté américaine du renseignement ? L'agence de la Défense, la DIA, a présenté en octobre 2002 une liste comportant, affirmait-elle, 946 lieux précis, et susceptibles d'entreposer et de produire des armes biologiques, chimiques et nucléaires. Alors que personne n'était en mesure de vérifier sur place ces informations, ni n'était absolument certain de leur véracité, elles sont rapidement devenues une certitude. Pourtant, au même moment, dans son *National Intelligence Estimate*, le jugement collectif de toute la communauté du renseignement (comprenant la CIA) concluait que l'Irak n'avait pas la bombe nucléaire et qu'il ne l'aurait pas avant 2007-2009[147]. Par ailleurs, dans son discours sur l'état de l'Union de janvier 2003, Bush a déclaré que l'Irak avait obtenu du Niger des tubes d'aluminium devant servir à des fins d'enrichissement pour l'obtention du nucléaire. Pourtant, dans les jours qui ont précédé cette déclaration, George Tenet a acheminé à l'organisation du NSC des mises en garde de la CIA et du département d'État sur la véracité de cette information. Ces avertissements ont été « oubliés » (ignorés s'avère être le terme exact) par l'adjoint de Rice à l'époque, Stephen Hadley. Condoleezza Rice a eu l'outrecuidance de blâmer Tenet pour avoir induit la Maison-Blanche en erreur sur la base de documents falsifiés! À partir de ce moment, la brouille est devenue sévère entre les deux conseillers et leurs organisations. Tenet accuse aujourd'hui Hadley, qui a succédé à Rice en janvier 2005 comme conseiller pour la sécurité nationale de Bush, d'avoir fait le sale travail de Cheney et de Rumsfeld[148]. Ce cafouillis du renseignement est explicable par plusieurs raisons:

- La CIA et la DIA n'ont pas pu déployer d'agents sur le terrain, ni disposer d'espions crédibles pour vérifier l'exactitude de l'accusation lancée par le vice-président en 2002. « Dans les mois qui ont précédé la guerre de 2003, la CIA ne disposait que d'un seul officier en poste à Bagdad[149] ». On sait aujourd'hui que Saddam Hussein a trompé tous les services de renseignement, y compris les savants et les dirigeants irakiens, en *faisant croire* qu'il possédait des armes de destruction massive (ADM), sans nul doute pour être craint par les États voisins et, surtout, pour préserver son image de dictateur puissant. En réalité, il s'était débarrassé de ces armes depuis le milieu des années 1990 et avait réussi à masquer cette vérité[150]. Au moment de l'invasion par les États-Unis, les services de renseignement américains avaient au moins cinq ans de retard !

- La commission du juge Lawrence Silberman, chargée de mener une enquête sur les raisons du fiasco des ADM, découvrira que la communauté du renseignement avait émis des jugements fondés, non pas sur des preuves, mais sur des suppositions, l'état des relations entre les États-Unis et l'Irak depuis la guerre du Golfe de 1991 ayant freiné leur récolte d'informations sûres[151]. Les analystes de la CIA ont *présumé* que l'Irak possédait des ADM et sont donc restés « prisonniers de leurs propres convictions[152] ». Cette présomption collective pourrait alors expliquer leurs rapports erronés. Pourtant, certains savants irakiens exilés ont émis des réserves sur cette idée quand la CIA leur a demandé de faire enquête et de mener des entretiens secrets en Irak : d'après leurs résultats, les programmes d'ADM avaient été abandonnés. Les patrons de la communauté du renseignement n'ont jamais tenu compte de ces rapports, et ces derniers n'ont apparemment jamais été communiqués à Bush et aux décideurs[153]. L'information disponible n'a pas été soumise à une vérification approfondie et sérieuse. Le président n'a jamais été exposé, tous les matins lors de ses briefings, qu'à des généralités et à des idées reçues. Il n'a jamais été informé des réserves ou des doutes entretenus par certains des agents subalternes du renseignement.

- La manipulation politique du renseignement est sans doute en partie responsable de ce climat délétère : Cheney et ses conseillers se sont rendus à plusieurs reprises au quartier général de la CIA pour intervenir directement dans le processus d'évaluation, en posant des questions sur les rapports et en faisant pression sur les analystes. Ceux-ci savaient très bien qu'ils devaient trouver des informations, si ténues soient-elles, pour justifier la guerre[154]. D'autant que le bureau des «plans spéciaux» de Douglas Feith ne s'était pas gêné pour aller puiser l'information lui étant utile auprès de la communauté du renseignement et pour pratiquer aussi la désinformation[155]. Dans ce contexte, il n'est guère surprenant que les doutes existants au sein de la CIA et d'autres agences aient été étouffés. Mais, par qui exactement? Les hommes politiques? Les analystes? Les directeurs de bureaux? La réponse reste controversée. La commission Silberman a conclu sur l'absence de pression politique et a attribué la faute à un renseignement défaillant[156]. Pour sa part, Sir Richard Dearlove, dans son «mémorandum de *Downing Street*», a été cinglant: «ils ont arrangé les informations et les faits en fonction de leur politique[157]». Paul Pillar a estimé que le renseignement avait joué un rôle secondaire: «la conséquence logique du renseignement officiel aurait été d'éviter la guerre — et, si elle devait être déclenchée, de se préparer à une suite laborieuse. Ce qui est remarquable dans le renseignement avant la guerre n'est pas tant que celui-ci ait eu tout faux et ait induit en erreur les décideurs, mais qu'il ait joué un rôle finalement bien accessoire[158]». Tanguy Struye de Swielande est resté prudent et nuancé sur la controverse entourant la politisation du renseignement: «plutôt que de parler de mensonges ou d'impostures de la part des hommes politiques, il faut plutôt voir un ensemble d'erreurs grossières commises dans le processus hiérarchique de filtrage, et entraînant comme résultat des informations incomplètes ou biaisées sur le bureau du décideur[159]». Cette thèse sur l'erreur convainc la majorité pour l'instant.

Le coupable : Curveball

Sera bientôt diffusé en salle de cinéma l'incroyable exploit d'un informateur — un ingénieur chimiste irakien vivant en Allemagne — qui a réussi, tout seul et fort habilement, à désinformer entièrement les services de renseignement occidentaux. À partir de 2000, *Curveball*, pour l'appeler par son surnom, divulgue de (fausses) informations sur l'existence d'installations biologiques mobiles en Irak. Ces informations passent indirectement dans les mains des Américains qui ne rencontrent *jamais* l'espion, se fiant aux rapports et à la centaine d'interrogatoires faits par les services allemands. La DIA fait tout particulièrement un usage très important des dires de *Curveball*. Elle ne vérifie aucune de ses révélations, qui se retrouveront dans le *National Intelligence Estimate* d'octobre 2002 (qui invoquait la menace irakienne pour obtenir le vote du Congrès) et dans la présentation à l'ONU de Colin Powell le 5 février 2003 (pour convaincre cette fois la communauté internationale). *Curveball* se révèle être en fait un alcoolique notoire, un fieffé menteur, qui n'a pratiquement pas séjourné en Irak et qui a vendu ses services pour des intérêts pécuniaires. Imaginez ! Toute une communauté du renseignement qui n'utilise *qu'une* seule source pour corroborer les allégations de possession d'armes bactériologiques… C'est pourtant ce que constatera la commission Silberman lorsqu'elle mettra en évidence les méprises et les défaillances du système du renseignement dans l'affaire « Curveball ». L'officier Tyler Drumheller, chef de la division Europe, avait pourtant mis en garde la CIA de l'aspect hautement suspect des révélations de *Curveball*, à partir d'informations qu'il avait reçues des services allemands. Mais il s'était fait rabrouer par ses supérieurs et par Tenet. Celui-ci dira ensuite ne pas se souvenir d'un quelconque avertissement concernant *Curveball*[60]. Quand la réalité dépasse la fiction, un film qui promet !

Les défaillances et la manipulation du renseignement ont également été évidentes sur le terrain, après la chute de Saddam Hussein. Alors que le gouvernement américain ne disposait pratiquement pas d'informations sur la rébellion, les agents de la CIA postés en Irak étaient pourtant loin d'être ignares à ce sujet. Ils avaient prédit une détérioration sérieuse de la sécurité dans le pays, ainsi que le développement de l'insurrection à l'été, puis à l'automne 2003[161]. Au moment où les Irakiens votaient pour la première fois de façon démocratique en janvier 2005, la CIA réitérait ses avertissements sur l'imminence d'une guerre civile[162]. Les agents avaient déjà prévenu leurs supérieurs des conséquences de l'invasion. En janvier 2003, un de leurs rapports était intitulé, fort à propos, «les conséquences d'un succès catastrophique». Il faisait état des tensions intercommunautaires qui suivraient la fin du régime baassiste et prédisait une violence proche de la guérilla, les conséquences néfastes d'une démobilisation de l'armée, ainsi que le fractionnement de l'Irak[163]. Ces mises en garde ne sont jamais parvenues jusqu'aux conseillers du président ou n'ont jamais été considérées par eux. Et Tenet a certainement une forte responsabilité là-dedans. Les directives de «débaassification» de Bremer n'ont pas tenu compte des avertissements émis par les agents de la CIA situés à Bagdad et ont mis toute la communauté du renseignement, et apparemment Tenet lui-même, devant le fait accompli. «Nous ne savions *pas* ce que notre propre gouvernement voulait faire», écrira, dépité, le directeur de la communauté[164].

Le dysfonctionnement du NSC

Le forum décisionnel du Conseil de sécurité nationale (NSC), comprenant le président Bush, le vice-président Cheney, les secrétaires d'État Powell, puis Rice, le secrétaire à la Défense Rumsfeld, ainsi que le président du Comité des chefs d'état-major (Myers, puis Pace), le directeur de la communauté du renseignement (Tenet) et le conseiller pour la sécurité nationale (Rice, puis Hadley), est l'instance où les décisions sont normalement débattues et délibérées[165]. Le système du NSC comporte l'avantage de contraindre les bureaucraties et les principaux décideurs à examiner formellement les options qui s'offrent à eux dans un dossier. Il vise également à rendre cohérente, structurée, la gestion décisionnelle, sous la direction du *National Security Adviser* (le ou la NSA), dont le travail d'arbitre consiste à aplanir les différents et à soumettre cette gestion à un fonctionnement qui favorise l'expression équilibrée des points de vue. Or, dans le cas irakien, le système du NSC a tout simplement cessé de fonctionner. Alors que ce système avait pu aider divers présidents précédents à prendre leurs décisions, il n'a été d'aucune utilité dans le cas de l'Irak, si bien que Bush n'a jamais pu entendre, évaluer ou mesurer les conséquences désastreuses de l'erreur irakienne. Les trois piliers normalement en place pour assurer une prise de décision optimale, soit l'examen formel des options, la gestion du processus décisionnel et le rôle du NSA, n'ont pas été à la hauteur des attentes.

En premier lieu, l'examen formel des options dont disposaient les États-Unis concernant l'invasion, puis l'occupation de l'Irak, n'a jamais eu lieu. Les preuves abondent et ont maintes fois été confirmées par les participants à la prise de décision. Le 15 septembre 2001, jour durant lequel a dû être décidé de la pertinence ou non d'entreprendre une mise à jour des plans d'attaque de l'Irak, a représenté « la première et la dernière fois où toutes les options sur l'Irak ont semblé être sur la table, et soumises à une conversation ouverte [entre conseillers] en présence du président[166] ». En revanche, « les principaux conseillers du président ne se sont jamais officiellement réunis pour décider s'il fallait ou non envahir l'Irak[167] ». « L'enjeu de la gouvernance de l'Irak ne s'est jamais rendu jusqu'au président [... et Bush] n'a jamais statué sur la manière dont l'Irak d'après-guerre devrait être gouverné[168]. » « La "débaassification" a été un fait accompli. [...] Il n'y a a jamais eu de rencontre entre les principaux membres du NSC pour débattre de cette action... De même, sans aucune discussion ou débat formel — qui m'incluait moi ou, au moins, l'un de mes adjoints —, Bremer ordonna la dissolution de l'armée irakienne », écrit Tenet[169]. Powell ajoute : « Il n'y a jamais eu de discussion exhaustive sur la stratégie de sortie des États-Unis. [Bremer] n'a pas soumis de plan [...] au NSC[170] ». « Jamais une réunion n'a eu comme ordre du jour officiel un point concernant les différentes options possibles en Irak, incluant l'hypothèse d'un retrait », confie à Woodward le chef du bureau de la Maison-Blanche, Andrew Card[171]. Bref, le forum décisionnel du NSC n'a aucunement rempli son rôle habituel. Cette présidence était fondée sur la foi et l'improvisation davantage que sur la rationalité et la délibération. En fait, le lieu de la décision ne résidait pas au NSC, mais entre les mains de petits groupes qui ont régulièrement court-circuité le processus normal d'évaluation des options. En particulier, Donald Rumsfeld, Paul Wolfowitz et Douglas Feith ont délibérément voulu contourner les mécanismes réguliers du NSC : il n'était pas question de respecter les procédures normales entre agences, de recevoir des directives provenant du forum décisionnel incluant Powell et Tenet, ou du personnel travaillant pour la conseillère Rice. Le reste du NSC était en situation de déséquilibre devant la puissance du Pentagone[172]. Les initiatives étaient étudiées en catimini, loin des regards et des évaluations interdépartementales. Dans ce contexte, le Pentagone a pu faire ce qu'il voulait sans que les rouages du NSC n'interfèrent dans ses plans. Les efforts de Rice, depuis août 2002, pour consolider le processus décisionnel au sein d'un comité interdépartemental ont été ruinés par la résistance farouche des civils de la Défense. Les conséquences pour la prise de décision se sont avérées désastreuses selon James Dobbins : « ni le président ni le secrétaire à la Défense se sont fiés, pour prendre leurs décisions, à un débat structuré et à l'expression disciplinée de points de vue opposés[173] ». Bush n'a jamais sollicité de débat exhaustif et officiel entre ses conseillers pour comprendre la totalité d'un enjeu. Il a préféré ses entretiens informels avec Cheney ou Rumsfeld, qui ont imposé à toute l'administration un système décisionnel autoritaire empêchant que soient énoncés devant Bush des points de vue contraires aux leurs[174]. Rumsfeld ne manquera pas d'audace lorsqu'il confiera à Woodward que « le processus de coordination interagences était enrayé[175] ». On peut se demander par la faute de qui, sinon surtout de lui.

En second lieu, le mode de gestion choisi, ou subi, par Bush a très mal servi le président[176]. Si son désir était de mettre en œuvre une approche hiérarchique qui correspondait à son style présidentiel, l'application de ce modèle a donné lieu aux pires excès et, notamment, à l'autoritarisme de quelques conseillers, comme on l'a expliqué précédemment. Si c'était d'établir une approche collégiale, il ne s'est jamais méfié des conséquences néfastes qu'entraînerait ce choix : la croyance en une pensée magique, la pensée groupale, la marginalisation des dissidents, etc. Si son désir était d'instaurer une approche compétitive, qui se déroulera dans les faits aux niveaux inférieurs de la prise de décision, il n'a jamais disposé des personnes et des mécanismes nécessaires pour gérer adéquatement l'arbitrage des différents. Bref, la présidence Bush est la preuve parfaite que de mauvais systèmes décisionnels contribuent de manière significative à de mauvaises décisions. La prise de décision de Bush sur l'Irak a été clairement défectueuse. S'il est vrai qu'au sein des bureaucraties « les décisions et actions gouvernementales sont souvent le résultat de négociations, empreintes de tiraillements, de pressions et d'influences qui relèvent généralement plus du jeu politique que de la politique[177] », cette atmosphère de méfiance et d'hostilité ne donne pourtant

pas le même résultat au sommet de la pyramide décisionnelle. Tandis qu'au niveau inférieur de la prise de décision
le modèle compétitif prédomine, au niveau supérieur —
celui des décideurs —, le modèle (faussement) collégial
entoure et protège le président. Cette situation paradoxale
explique l'erreur d'un point de vue de gestion : celle-ci a
desservi George W. Bush car elle a mis en danger la recherche
et la présentation d'un maximum d'options. En effet, la
« plaidoirie multiple », si elle se manifeste au niveau inférieur, disparaît lorsqu'elle atteint le niveau supérieur, privant
du même coup ce président de points de vue autres que ceux
de ses conseillers, dont il est très dépendant. Seul un tout
petit groupe a donc fini par tout décider pour Bush. On a
abouti à un système de prise de décision de plus en plus
fermé et qui, parfois, a même tenu le président dans l'ignorance (comme dans le cas du traitement des prisonniers à
Abou Ghraïb[178]). Dans ce petit groupe, en outre, Bush a clairement privilégié les voix de Cheney et de Rumsfeld, au
détriment de celles de Powell et de Tenet. Ce dernier, par
crainte ou par souhait, a rallié le camp des faucons dans le
dossier irakien, et Rice s'est effacée devant eux. Il ne restait
plus que Powell pour faire valoir le point de vue des
colombes. Il est d'ailleurs instructif d'apprendre que Powell
aurait dû disposer d'une rencontre seul à seul avec Bush
toutes les semaines, mais que, selon les révélations de
Woodward, Cheney s'est rapidement imposé pour participer
finalement à la majorité de ces rencontres hebdomadaires[179].
La collégialité n'était qu'apparente dans ce cas, et le président
n'a jamais bénéficié des avantages d'une réelle collégialité
dans la prise de décision. Pour ce faire, il aurait fallu que
Bush s'implique *lui-même* activement dans la recherche et
dans la présentation des options, en sollicitant des avis
contraires, à l'intérieur comme à l'extérieur de son administration, pour compenser l'uniformité de son groupe

« sélect » de conseillers en politique étrangère et pour éviter les effets pernicieux de la pensée groupale. Bush a fini par être un président isolé, fonctionnant en circuit fermé et sujet à des influences triées.

En troisième lieu, la conseillère pour la sécurité nationale, Rice, n'a pas joué son rôle d'arbitre du processus décisionnel. C'est ce qui expliquerait largement, selon certains, les controverses (les déboires) au sujet des armes de destruction massive inexistantes et de l'implosion « inattendue » de l'Irak[180]. La prise en main par Rice du système interdépartemental sur l'Irak en août 2002 n'a en rien amoindri l'influence des officiels du Pentagone. Les gens de la Défense ont refusé « de se soumettre aux règles du NSC, arrivant souvent non préparés aux réunions[181] ». Pour l'une de ses premières fois de l'Histoire, la gestion des agences et des bureaucraties a échappé au contrôle du NSA. À cet égard, le bureau des plans spéciaux de la Défense, de concert avec le bureau du vice-président (comportant l'une des équipes de sécurité nationale les plus imposantes depuis la création du NSC en 1947), a réalisé le travail traditionnellement dévolu à l'organisation du NSA. Autre handicap majeur : Rice n'a jamais été en mesure de discipliner ou de contrer Rumsfeld, notamment parce que celui-ci bénéficiait du soutien de Cheney. « Rumsfeld, explique James Risen, venait toujours à bout de ses adversaires, à l'usure et en refusant de considérer le mot "non" comme une réponse, même quand il était prononcé par le président[182]. » Par conséquent, le système du NSC n'a jamais fonctionné, la coordination a été déficiente et les processus interdépartementaux ont été mal gérés. Au lieu d'être le « chien de garde » du président, la NSA est devenue le « chien qui n'aboie jamais ». Pourquoi Rice n'a-t-elle pas forcé une analyse et une discussion approfondie de l'existence des ADM irakiennes devant le président ? Pourquoi n'a-t-elle pas fait valoir d'autres idées que celles de

Cheney et des néo-conservateurs? Pourquoi n'a-t-elle pas organisé un véritable débat au NSC sur la «débaassification» décidée en secret par le Pentagone? Qu'a-t-elle exactement transmis à Bush comme informations, comme synthèses et comme débats? Qu'a-t-elle fait pour résoudre les différents acrimonieux entre les départements d'État et de la Défense? Plusieurs ont conclu sur l'abdication de sa responsabilité. Les talents médiocres de gestionnaire de Rice, de même que son incapacité à imposer au président les règles du jeu permettant d'instaurer une véritable «plaidoirie multiple» au sein du forum décisionnel du NSC, ont causé beaucoup de tort au système décisionnel américain[183]. Trop désireuse de conseiller Bush et de préserver ainsi son statut, Rice a assujetti l'organisation du NSC aux désirs du président et non aux besoins du gouvernement. La plupart du temps, elle a laissé le champ libre à Rumsfeld et à Cheney, alors que «ces gars dans l'administration sont des vétérans, des joueurs expérimentés, et [que] vous ne pouvez les laisser manigancer tous seuls sous peine qu'ils mangent votre déjeuner[184]». Elle n'a jamais résolu les querelles entre départements, alors qu'il s'agit d'une des tâches cruciales qu'accomplit généralement le NSA. Elle n'a pas transmis au président les opinions discordantes, provenant de l'intérieur comme de l'extérieur du gouvernement, sur ce qui attendait les États-Unis en Irak. À cela se sont ajoutées les antipathies de plus en plus prononcées entre elle et Tenet (à la suite de l'affaire du Niger début 2003), avec Bremer (désireux de conserver toute son autorité en matière de politique américaine en Irak), et entre elle et Rumsfeld (qui finira même par ne plus retourner ses appels[185]). À bien des égards, dans les erreurs de la politique américaine en Irak, on peut croire que Rice a été l'un des plus mauvais conseillers pour la sécurité nationale. On peut user d'ironie et dire que le véritable NSA a été le vice-président, avec la bénédiction de Bush. Lorsque Rice a remplacé Powell en janvier 2005, et que Stephen Hadley est devenu le nouveau conseiller pour la sécurité nationale, Bush lui a dit : « je compte sur vous pour assurer la meilleure communication possible avec les membres de mon cabinet. J'ai besoin de savoir ce qu'ils ont à dire[186] ». Deux ans trop tard, le président avait-il finalement compris que son système décisionnel était grandement responsable du fiasco de la politique américaine en Irak ?

Le style présidentiel de George W. Bush

« Au cœur du leadership repose le choix et au cœur du choix repose le jugement », explique Deborah Larson[187]. On ne peut mieux conclure : la responsabilité finale de l'erreur américaine en Irak repose sur le président Bush. Si l'échec est certes explicable par tous les facteurs précédemment énumérés, ceux-ci auraient pu être grandement amoindris, voire même évités, si Bush s'était mieux entouré, s'il avait choisi avec soin le système décisionnel qui lui convenait, s'il avait été plus alerte face aux risques de dérive décisionnelle qui se sont produits. Plusieurs éléments du style présidentiel de Bush empêchaient ceci, et expliquent, *a posteriori*, le fiasco de la politique américaine en Irak et le refus d'apporter les correctifs nécessaires à la prise de décision. Parmi les éléments du style personnel de Bush qui ont contribué à l'erreur, notons les plus évidents et les mieux documentés[188] :

- George W. Bush est un président *obstiné, combatif, têtu* et propice à des excès de confiance qui lui procurent le « sentiment d'avoir raison », trait culturel bien implanté dans l'histoire de la politique étrangère américaine. Il confond obstination et persévérance. Il se dit guidé par l'exemple de Ronald Reagan (et non par celui de son père), par des convictions et des intuitions fortes. Sans doute pour cette raison, il agit la plupart du temps de façon impulsive. Son enthousiasme à prendre des décisions l'amène à négliger l'étape de délibération dans la prise de décision. Pour prendre une décision, Bush se fonde sur ce qu'il appelle souvent « ses tripes[189] », souligne Suskind. Son entêtement et son impatience à vouloir envahir l'Irak écarteront par exemple tout doute dans son esprit sur les risques encourus de conséquences désastreuses. La confiance qu'on retrouve chez lui s'accompagne d'une bonne dose d'arrogance et de fatalisme. Après le 11 septembre, Bush n'est pas enclin à poser des questions. Il agit par instinct et avec détermination, convaincu de « faire la bonne lecture » des événements et de prendre les bonnes décisions.

• Bush est un président *peu curieux* et *déconnecté* du terrain. Sa politique irakienne, loin d'être constante, évolue en fonction du moment et des rapports de force au sein de son système décisionnel. Elle est surtout manichéenne, réduisant les enjeux à une confrontation divine entre le bien et le mal, ce qui l'empêche de voir et de vouloir comprendre toute la complexité de la réalité irakienne. « Il ne lit pas beaucoup, notre président, [... et] n'aime pas davantage entendre de nombreux points de vue —, il l'a clairement fait comprendre[190]. » En effet, Bush fuit les débats approfondis au cours des réunions du cabinet de guerre. Il refuse toujours de se mêler des détails ou de s'intéresser directement aux problèmes liés à l'après-guerre. Contrairement à Lyndon Johnson qui se levait la nuit pour apprendre les derniers détails de la situation au Viêtnam, George W. Bush ne se prive pas de son sommeil. En présence de visiteurs intéressés et compétents sur l'Irak, raconte Woodward, « l'atmosphère ressembl[e] trop souvent à celle d'une cour royale, avec Cheney et Rice aux premières loges : on se racont[e] des histoires rebattues, on exag[ère] les bonnes nouvelles et tout le monde se souci[e] surtout de prendre du bon temps[191] ». Pourtant, ce n'est pas l'intelligence de Bush qui fait défaut. Après tout, sa moyenne sur quatre ans à l'Université Yale où il a obtenu son baccalauréat était supérieure d'un point à celle de John Kerry, son adversaire démocrate de 2004 (77 % contre 76 %)[192] ! C'est plutôt le manque de jugement de Bush qui est en cause. À titre d'illustration, si l'on en croit Woodward, les discussions entre Bush père et fils sur la pertinence d'envahir l'Irak seront apparemment hargneuses, mais jamais assez poussées pour que l'expérience de l'un (Bush 41) profite à l'autre (Bush 43). En revanche, si l'on en croit Suskind, « le fils ne consultait jamais son père, pourtant le meilleur conseiller de toute l'histoire contemporaine[193] ». Peu importe qui dit la vérité, dans tous les cas, Bush 43 n'a pas écouté Bush 41.

- Bush est un président *paresseux* dans la recherche, l'assimilation et l'évaluation des options décisionnelles. Il perçoit la gestion de la Maison-Blanche comme celle d'un conseil d'administration. Il ne teste pas la valeur de ses décisions, contrairement à ce que d'autres présidents — Carter, Bush père, Clinton, entre autres — ont pu faire avant lui. L'exigence de loyauté très forte de Bush l'empêche de profiter des désaccords entre ses conseillers au sein d'un système décisionnel compétitif, dont la forme devrait pourtant le contraindre à entendre et à recevoir des informations discordantes. Faut-il alors être surpris si « les Rumsfeld, Wolfowitz, Feith ou Bremer n'expriment publiquement [devant lui] jamais de doute, pas même un soupçon d'introspection, sur les décisions d'après-guerre[194] » ? Cette gestion finalement trop formelle réduit rapidement toute considération d'options autres que celle favorisée par le président — et cela a pour conséquence de priver le président d'opinions diverses. La fausse unanimité qui plane au sommet, entre les conseillers qui lui disent essentiellement ce qu'il veut entendre, complète merveilleusement son style, mais sert très mal sa présidence. Par conséquent, conclut sévèrement le chercheur Thomas Langston, « Bush ne pouvait pas être convaincu de l'erreur de son choix d'aller en guerre, étant donné que, dès le départ, il n'avait pas inclus cette option à son raisonnement[195] ». Au final, selon Woodward, Bush restera en situation de déni.

Mission... inachevée

Lorsqu'on avait demandé à Chou En-Lai, le grand leader chinois, ce qu'il pensait de l'impact qu'avait eu la révolution française, il avait répondu : « trop tôt pour le dire » ! De la même façon, peut-être faut-il rester prudent et attendre encore au moins encore cinq ans avant de déclarer si, oui ou non, l'intervention américaine en Irak s'avère être un échec et, donc, une erreur. On pourra alors commencer à évaluer l'impact de l'intervention des États-Unis et les chances pour l'Irak de sécuriser le pays après des années de violence. On pourra aussi statuer sur les probabilités de stabilité et de démocratie. Force est d'admettre pourtant que les cinq dernières années n'apportent guère de réponses positives. L'occupation américaine n'a rien arrangé, et a peut-être même nui aux chances de survie de l'Irak. « Bush a déchaîné au Moyen-Orient tant de forces rivales que personne ne peut prédire ce qui en résultera[196]. » En ce sens, l'erreur de l'invasion et de l'occupation a également nui, et continuera de nuire, à la politique étrangère et de défense des États-Unis : capacités du renseignement diminuées, guerres de haute intensité remises en question, Armée de terre malmenée, confiance dans la possibilité de (re)construire des États

sérieusement ébranlée, crédibilité et légitimité réduites, le
«syndrome irakien» agira pendant longtemps comme l'avait
fait auparavant celui du Viêtnam[197]. Les dommages sont déjà
immenses. Il est stupéfiant d'apprendre, dans le compte
rendu de Bob Woodward, que, «chez quelques décideurs
seniors de l'administration Bush, il y a le sentiment profond
que, de toutes les manières, les États-Unis n'ont pas initié la
guerre en Irak[198]»! Ben Laden est le premier responsable!
Cela en dit long sur leur erreur de jugement: faire payer aux
Irakiens les attentats perpétrés par Al-Qaida. Cette guerre
était pourtant une guerre de choix et non de nécessité. Elle
a été, tout comme l'occupation, improvisée et nourrie de
scénarios rocambolesques difficiles à croire. La foi en une
libération éclair de l'Irak, ainsi qu'en une transition rapide,
imposée de l'extérieur et assurée par la présence d'un vice-
roi dans le pays, défiait tout bon sens et toutes les leçons de
l'Histoire[199]. Comme l'affirme James Dobbins, il était peu
probable que la guerre en Irak puisse être «gagnée» de cette
manière[200].

Bibliographie sélective

BREMER, Paul, *My Year in Iraq*, New York, Simon and Schuster, 2006.

CHANDRASEKARAN, Rajiv, *Imperial Life in the Emerald City*, New York, Alfred Knopf, 2007.

DAVIS, John, *Presidential Policies and the Road to the Second Iraq War*, Aldeshot, Ashgate, 2006.

DIAMOND, Larry, *Squandered Victory*, New York, Henry Holt, 2006.

FALLOWS, James, *Blind Into Baghdad. America's War in Iraq*, New York, Vantage Books, 2006.

FUMAROLI, Sébastien, *Tempête sous un crâne. L'Amérique en guerre 2003-2006*, Paris, Éditions de Fallois, 2007.

GALBRAITH, Peter, *The End of Iraq*, New York, Simon and Schuster, 2006.

HOOP SCHEFFER, Alexandra de, *Hamlet en Irak*, Paris, CNRS éditions, 2007.

PACKER, George, *The Assassins' Gate. America in Iraq*, New York, Farrar, Straus and Giroux, 2005.

PHILLIPS, David, *Losing Iraq*, New York, Basic Books, 2005.

RISEN, James, *État de guerre*, Paris, Albin Michel, 2006.

SUSKIND, Ron, *La guerre selon Bush*, Paris, Plon, 2007.

STRUYE de SWIELANDE, Tanguy, *La politique étrangère de l'administration Bush*, Bruxelles, Peter Lang, 2007.

TENET, George, *At the Center of the Storm*, New York, Harper, 2007.

WOODWARD, Bob, *State of Denial. Bush at War, Part III*, New York, Simon and Schuster, 2006 (la version française, *Mensonges d'État, comment Bush a perdu la guerre*, Paris, Denoël, 2006, est parfois mal traduite et souvent incomplète).

Notes

1. Propos rapportés par Rajiv Chandrasekaran, *Imperial Life in the Emerald City. Inside Iraq's Green Zone*, New York, Alfred Knopf, 2007, p. 101 et 290.

2. Sur les mises en garde des spécialistes, voir : Philip Gordon, « Les défis de l'après-Saddam », *Politique internationale*, n° 96, été 2002, p. 89-100.; Amir Taheri, « Demain l'Irak… », *Politique internationale*, n° 98, hiver 2003, p. 291-299 ; Charles Tripp, « After Saddam », *Survival*, n° 44, hiver 2003, p. 23-37 ; Toby Dodge et Steven Simon (dir.), « Iraq at the Crossroads: State and Society in the Shadow of Regime Change », *Adelphi Paper*, n° 354, janvier 2003, p. 77-92 ; Michael Barry, « Moyen-Orient : vers une seconde guerre de cent ans ? », *Politique internationale*, n° 100, été 2003, p. 97-122 ; Daniel Byman, « Constructing a Democratic Iraq. Challenges and Opportunities », *International Security*, n° 28, été 2003, p. 47-78 ; James Dobbins (dir.), *America's Role in Nation-Building: From Germany to Iraq*, Santa Monica, RAND, 2003. Sur les mises en garde des anciens conseillers Scowcroft et Baker, voir respectivement : Jeffrey Golberg, « Breaking Ranks », *The New Yorker*, 31 octobre 2005, p. 54-65 ; Michael Tomasky, « Better Late than Never », *The New York Review of Books*, 11 janvier 2007, p. 14-18.

3. Ce rapport est déclassifié depuis février 2006 et disponible à l'adresse : http://www.thememoryhole.org/state/future_of_iraq/.

4. James Fallows, *Blind Into Baghdad. America's War in Iraq*, New York, Vantage Books, 2006, p. 48.

5. George Tenet, *At the Center of the Storm. My Years at the CIA*, New York, Harper, 2007, p. 644 (en italique dans le texte original).

6. Cité par Bob Woodward, *State of Denial. Bush at War, Part III*, New York, Simon and Schuster, 2006, p. 12. La traduction française *Mensonges d'État. Comment Bush a perdu la guerre*, Paris, Denoël, 2006, est incomplète et parfois mal traduite. Elle ne comprend pas toutes les citations utilisées ici.

7. C'est ce que semble suggérer Alexandra de Hoop Scheffer, *Hamlet en Irak*, Paris, CNRS éditions, 2007, p. 10.

8. Le chiffre de 500 000 est fondé sur l'analyse de la RAND (voir la référence plus haut), c'est-à-dire la présence initiale de 20 soldats et/ou policiers par millier d'habitants. Juste pour Bagdad, au cœur de la guerre, le ratio était, en 2007, d'à peine 7 soldats pour 1 000 habitants, alors que le manuel de contre-insurrection des fusiliers marins recommande un ratio de 50 pour 1 000. Voir James Dobbins, « America's Role in Nation-Building: From Germany to Iraq », *Survival*, n° 45, hiver 2004, p. 87-110.

9. George Tenet, *op. cit.*, p. 635 et 644.

10. Paul Pillar, « Intelligence, Policy, and the War in Iraq », *Foreign Affairs*, n° 85, mars-avril 2006, p. 15-27.

11. Bob Woodward, *op. cit.*, p. 103.

12. Cité par George Packer, *The Assassins' Gate. America in Iraq*, New York, Farrar, Strauss and Giroux, 2005, p. 97 (voir aussi p. 298 pour le rapport de la CIA).

13. Larry Diamond, *Squandered Victory. The American Occupation and the Bungled Effort to Bring Democracy to Iraq*, New York, Henry Holt, 2006, p. 19 et 241.

14. Peter Galbraith, *The End of Iraq. How American Incompetence Created a War without End*, New York, Simon and Schuster, 2006, p. 5.

15. James Risen, *État de guerre. Histoire secrète de la CIA et de l'administration Bush*, Paris, Albin Michel, 2006, p. 247-248.

16. David Phillips, *Losing Iraq. Inside the Postwar Reconstruction Fiasco*, New York, Basic Books, 2005, p. 5.

17. Robert McNamara, *In Retrospect. The Tragedy and Lessons of Vietnam*, New York, Vintage Books, 1995, p. XX et 321-323. Voir également les réflexions de McNamara sur l'Irak dans Doug Saunders, « It's Just Wrong What We're Doing », *The Globe and Mail*, 24 janvier 2004, p. D3.

18. I.M. Destler, Leslie Gelb et Anthony Lake, *Our Own Worst Enemy. The Unmaking of American Foreign Policy*, New York, Simon and Schuster, 1984.

19. Leslie Gelb et Richard Betts, *The Irony of Vietnam: The System Worked*, Washington, The Brookings Institution, 1979, p. 2.

20. Cité par Tanguay Struye de Swielande, *La politique étrangère de l'administration Bush. Analyse de la prise de décision*, Bruxelles, Peter Lang, 2007, p. 183.

21. Larry Diamond, « What Went Wrong in Iraq », *Foreign Affairs*, n° 83, septembre-octobre 2004, p. 34-56 ; David C. Hendrickson et Robert W. Tucker, « Revisions in Need of Revising: What Went Wrong in the Iraq War », *Survival*, n° 47, été 2005, p. 7-32 ; Toby Dodge, « How Iraq Was Lost », *Survival*, n° 48, hiver 2007, p. 157-172 ; Toby Dodge, « The Causes of US Failure in Iraq », *Survival*, n° 49, printemps 2007, p. 85-106 ; Peter Galbraith, *op. cit.*, p. 7-9 ; David Phillips, *op. cit.*, p. 7-9 ; Larry Diamond, *op. cit.*, p. 279-282.

22. Struye de Swielande, *op. cit.*, p. 259, et sur les anomalies p. 208-210.

23. George Tenet, *op. cit.*, p. 632 et 651.

24. John Davis (dir.), *Presidential Policies and the Road to the Second Iraq War. From Forty One to Forty Three*, Aldershot, Ashgate, 2006, p. 120-122.

25. George Packer, *op. cit.*, p. 147.

26. *Ibid.*, p. 326.

27. C'est l'opinion de Larry Diamond, *op. cit.*, p. 279 : « J'ai raconté la chronique de ce que je crois avoir été l'échec américain après la guerre en Irak, la dilapidation d'une victoire militaire potentiellement décisive et historique ». C'est aussi celle de George Packer, *op. cit.*, p. 448 : « la guerre en Irak aurait pu être gagnée ; elle peut l'être encore ».

28. Voir C.-P. David, *Au sein de la Maison-Blanche. La formulation de la politique étrangère des États-Unis*, Québec, Presses de l'Université Laval, 2004, chapitre 1 ; Struye de Swielande, *op. cit.*, p. 235-250.

29. Ron Suskind, *La guerre selon Bush*, Paris, Plon, 2007, p. 225 (en italique dans le texte original).

30. Joseph Lelyveld, « The Good Soldier », *The New York Review of Books*, 2 novembre 2006, p. 4-8, estime qu'étant donné la culture militaire du général Powell il n'aurait jamais pu envisager de démissionner.

31. Ron Suskind, *op. cit.*, p. 298 ; Bob Woodward, *op. cit.*, p. 417.

32. George Packer relate cette conversation, *op. cit.*, p. 444-445.

33. Cité par Bob Woodward, *op. cit.*, p. 304.

34. Thomas Powers, « What Tenet Knew », *The New York Review of Books*, 19 juillet 2007, p. 70-74 ; Lexington, « George's Tenets », *The Economist*, 5 mai 2007, p. 42 ; Bob Woodward, *op. cit.*, p. 90.

35. Ces propositions ou scénarios ont été suggérés par Larry Diamond, *op. cit.*, p. 303-304 ; George Packer, *op. cit.*, p. 192 ; Peter Galbraith, *op. cit.*, p. 122-123, 179-180.

36. Richard Clarke, *Contre tous les ennemis*, Paris, Albin Michel, 2004. Pour une chronologie des événements, voir Struye de Swielande, *op. cit.*, p. 146-169 ; John Davis, *op. cit.*, p. 109-117 ; Bob Woodward, *op. cit.*, p. 77, 89-90, 107 ; David Phillips, *op. cit.*, p. 16-24, 55-76.

37. Il évoque le risque des « pots cassés » suite à l'invasion : « Vous le cassez [l'Irak], il est alors à vous », cité par Ron Suskind, *op. cit.*, p. 171.

38. Cité par George Packer, *op. cit.*, p. 45.

39. George Tenet, *op. cit.*, p. 457.

40. C'est le fameux « Mémorandum de Downing Street », déclassé par Richard Danner, *The Secret Way to War*, New York, New York Review Books, 2006.

41. David Phillips, *op. cit.*, p. 7 et 42.

42. Michael Isikoff et David Corn, *Hubris. The Inside Story of Spin, Scandal, and the Selling of the Iraq War*, New York, Crown Publishers, 2006.

43. Cité par Ron Suskind, *op. cit.*, p. 68-69.

44. Cité par George Packer, *op. cit.*, p. 97.

45. James Risen, *op. cit.*, p. 115-134.

46. George Tenet, *op. cit.*, p. 568.

47. Cité par David Phillips, *op. cit.*, p. 19.

48. Cité par George Packer, *op. cit.*, p. 46.

49. Éric Laurent, *La face cache du pétrole*, Paris, Plon, 2006 et *Le monde secret de Bush*, Paris, Plon, 2003 ; Craig Unger, *House of Bush, House of Saud*, New York, Scribner's, 2004.

50. Amir Taheri, « Irak : réponse aux anti-guerre », *Politique internationale*, n° 101, automne 2003, p. 141.

51. John Mearsheimer et Stephen Walt, *The Israel Lobby and US Foreign Policy*, New York, Farrar, Strauss and Giroux, 2007 ; voir Sébastien Fumaroli, *Tempête sous un crâne. L'Amérique en guerre 2003-2006*, Paris, Éditions de Fallois, 2007, p. 217-235.

52. Alexandra de Hoop Scheffer, *op. cit.*, p. 10.

53. John Mason, « Gulliver en procès », *Politique étrangère*, automne-hiver 2003, p. 523-538 ; c'est la position de Henry Kissinger, citée par Bob Woodward, *op. cit.*, p. 408.

54. Ron Suskind, *op. cit.*, p. 127.

55. *Ibid.*, p. 215.

56. L'expression est celle de Mark Danner, « Iraq : The War of the Imagination », *The New York Review of Books*, 21 décembre 2006, p. 81-96.

57. Peter Galbraith, *op. cit.*, p. 113.

58. Paul Bremer dira aussi que le problème n'était pas l'absence de plan, mais plutôt le fait que son gouvernement avait fait un plan à partir du mauvais scénario. Paul Bremer, *op. cit.*, p. 26.

59. George Packer, *op. cit.*, p. 100-148 ; Rajiv Chandrasekaran, *op. cit.*, p. 29-55 ; Peter Galbraith, *op. cit.*, p. 95-113 ; David Phillips, *op. cit.*, p. 121-141 ; Bob Woodward, *op. cit.*, p. 124-134.

60. George Packer, *op. cit.*, p. 147.

61. Peter Galbraith, *op. cit.*, p. 97.

62. Rajiv Chandrasekaran, *op. cit.*, p. 55.

63. Bob Woodward, *op. cit.*, p. 190-212 ; Rajiv Chandrasekaran, *op. cit.*, p. 59-80 ; George Packer, *op. cit.*, p. 180-196 ; Peter Galbraith, *op. cit.*, p. 114-147 ; David Phillips, *op. cit.*, p. 143-214.

64. Paul Bremer, *My Year in Iraq*, New York, Simon and Schuster, 2006, p. 7.

65. *Ibid.*, p. 39-44, 53-57. Bremer raconte sa version des faits et avance l'argument que, de toute manière, l'armée irakienne s'était évaporée et donc que son renvoi n'avait aucune valeur, aucun effet réel.

66. Cité par Bob Woodward, *op. cit.*, p. 194 et 197.

67. Paul Bremer, *op. cit.*, p. 58. Cette thèse est vertement critiquée et contestée, notamment par David Phillips, *op. cit.*, p. 148. Ce dernier estime que seuls les plus hauts gradés, politiques et militaires, auraient dû être traduits en justice. Le reste, 10 % de la population, soit 2,4 millions

de personnes, terrorisées et davantage soumises à Saddam Hussein que portées volontaires, auraient dû être réintégrées sous d'autres formes dans le nouvel appareil d'État irakien.

68. Rajiv Chandrasekaran, *op. cit.*, p. 66.

69. George Packer, *op. cit.*, p. 241; Peter Galbraith, *op. cit.*, p. 114.

70. John Davis, *op. cit.*, p. 119.

71. George Packer, *op. cit.*, p. 129.

72. Par exemple, le lieutenant-général Greg Newbold, « Why Iraq Was a Mistake », *Time*, 17 avril 2006, p. 30-31; Michael Duffy, « The Revolt of the Generals », *Time*, 24 avril 2006, p. 29-30.

73. Paul Bremer, *op. cit.*, p. 358.

74. Cité dans Matthew Tempest, « Rice Says "Thousands" of Mistakes made in Iraq », *The Guardian*, 31 mars 2006.

75. Michael Gordon, « Rumsfeld Memo Proposed "Major Adjustment" in Iraq », *New York Times*, 3 décembre 2006, p. A1.

76. Voir Bob Woodward, *op. cit.*, p. 354, 360-368, 386-393, 421-430.

77. *Ibid.*, p. 440-451.

78. Tom Franks, *American Soldier*, New York, Regan Books, 2004, p. 362.

79. Pour la petite histoire, c'est Baker qui a exigé, auprès de Bush, cette démission du secrétaire sortant et qui, avec l'appui de Bush père, a obtenu gain de cause auprès du fils. C'était, à ses yeux, la seule issue possible pour que le rapport soit pris au sérieux.

80. James Baker et Lee Hamilton, *The Iraq Study Group Report: The Way Forward. A New Approach*, New York, Vintage, 2006.

81. Cité par Bob Woodward, *op. cit.*, p. 430.

82. Cité dans *Time*, 4 juin 2007, p. 8.

83. Le titre du célèbre livre de David Halberstam, *The Best and the Brightest*, New York, Random House, 1972, qui explique l'engagement américain au Viêtnam.

84. Peter Galbraith, *op. cit.*, p. 12.

85. L'expression est de James Fallows, *op. cit.*, p. 43-106 (son chapitre 2 s'intitule « Blind into Baghdad »); voir aussi de John Prados, « Blind in Baghdad », *The Bulletin of Atomic Scientists*, janvier-février 2005, p. 18-20.

86. La scène est racontée par Makiya à David Phillips, *op. cit.*, p. 101. Elle est confirmée par Peter Galbraith, *op. cit.*, p. 83.

87. George Tenet, *op. cit.*, p. 639.

88. George Packer, *op. cit.*, p. 184; Rajiv Chandrasekaran, *op. cit.*, p. 83-99, 136.

89. Rajiv Chandrasekaran, *op. cit.*, p. 102-126.

90. *Ibid.*, p. 124.

91. *Ibid.*, p. 257.

92. Joel Rayburn, « The Last Exit From Iraq », *Foreign Affairs*, n° 85, mars-avril 2006, p. 29-40. Sur Gertrude Bell, voir Rory Stewart, « The Queen of the Quagmire », *The New York Review of Books*, n° 25, octobre 2007, p. 10-14.

93. John Davis insiste aussi sur d'autres leçons négligées par Bush 43 de l'expérience de Bush 41, par exemple sur la nécessité d'opérations multilatérales, sur les besoins d'une appréciation réaliste de la situation et sur les impératifs de sécurité dans la phase de stabilisation. John Davis, *op. cit.*, p. 288-291, 298-299.

94. Larry Diamond, *op. cit.*, p. 313.

95. *Ibid.*, p. 305.

96. Paul Bremer, *op. cit.*, p. 12. Il admet que les décideurs à Washington, et en tout premier lieu Bush, ont négligé de tenir compte de ses recommandations pour renforcer la mission.

97. George Tenet, *op. cit.*, p. 638 ; David Phillips, *op. cit.*, p. 147 ; Peter Galbraith, *op. cit.*, p. 116 ; George Packer, *op. cit.*, p. 192, 196, 198.

98. George Packer, *op. cit.*, p. 214.

99. Cité par Mark Bowden, *op. cit.*, p. 118 et 122.

100. Paul Bremer, *op. cit.*, p. 19 et 204 (voir également, sur l'analogie allemande, p. 17, 36-37, 42). Bremer est également cité par George Packer, *op. cit.*, p. 198.

101. Pour une analyse critique de l'analogie vietnamienne s'appliquant au cas de l'Irak, voir Stephen Biddle, « Seeing Baghdad, Thinking Saigon », *Foreign Affairs*, n° 85, mars-avril 2006, p. 2-14. L'auteur explique en quoi l'insurrection irakienne n'a absolument rien en commun avec la guérilla maoïste au Viêtnam. Lire la réponse de James Dobbins, « No Model War », *Foreign Affairs*, n° 85, juillet-août 2006, p. 153-156 ; et celle de Dominic Tierney, « America's Quagmire Mentality », *Survival*, n° 49, hiver 2008, p. 47-66.

102. Larry Diamond, *op. cit.*, p. 72.

103. Bob Woodward, *op. cit.*, p. 148.

104. Rajiv Chandrasekaran, *op. cit.*, p. 161. Paul Bremer, *op. cit.*, p. 70-71. Celui-ci décrit sa rencontre avec Bush en juin 2003, durant laquelle il présente une vision édulcorée de la situation en Irak. Peu à peu, cette vision fait place à une évaluation plus réaliste, Bremer réalisant que les scénarios optimistes ne se produiront pas et que la bureaucratie à Washington n'est pas prête à s'adapter à la réalité des véritables besoins en Irak. Il conclut lui-même sur l'influence funeste d'une pensée magique parmi les hauts fonctionnaires (p. 112-117).

105. Cheney est cité dans George Packer, *op. cit.*, p. 97-98. « L'insurrection en est à ses "derniers soupirs" », dira le 30 mai 2005 le vice-président, en réaction aux mauvaises nouvelles amenées par l'insurrection contre

l'occupation américaine (p. 446). Également, Bob Woodward, *op. cit.*, p. 397.

106. David Phillips, *op. cit.*, p. 8.

107. Lawrence Freedman, « Writing of Wrongs », *Foreign Affairs*, n° 85, janvier-février 2006, p. 134.

108. Cette notion provient des études de Irving Janis, *Victims of Groupthink*, Boston, Houghton Mifflin, 1972.

109. Struye de Swielande, *op. cit.*, p. 196-202 ; voir aussi Vaugn Shannon et Jonathan Keller, « Leadership Style and International Norm Violation: The Case of the Iraq War », *Foreign Policy Analysis*, n° 3, janvier 2007, p. 79-99.

110. George Packer, *op. cit.*, p. 117.

111. Peter Galbraith, *op. cit.*, p. 89.

112. Bob Woodward, *op. cit.*, p. 455-460.

113. *Ibid.*, p. 325-326, 371, 399-400. Il donne plusieurs exemples de cet état d'esprit.

114. Powell prévient notamment Bush, en août 2002, lors d'une rencontre en privée, que « ce que vous cassez est à vous ». Autrement dit, « tant que vous n'aurez pas trouvé un nouveau gouvernement, vous serez le nouveau gouvernement ». Ron Suskind, *op. cit.*, p. 171.

115. Bob Woodward, *op. cit.*, p. 257-258.

116. George Packer, *op. cit.*, p. 319-320.

117. Larry Diamond, *op. cit.*, p. 205.

118. Sébastien Fumaroli, *op. cit.*, p. 265.

119. *Ibid.*, p. 308.

120. Cité par Sébastien Fumaroli, *op. cit.*, p. 245.

121. D'excellents historiques et résumés de la pensée néo-conservatrice sont offerts par Alain Frachon et Daniël Vernet, *L'Amérique messianique. Les guerres des néo-conservateurs*, Paris, Seuil, 2004 ; Stefan Halper et Jonathan Clarke, *America Alone: The Neo-conservatives and the Global Order*, New York, Cambridge University Press, 2004 ; John Davis, *op. cit.*, p. 29-61 ; George Packer, *op. cit.*, p. 8-38, 50-60.

122. George Packer, *op. cit.*, p. 41.

123. Charles-Philippe David, « La politique étrangère de Bush : formulation et décision », *Politique étrangère*, n° 69, hiver 2005, p. 833-847 ; Charles-Philippe David, « L'invasion de l'Irak : les dessous de la prise de décision de la présidence Bush », *La revue internationale et stratégique*, n° 57, printemps 2005, p. 9-19.

124. Entrevue avec Paul Wolfowitz par Sam Tanehaus, « Bush's Brain Trust », *Vanity Fair*, juillet 2003, p. 114 et suivantes.

125. Francis Fukuyama, *America at the Crossroads: Democracy, Power, and the Neoconservative Legacy*, New Haven, Yale University Press, 2006.

126. Bob Woodward, *op. cit.*, p. 104.

127. John Davis, *op. cit.*, p. 92-122.

128. George Tenet, *op. cit.*, p. 667-669 ; James Risen, *op. cit.*, p. 137-164 ; Peter Galbraith, *op. cit.*, p. 116-117 ; Rajiv Chandrasekaran, *op. cit.*, p. 32-33 et 69-73.

129. James Risen, *op. cit.*, p. 141.

130. *Ibid.*, p. 152.

131. Paul Bremer, *op. cit.*, p. 105-106, 113-114, 131, 136, 155-157, 167-172, 183, 209.

132. Andrew Cockburn, *Rumsfeld: His Rise, Fall, and Catastrophic Legacy*, New York, Scribner, 2007.

133. Bob Woodward donne une pléthore d'exemples, *op. cit.*, p. 41.

134. Joan Didion, « Cheney: The Fatal Touch », *The New York Review of Books*, 5 octobre 2006, p. 51-56 ; James Naughton, « Cheney: A Face Only a President Could Love », *Vanity Fair*, juin 2006, p. 125 et suivantes. Voir aussi Lawrence Freedman, *op. cit.*, p. 132-134.

135. Larry Diamond, *op. cit.* p. 285.

136. George Packer, *op. cit.*, p. 113-114, 117.

137. Paul Bremer, *op. cit.*, p. 235-237.

138. Michael Desch, « Bush and the Generals », *Foreign Affairs*, n° 86, mai-juin 2007, p. 97-108. Voir également George Packer, *op. cit.*, p. 244-246 ; Bob Woodward, *op. cit.*, p. 17-27, 54, 70-74, 82, 135-146, 316-317, 404-405, 420, 470.

139. Bob Woodward, *op. cit.*, p. 70.

140. Semour Hersh, « The General's Report », *The New Yorker*, 25 juin 2007, p. 58-69.

141. Rajiv Chandrasekaran, « Who Killed Iraq ? », *Foreign Policy*, septembre-octobre 2006, p. 37-38.

142. « Ils ne pouvaient à peine se sentir », déclare Rajiv Chandrasekaran dans son livre. Rajiv Chandrasekaran, *op. cit.*, p. 39. Voir aussi Paul Bremer, *op. cit.*, p. 223, 324, 331-333 ; Bob Woodward, *op. cit.*, p. 297.

143. David Phillips, *op. cit.*, p. 46.

144. Larry Diamond, *op. cit.*, p. 299 ; voir aussi p. 287-302.

145. *Ibid.*, p. 295.

146. Cité par Bob Woodward, *op. cit.*, p. 92.

147. *Ibid.*, p. 96-101.

148. Bob Woodward, *op. cit.*, p. 231-234 ; Ron Suskind, *op. cit.*, p. 244-248. Cette controverse fera l'objet de toute l'affaire *Plamegate*, dans laquelle un ancien ambassadeur américain, Joseph Wilson, contredira ouvertement l'administration Bush qui l'avait envoyé en mission au Niger (sur les recommandations de sa femme, Valerie Plame, agente à la CIA), pour faire le point dans le dossier des tubes d'aluminium. Wilson se fera

ensuite vilipender et l'affaire prendra des allures de scandale quand le nom et les fonctions de sa femme seront dévoilés dans les médias sur la base d'informations provenant notamment de la Maison-Blanche (de Lewis Libby et, peut-être, de Karl Rove). Voir Joseph Wilson, *The Politics of Truth. A Diplomat's Memoir*, New York, Carroll and Graf, 2004.

149. James Risen, *op. cit.*, p. 101.

150. Kevin Woods, James Lacey et Williamson Murray, « Saddam's Delusions: The View from the Inside », *Foreign Affairs*, nᵒ 85, mai-juin 2006, p. 2-26.

151. La rapport de la commission présidentielle Silberman sur le renseignement et les ADM est présenté par Craig Whitney (dir.), *The WMD Mirage*, New York, Public Affairs, 2005, p. 335-668.

152. Struye de Swielande, *op. cit.*, p. 217.

153. James Risen, *op. cit.*, p. 115-126.

154. James Pfiffner, « Intelligence and Decison Making Before the War with Iraq », dans George Edwards et Desmond King, (dir.), *The Polarized Presidency of George W. Bush*, Oxford, Oxford University Press, 2007, p. 213-242 ; Thomas Powers, « The Biggest Secret », *The New York Review of Books*, 23 février 2006, p. 9-12 ; James Risen, *op. cit.*, p. 73-96.

155. La méthode bureaucratique est expliquée par Seymour Hersh, « The Stovepipe », *The New Yorker*, 27 octobre 2003, p. 77-87.

156. Voir également Michael Fitzgerald et Richard Ned Lebow, « Iraq: The Mother of All Intelligence Failures », *Intelligence and National Security*, nᵒ 21, octobre 2006, p. 884-909.

157. Cité par Mark Danner, *The Secret Way to War, op. cit.*, p. 89 ; c'est aussi la thèse de la majorité des observateurs, dont celle des journalistes Danner et Seymour Hersh (pour ne mentionner qu'eux). Voir John Davis, *op. cit.*, p. 293-294.

158. Paul Pillar, *op. cit.*, p. 16.

159. Struye de Swielande, *op. cit.*, p. 220-221.

160. James Risen, *op. cit.*, p. 127-131 ; Tyler Drumheller et Elaine Monagham, *On the Brink: An Insider's Account of How the White House Compromised American Intelligence*, New York, Carroll and Graf, 2006. Sur toute l'histoire de *Curveball*, voir Bob Drogin, *Curveball. Spies, Lies, and the Con Man Who Caused a War*, New York, Random House, 2007 (ce livre servira de base au film) ; également David Phillips, *op. cit.*, p. 74.

161. George Tenet, *op. cit.*, p. 652-658 ; Peter Galbraith, *op. cit.*, p. 178-179 ; James Risen, *op. cit.*, p. 161-163. Bremer, *op. cit.*, p. 107, sera en revanche très critique envers le travail des agents de la CIA, les accusant de mettre toutes leurs énergies dans la traque des ADM plutôt que dans celle des insurgés (argument que corrobore Bob Woodward, *op. cit.*, p. 397).

162. Bob Woodward, *op. cit.*, p. 383.

163. George Tenet, *op. cit.*, p. 641-648.

164. *Ibid.*, p. 652 (en italique dans le texte original).

165. Charles-Philippe David et Élisabeth Vallet, « Le Conseil de sécurité nationale et la politique étrangère américaine », *Diplomatie Magazine*, n° 6, novembre-décembre 2003, p. 18-22.

166. Thomas Langston, « Personality and Decision-Making », dans George Edwards et Desmond King, *op. cit.*, p. 164.

167. James Risen, *op. cit.*, p. 13.

168. Peter Galbraith, *op. cit.*, p. 117 et 119.

169. George Tenet, *op. cit.*, p. 645-648 (Voir également p. 678-679).

170. Cité par Rajiv Chandrasekaran, *op. cit.*, p. 164.

171. Cité par Bob Woodward, *op. cit.*, p. 455.

172. Bob Woodward, *op. cit.*, p. 108-109, 212, 236, 241, 276, 301-303, 318.

173. James Dobbins, « Who Lost Iraq ? Lessons From the Debacle », *Foreign Affairs*, n° 86, septembre-octobre 2007, p. 64.

174. Mark Danner, *Iraq: The War of Imagination*, *op. cit.*, p. 87, 94-95.

175. Cité par Bob Woodward, *op. cit.*, p. 379.

176. John Burke, « From Success to Failure ? Iraq and the Organization of George W. Bush's Decision Making », dans George Edwards et Desmond King, *op. cit.*, p. 173-212.

177. Struye de Swielande, *op. cit.*, p. 185.

178. James Risen, *op. cit.*, p. 37-40.

179. Bob Woodward, *op. cit.*, p. 328-329.

180. David Phillips, *op. cit.*, p. 55-65 ; Ron Suskind, *op. cit.*, p. 306 ; George Packer, *op. cit.*, p. 111-113 ; Bob Woodward, *op. cit.*, p. 241, 282, 329-330. Cette thèse est nuancée par Marcus Mabry, « Condoleezza Rice », *Foreign Policy*, n° 176, mai-juin 2007, p. 22-28. Il prétend que la faiblesse de Rice était causée par son poste au NSA, volontairement réduit par Cheney, et qu'elle a recouvré toute son influence à titre de secrétaire d'État. Voir également Marcus Mabry, *Twice as Good: Condoleezza Rice and her Path to Power*, London, Rodale, 2007 ; Glenn Kessler, *The Confidante: Condoleezza Rice and the Creation of the Bush Legacy*, New York, St Martin's Press, 2007 ; David Samuels, « Grand Illusions », *The Atlantic*, n° 300, juin 2007, p. 46-76.

181. Struye de Swielande, *op. cit.*, p. 189.

182. James Risen, *op. cit.*, p. 180.

183. John Burke, « Condoleezza Rice as NSC Advisor: A Case Study of the Honest Broker Role », *Presidential Studies Quarterly*, n° 35, septembre 2005, p. 554-575.

184. David Rothkopf, « Inside the Committee that Runs the World », *Foreign Policy*, n° 141, mars-avril 2005, p. 34.

185. James Risen, *op. cit.*, p. 30 (sur le conflit Rice-Tenet) ; Rajiv Chandrasekaran, *op. cit.*, p. 192-193 et Paul Bremer, *op. cit.*, p. 187, 245 (sur le conflit Rice-Bremer) ; Bob Woodward, *op. cit.*, p. 109, 209, 236, 411 (sur le conflit Rice-Rumsfeld).

186. Cité par Bob Woodward, *op. cit.*, p. 383-384.

187. Deborah Larson, « Good Judgment in Foreign Policy », dans Stanley Renshon et Deborah Larson (dir.), *Good Judgment in Foreign Policy*, New York, Rowman and Littlefield, 2003, p. 9.

188. Robert Draper, *Dead Certain. The Presidency of George W. Bush*, New York, Free Press, 2007. Voir aussi Struye de Swielande, *op. cit.*, p. 251-257 ; Thomas Langston, *op. cit.*, p. 145-172.

189. Ron Suskind, *op. cit.*, p. 226.

190. *Ibid.*, p. 11.

191. Bob Woodward, *op. cit.*, p. 226.

192. Selon les données de *Time*, 20 juin 2005, p. 4. Voir également Bob Woodward, *op. cit.*, p. 416.

193. Ron Suskind, *op. cit.*, p. 111.

194. George Packer, *op. cit.*, p. 391.

195. Thomas Langston, *op. cit.*, p. 167.

196. James Risen, *op. cit.*, p. 21.

197. Steven Miller, « The Iraq Experiment and U.S. National Security », *Survival*, n° 48, hiver 2007, p. 17-50.

198. Bob Woodward, *op. cit.*, p. 476.

199. Katia Papiaginni, « State Building and Transitional Politics in Iraq: The Perils of a Top-down Transition », *International Studies Pespectives*, n° 8, août 2007, p. 253-271.

200. James Dobbins, « Iraq: Winning the Unwinnable War », *Foreign Affairs*, n° 84, janvier-février 2005, p. 16-25.

II

L'ERREUR MILITAIRE

Julien Tourreille

« History will judge the war against Iraq not by
the brilliance of its military execution, but by
the effectiveness of the post-hostilities activities. »

Jay GARNER[1]

« [...] Blame also must rest with the leadership of the U.S.
military, who didn't prepare the U.S. Army for the challenge it
faced, and then wasted a year by using counterproductive
tactics that were employed in unprofessional ignorance
of the basic tenets of counterinsurgency warfare. »

Thomas RICKS[2]

P LUS DE CINQ ANNÉES d'occupation, 500 milliards de dollars dépensés[3], quelque 4 000 soldats tués : la conquête
éclair de Bagdad s'est-elle transformée en un fiasco retentissant, un bourbier inextricable pour les militaires américains ?
Comme l'a exposé Charles-Philippe David dans le chapitre
précédent, les difficultés rencontrées par les États-Unis en
Irak depuis le renversement de Saddam Hussein résultent
très largement d'une insuffisante planification de l'après-
guerre, ainsi que d'erreurs majeures dans la politique d'occupation. Il ne faudrait cependant pas y voir uniquement le
résultat de l'incompétence, de l'ignorance, de l'arrogance ou

de la naïveté de la seule administration Bush. Les militaires ont également une responsabilité déterminante dans cette affaire ; même s'il ne s'agit pas de nier que certains d'entre eux avaient mis en garde l'administration contre les périls de l'intervention en Irak.

Ce chapitre ne sera pas un récit d'histoire militaire relatant jour après jour, affrontement après affrontement, l'épopée des armées américaines en Irak depuis 2003. De très nombreux ouvrages le font déjà fort bien, et, dans certains cas, de façon très détaillée et technique. Nous essayerons plutôt de comprendre comment l'armée la plus puissante, disposant du plus large budget au monde (de l'ordre de 500 milliards de dollars par an) a pu tout à la fois renverser un régime à des milliers de kilomètres en moins d'un mois, et se retrouver ensuite malmenée, et aujourd'hui fragilisée, par un adversaire bien plus faible matériellement[4]. Dans cette perspective, la guerre d'Irak n'est pas une aventure isolée, mais le révélateur de la puissance *et* des vulnérabilités profondes des forces armées des États-Unis. La phase de conquête, débutée le 19 mars et achevée le 9 avril 2003, a ainsi été une démonstration de la maîtrise de l'art américain de faire la guerre. L'occupation subséquente a cependant rapidement mis en évidence les difficultés qu'éprouvent les militaires américains dans des « opérations autres que la guerre », opérations pour lesquelles ils manifestent traditionnellement un mépris certain. L'erreur des militaires américains a donc été double : ils ont été aveuglés par les possibilités *a priori* infinies de leur force, mais sont restés aveugles face aux limites imposées par leurs faiblesses. En l'absence d'une préparation et d'une planification adaptées aux conflits non conventionnels[5], les approches mises en œuvre pour assurer la sécurité et le contrôle de l'Irak d'après-Saddam Hussein ont été contreproductives. La situation est aujourd'hui tellement dégradée que les efforts d'adaptation déployés depuis 2005 et surtout 2007, ainsi que les sérieux progrès accomplis par les soldats américains dans la guerre irrégulière ne se concrétiseront — peut-être — pas par un succès, aussi limité soit-il, et ce, malgré un coût humain et financier exorbitant.

Comment les militaires américains ont-ils gagné Bagdad en 2003 ?

Le plan d'invasion de l'Irak a suscité une vive controverse aux États-Unis, particulièrement entre les militaires et les civils du département de la Défense. Bien que le déroulement des opérations sur le terrain ait entretenu la polémique, le renversement du régime de Saddam Hussein en moins de trois semaines a été la démonstration de la puissance militaire américaine. Pour autant, il convient de faire preuve de nuance dans les enseignements à tirer de cette victorieuse campagne de conquête. Celle-ci n'a pas été révolutionnaire, même si elle a révélé de significatifs progrès opérationnels. Surtout, elle a été longuement préparée, et elle n'a pas permis d'éviter les difficultés auxquelles les forces armées américaines allaient être confrontées une fois Saddam Hussein renversé.

Un plan d'invasion controversé

L'administration Bush demande en novembre 2001 que lui soit soumis un plan d'intervention armée contre le régime de Saddam Hussein qu'elle place, dans la foulée des attentats du 11 septembre 2001, dans la catégorie des menaces imminentes contre les États-Unis. Les planificateurs militaires du Pentagone disposent déjà dans leurs dossiers d'un tel plan, intitulé OPLAN 1003. Celui-ci doit cependant être mis à jour et être approuvé par l'administration. Ce processus est alors marqué par une intervention directe, continue et pressante de civils du Pentagone (le secrétaire à la Défense Donald Rumsfeld et ses différents adjoints) auprès des militaires chargés de l'élaboration de ce plan[6]. Même si l'absence totale de discussions et de débats contradictoires dans la planification d'une guerre serait le signe d'une passivité dangereuse, voire d'une sérieuse incompétence de la part des responsables de la sécurité nationale des États-Unis[7], les profondes tensions et les vives rancœurs que la préparation de la guerre d'Irak a suscitées entre civils et militaires au sein du département de la Défense ne signifient pas pour autant que l'opposition a été entendue. L'illustration la plus marquante est sans conteste le désaveu exprimé sans ménagement à l'encontre du chef d'état-major de l'Armée de terre, le général Shinseki. Celui-ci, se fondant sur l'expérience acquise dans les Balkans au cours des années 1990, avait publiquement évoqué la nécessité d'envoyer plusieurs centaines de milliers de soldats en Irak pour réussir la mission confiée aux forces armées américaines. Or, lors d'une audition au Congrès, le point de vue du général a été vertement récusé par le secrétaire adjoint à la Défense, Paul Wolfowitz. Quelques semaines plus tard, le nom de son successeur était même annoncé alors que son mandat se terminait dans un an[8].

Trois points du plan d'invasion ont soulevé les controverses les plus vives : le nombre de soldats requis ; le calendrier de déploiement des troupes et de leurs équipements ; et le type d'opération envisagée. Premièrement, forts du succès de la campagne en Afghanistan de l'automne 2001, les civils du Pentagone ont plaidé en faveur de l'envoi d'un contingent léger de 50 à 80 000 soldats[9]. Composé en majorité de forces spéciales, celui-ci devait être appuyé par l'Armée de l'air d'une part, et par des forces irakiennes prêtes à participer au renversement du régime, d'autre part. Or, selon les standards de l'armée américaine, cinq à sept divisions lourdement armées, soit environ 500 000 soldats, étaient nécessaires pour affronter l'armée irakienne[10]. Après d'intenses débats, ce sont finalement 150 000 hommes qui ont été engagés dans les combats, répartis de la façon suivante : une seule division de l'Armée de terre, un corps expéditionnaire des fusiliers marins, une division aéroportée (la 101e), une division britannique, et quelques forces de soutien essentiellement américaines, britanniques, australiennes et polonaises.

Deuxièmement, le calendrier de déploiement des troupes est un outil complexe et détaillé, élaboré dans la durée, et qui relève de la compétence des militaires. Appelé *Time-Phased Forces Deployment List* (TPFDL) dans le jargon militaire américain, il a également fait l'objet de fortes contestations et subi des contraintes de la part des civils du Pentagone[11]. Par exemple, ces derniers n'ont mobilisé que huit navires cargos à la fin du mois d'août 2002 pour acheminer le matériel nécessaire au Koweït. Ce nombre a été porté à 42 à la fin du mois de janvier 2003[12]. L'interférence des civils dans le TPFDL — instrument technique par excellence — a suscité les plus vives réactions chez les militaires. Ceux-ci y ont vu la manifestation du mépris que les civils éprouvaient pour leur expertise.

Le troisième et dernier point de débat a concerné le type de campagne à mettre en œuvre. Rumsfeld et ses adjoints étaient en faveur d'une opération similaire à celle de l'Afghanistan. Ils soutenaient que l'envoi de forces légères, alliées à des groupes irakiens opposés à Saddam Hussein et appuyées par la puissance aérienne américaine, suffirait à renverser le régime. De leur côté, les militaires élaboraient une campagne en deux temps, largement inspirée de celle de la guerre du Golfe de 1991. L'invasion terrestre devait ainsi, selon ce scénario, être précédée d'une campagne aérienne d'une vingtaine de jours destinée à détruire les capacités de défense irakiennes.

Figure 1

**Soldats américains présents en Irak,
mai 2003-décembre 2007**

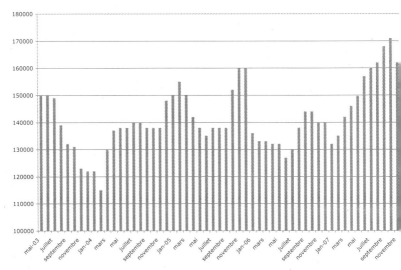

Source : Michael O'Hanlon et Jason Campbell, *Iraq Index. Tracking Variables of Reconstruction & Security in Post-Saddam Iraq*, Washington D.C., Brookings Institution, [En ligne], 21 décembre 2007, p. 25. [http://www.brookings.edu/saban/iraq-index.aspx] (Consulté le 22 décembre 2007).

Trois remarques complémentaires doivent être faites concernant ce plan de bataille[13]. Tout d'abord, malgré des tensions fortes, il n'y avait pas d'opposition nette et étanche entre les civils et les militaires. Parmi ces derniers en effet, certains officiers trouvaient que leurs collègues faisaient preuve d'un trop grand conservatisme dans leur conception des plans et qu'ils ne tiraient pas assez avantage, dans leurs réflexions, des progrès technologiques en matière de renseignement, de transmission de l'information ou encore de précision des armes. Ensuite, même si l'usage d'armes de destruction massive suscitait des craintes et des précautions de la part des responsables, ceux-ci n'ont jamais douté, au cours de l'élaboration de leur plan, de la victoire des forces américaines et de la faiblesse des capacités militaires irakiennes. Enfin, bien que le processus d'élaboration de ce plan d'attaque ait été largement dominé par les États-Unis, il apparaît que les Britanniques, principaux alliés dans cette entreprise, ont été en mesure de faire valoir leurs points de vue et leurs recommandations[14].

Une controverse relancée par le déroulement de la campagne

Au terme du processus d'élaboration du plan d'attaque, l'opération *Cobra II*[15] de renversement de Saddam Hussein a débuté le 19 mars 2003, heure de Washington D.C. (le 20 mars heure de Bagdad), avec un bombardement mené par deux chasseurs furtifs F117 en banlieue de Bagdad, où Saddam Hussein était soupçonné de s'abriter. Le lendemain, l'invasion terrestre débutait à partir du Koweït avant même que ne soit menée une campagne aérienne massive. Sur le front nord, le refus de la Turquie de servir de base arrière à une seconde force d'invasion a obligé les États-Unis à mener des opérations semblables à celles menées en Afghanistan dans lesquelles les forces spéciales s'alliaient aux combattants kurdes[16].

Les débats sur l'efficacité du plan de bataille élaboré par le Pentagone ont resurgi dès la fin du mois de mars, lorsque les troupes américaines ont semblé connaître un ralentissement dans leur avancée sur Bagdad. Les critiques ont alors été vives vis-à-vis d'une opération que l'on accusait de ne pas impliquer assez de soldats pour pouvoir gagner ou, pire, de ne pas avoir anticipé la nature véritable de l'ennemi. Les propos tenus à cette époque par un des commandants sur le terrain, le lieutenant général William Wallace, ont particulièrement alimenté cette polémique[17]. Celui-ci a souligné le fait que les militaires américains ne s'attendaient pas vraiment à voir les Irakiens utiliser des tactiques de guerre asymétrique, telles les embuscades ou les attaques contre les lignes de ravitaillement. Le premier soldat américain mort en Irak a été tué à bout portant par un homme en civil circulant à bord d'une camionnette. La première attaque-suicide à la voiture piégée contre des soldats américains a eu lieu dix jours seulement après le début des hostilités[18]. Par contre, les opérations de guerre psychologique, menées avant le début des hostilités et qui incitaient les soldats irakiens à ne pas combattre, ont, semble-t-il, plutôt bien fonctionné[19]: les combats face à une armée irakienne organisée ont en effet été plutôt rares. En revanche, les soldats américains ont très tôt été confrontés à des petits groupes de combattants, pas toujours en tenue militaire, qui attaquaient surtout les lignes arrières des forces américaines et qui se réfugiaient dans les villes. Les militaires américains s'étaient-ils trompés dans la nature de l'ennemi auquel ils étaient confrontés? Avaient-ils élaboré un mauvais plan de bataille? Articulé autour de l'objectif d'une conquête rapide de la capitale irakienne, identifiée comme le centre de gravité de l'ennemi, ce plan de bataille a cependant favorisé une certaine flexibilité dans l'adaptation des forces de la coalition aux circonstances du terrain. Dans l'ensemble, les troupes américaines ne se sont pas laissées entraîner dans une succession de batailles délicates à mener contre chaque ville rencontrée sur la route menant à Bagdad et sont restées concentrées sur cet objectif initial. Concernant le ralentissement de l'avancée vers la capitale irakienne, une tempête dans le désert irakien a obligé les forces terrestres à marquer une pause à la fin du mois de mars. Pour autant, les opérations de combat ne se sont pas arrêtées: les raids aériens se sont poursuivis. Le 7 avril, les premières troupes pénétraient dans Bagdad. Le 9, le régime de Saddam Hussein était renversé. Il avait donc fallu moins de trois semaines aux armées américaines pour remplir l'objectif fixé dans leur plan de bataille.

Une démonstration de maîtrise opérationnelle, mais pas une révolution dans l'art de la guerre

Quels enseignements sur les forces et les lacunes de l'armée américaine peut-on tirer de cette conquête rapide de l'Irak ? L'opération *Cobra II* marque une étape majeure dans l'évolution des forces armées américaines et démontre une remarquable maîtrise opérationnelle. Elle ne constitue cependant pas une révolution.

Sur le plan opérationnel, c'est dans le domaine de « l'interarméisation[20] » que les forces américaines ont démontré les progrès les plus nets. Ceux-ci se sont concrétisés à trois niveaux. Tout d'abord, il apparaît au terme de cette opération que puissances aérienne et terrestre se renforcent mutuellement. En la matière, l'interarmes a pris une nouvelle dimension. La vitesse à laquelle les troupes terrestres ont avancé vers Bagdad a obligé les forces irakiennes à se repositionner et, par conséquent, à s'exposer aux attaques aériennes américaines. Décimées, les troupes irakiennes devenaient alors beaucoup moins menaçantes pour les forces terrestres de la coalition qui pouvaient ainsi poursuivre leur avancée à une vitesse soutenue.

Cette interaction étroite entre forces terrestres et aériennes représente une évolution significative par rapport à la guerre du Golfe de 1991, aux opérations menées dans les Balkans pendant les années 1990, ou même à la guerre en Afghanistan de l'automne 2001. Dans tous ces cas, les éventuelles opérations terrestres étaient précédées de longues campagnes de bombardements aériens. Or, lors de la guerre en Irak, les opérations terrestres et aériennes ont débuté en même temps. Les premières ont ainsi été déclenchées sans qu'il n'y ait de phase aérienne préparatoire. Elles ont simplement été précédées d'une frappe aérienne précise de « décapitation » du régime visant Saddam Hussein et ses proches. De plus, les troupes au sol ont bénéficié dans leur avancée d'un appui aérien particulièrement rapproché[21].

Cette combinaison efficace des puissances terrestre et aérienne a été possible grâce aux progrès technologiques dans trois domaines : la précision des armes ; l'identification des troupes au sol ; la connaissance du champ de bataille. La précision accrue des bombes et des autres missiles employés par les forces aériennes, couplée à une meilleure identification des troupes « amies » au sol, a permis, d'une part, à l'Armée de terre d'avancer malgré les bombardements aériens massifs et, d'autre part, de soutenir les troupes au sol lorsqu'elles étaient engagées dans des combats. Outre les satellites et autres avions de surveillance, l'utilisation intensive des drones (aéronefs sans pilote et équipés d'outils de surveillance, tels que des caméras renvoyant en temps réel les images captées au commandement) s'est traduite par une meilleure appréhension du champ de bataille et, donc, par une réduction drastique du délai d'attaque, qui est passé de quelques heures à seulement quelques minutes.

Malgré ces progrès significatifs, l'interopérabilité des armes et leur interaction entre elles ne sont cependant pas aussi faciles, fluides et poussées qu'on pourrait le croire. Même si l'interarmes offre au haut commandement une vision plus précise du théâtre des opérations, la situation est bien différente aux niveaux inférieurs, et en particulier pour les soldats sur le terrain. Ceux-ci ne semblent en effet pas toujours disposer des tactiques, de l'entraînement et des équipements adéquats pour tirer profit des progrès technologiques. Comme le rapporte un journaliste du magazine *Wired*, il existe par exemple au sein même de l'Armée de terre[22] un « fossé numérique » entre les unités de combat les mieux équipées (par exemple, la 4ᵉ division d'infanterie, qui, ironiquement, n'a pas pu être déployée sur le terrain du fait du refus turc de la laisser opérer à partir de son territoire) et les unités de soutien logistique au sein desquelles les soldats ont dû eux-mêmes acheter leur équipement GPS. Pourtant, dans le cas d'un conflit aussi « rapide » et simultané que l'Irak, ces unités logistiques étaient au plus proche des combats et y étaient souvent engagées[23].

Aussi surprenant que cela puisse paraître, l'adaptation aux tactiques asymétriques est le second domaine, après « l'interarméisation », dans lequel les forces américaines ont effectué des progrès significatifs. Comme il a été mentionné précédemment, le plan d'attaque initialement élaboré ne s'attardait guère sur l'usage de telles tactiques. En effet, le commandement américain s'attendait davantage à « revivre » le scénario de 1991 et à devoir affronter une armée organisée, avec son artillerie et ses unités mécanisées, telles que les forces d'élite de la Garde républicaine. Ainsi, en ayant recours à ces tactiques dès le début des hostilités, les Irakiens sont parvenus à surprendre les Américains, et à leur infliger des combats et des pertes sévères, notamment dans les localités de Nassiriyah et Hillah.

Trois facteurs ont cependant permis aux forces américaines de largement éviter les périls de ces tactiques asymétriques durant leur avancée vers Bagdad. Premièrement, en restant concentrées sur l'objectif central du plan d'attaque (la prise de la capitale irakienne), les forces américaines ne se sont pas engagées dans une série de combats urbains successifs. Elles ont concentré leurs efforts sur la destruction des éléments qui risquaient réellement de ralentir leur avancée, à savoir les « unités d'élite » de l'armée irakienne. Deuxièmement, dans leurs accrochages avec ces forces irrégulières, les soldats américains ont pleinement bénéficié des progrès technologiques à travers l'appui aérien rapproché. Enfin, même si Saddam Hussein a probablement cherché à organiser ce type de tactiques en dispersant des armes et des hommes dans les villes irakiennes, il faut reconnaître que l'adversaire auquel faisaient face les soldats américains n'était pas toujours redoutable. Les hommes n'étaient guère nombreux, très modestement armés face à la puissance de feu américaine et le plus souvent désordonnés dans leurs attaques.

> ### Quelques données sur l'emploi d'armes de précision
>
> Alors que seulement 15 % des avions de combat américains utilisés lors de la guerre du Golfe étaient équipés d'armes « intelligentes », ils étaient 100 % durant la guerre d'Irak. Un total de 19 948 bombes et missiles de précision ont été utilisés pendant les quelque trois semaines qu'a duré la guerre d'Irak, contre 8 644 au cours des six semaines de la guerre du Golfe. Enfin, 955 missiles de croisière ont été tirés, contre 300 douze ans plus tôt.
>
> Source : Anthony Cordesma, *The Iraq War. Strategy, Tactics, and Military Lessons*, Washington D.C., CSIS Press, 2003, p. 357.

Pendant les mois de mars et avril 2003, la guerre en Irak s'illustre par un usage très poussé de la haute technologie par les armées des États-Unis. Il dépasse largement celui qui avait été fait lors de la guerre du Golfe douze ans plus tôt et qui avait alors suscité un enthousiasme certain pour la « révolution dans les affaires militaires » (la RAM[24]). Cela étant, il convient de rappeler que les systèmes d'armes employés — que ce soient les avions de combats, les véhicules blindés ou les chars d'assaut — n'ont absolument rien de révolutionnaire. Même s'ils ont bénéficié, depuis les années 1980, de progrès technologiques remarquables, ils sont développés depuis la Première Guerre mondiale de 1914-1918 !

Par ailleurs, les principes au cœur de l'opération *Cobra II*, tels que la vitesse de manœuvre et l'interarmes, ne sont ni nouveaux ni propres aux idées de « transformation » de l'armée américaine que l'on a souvent attribuées au secrétaire à la Défense Rumsfeld. Ils ont en effet tous été posés et développés dans de nombreux documents antérieurs à l'arrivée de l'administration Bush au pouvoir. On pensera ici à la *Air-Land Battle Doctrine*, qui date de 1982, ou encore à l'étude menée par le Comité des chefs d'état-major, la *Joint Vision 2020*, qui concerne l'emploi simultané et synergétique des puissances aérienne et terrestre. Ainsi, l'idée d'opérations conjointes et simultanées était déjà centrale lors de la guerre du Golfe. L'importance d'une approche interarmées a été surlignée dès 1986 avec l'adoption de la loi *Goldwater-Nichols* qui organisait la coopération entre les différentes composantes des forces armées américaines. L'emploi croissant des forces spéciales, un leitmotiv chez Donald Rumsfeld, était déjà fortement soutenu par le secrétaire à la Défense de Bill Clinton, William Cohen. Quant à l'idée d'une victoire rapide et décisive reposant sur la prise de vitesse de l'ennemi, elle apparaît aussi ancienne que la guerre elle-même. Les tactiques et les technologies utilisées lors de la guerre en Irak s'inscrivent donc dans une évolution progressive qui a débuté avec la Deuxième Guerre mondiale et qui s'est accélérée dans les années 1980 et 1990. Elles ne sont en rien révolutionnaires.

Une campagne longuement préparée et un adversaire irakien affaibli

La guerre d'Irak de mars-avril 2003 représente avant tout une évolution, majeure certes, mais pas une révolution pour les forces armées américaines. Elle ne saurait également être comprise comme une opération préparée seulement pendant

17 mois et étalée uniquement sur trois semaines. En effet, au terme de la guerre du Golfe de 1991, le président George H. Bush avait opté pour une politique d'endiguement de Saddam Hussein, et non pour son renversement et l'occupation du pays. Cette politique a très largement été poursuivie par ses successeurs jusqu'en mars 2003. Elle s'est traduite par un engagement militaire, limité mais constant, et elle s'est révélée être d'une efficacité incertaine.

À la fin de l'opération *Tempête du Désert* en 1991, les États-Unis ont encouragé Kurdes et Chiites à se soulever contre le régime baassiste qui semblait affaibli suite à sa défaite militaire. Or, à peine deux ans plus tard, Saddam Hussein, toujours à la tête de l'Irak après avoir réprimé ces velléités de soulèvement, contestait déjà les sanctions imposées par les Nations unies et parvenait à monter des opérations de harcèlement contre les forces militaires américaines. La défense antiaérienne irakienne représentait un risque sérieux pour les appareils américains et britanniques chargés de faire respecter les zones d'interdiction aérienne au sud et au nord du pays. En octobre 1994, des troupes irakiennes, en violation totale du cessez-le-feu, avaient même été déployées à la frontière du Koweït. Enfin, après des années d'obstruction au travail mené par les inspecteurs des Nations unies chargés de veiller au démantèlement des programmes d'armes de destruction massive, ces derniers avaient été expulsés d'Irak en décembre 1998. Les États-Unis avaient répondu à cette provocation en lançant une campagne aérienne massive, *Desert Fox*, qui, en l'espace de quatre jours, avait été, semble-t-il, proche de renverser le régime[25]. À partir de cet épisode de décembre 1998, les patrouilles aériennes américaines au-dessus de l'Irak sont devenues plus agressives. Au moindre signe de danger, la défense antiaérienne irakienne a été systématiquement visée et détruite. S'inscrivant toujours dans le cadre de la police des zones d'exclusion aérienne décidées par les Nations unies, cette agressivité a atteint un degré supplémentaire à la suite des attentats du 11 septembre 2001 et tout au long de l'été 2002. Dès lors, il convient de nuancer le caractère novateur, exceptionnel, de la simultanéité des opérations aériennes et terrestres lors de l'opération *Liberté en Irak*. En effet, s'il n'y a pas eu de campagne aérienne intensive dans les jours et les semaines précédant immédiatement l'assaut du 19 mars 2003, il y en a eu une continue pendant 12 ans...

Au terme de plus d'une décennie de bombardements et de sanctions internationales, l'Irak de Saddam Hussein représentait donc un adversaire loin d'être redoutable. Au-delà de la seule supériorité des États-Unis, la faible performance de l'adversaire irakien explique également en grande partie la rapidité et l'aisance relatives de la conquête américaine. Outre la faiblesse, l'obsolescence même des moyens militaires dont disposait Saddam Hussein, quatre éléments complémentaires expliquent cette faiblesse irakienne : une erreur d'appréciation stratégique ; la crainte dominante vis-à-vis des menaces internes ; une faible motivation de l'armée irakienne à combattre ; et une exécution défaillante des opérations défensives[26].

Tout d'abord, la piètre performance défensive des forces irakiennes relève des erreurs stratégiques commises par Saddam Hussein lui-même. En effet, aussi tard qu'au début de l'année 2003, il semble que celui-ci avait mal évalué et sous-estimé les intentions américaines, selon les documents et témoignages recueillis. Il croyait que, si une guerre devait avoir lieu, celle-ci serait largement identique à celle de 1991 : une longue campagne aérienne précéderait l'attaque terrestre. Les pertes subies par les Américains et les Britanniques face à la résistance irakienne, pensait-il également, pousseraient rapidement les deux pays vers un cessez-le-feu qui maintiendrait Saddam Hussein au pouvoir. Adepte de l'ouvrage de Mark Bowden, *Black Hawk Down*[27], relatant la retraite américaine de Somalie en 1993 après que 18 soldats y aient été tués, Saddam Hussein imaginait que les décideurs politiques à Washington et à Londres ne pourraient pas résister à la pression de l'opinion publique et seraient donc assez rapidement contraints à une négociation politique après que leurs soldats soient tombés en nombre sur le champ de bataille[28]. Il ne semble pas avoir pris la mesure de l'impact des attentats du 11 septembre 2001 sur la détermination de l'administration américaine à vouloir renverser une menace majeure et ancienne aux yeux de nombre de décideurs influents. Par ailleurs, le caractère dictatorial du régime n'a en rien arrangé ces erreurs de jugement. Saddam Hussein inspirait une telle terreur à ses militaires, n'ayant pas hésité au cours de son règne à exécuter ceux qui n'étaient pas d'accord avec lui, que ceux-ci préféraient lui mentir sur l'état de préparation et sur les capacités de leurs troupes. De plus, étant donné que Saddam Hussein craignait de longue date un renversement de son régime par des officiers, plusieurs militaires de haut rang n'étaient pas au courant des plans de défense du pays. L'article de *Foreign Affairs*, « Saddam's Delusions[29] », révèle à ce sujet un fait extraordinairement symptomatique du délabrement de la confiance entre le régime et ses militaires. Il apparaît en effet que l'officier responsable des armes de destruction massive n'était au courant ni de leur emplacement ni de leur existence éventuelle !

En fait, Saddam Hussein craignait davantage un renversement interne, plus crédible à ses yeux, qu'une invasion américaine. Il avait en effet été la cible de plusieurs tentatives de coup d'État et d'assassinats. En 1991, après la guerre du Golfe, il avait dû utiliser ses forces armées pour étouffer un début de soulèvement kurde et chiite encouragé par les États-Unis. Ces menaces de renversement interne avaient poussé le régime à entreprendre trois types d'actions.

Premièrement, les plans de défense et de protection étaient articulés autour de la personne de Saddam Hussein et de ses proches, et non élaborés pour protéger l'ensemble du territoire irakien. Deuxièmement, il avait attribué à sa garde la plus rapprochée les meilleurs équipements, laissant dans le dénuement le plus complet la quasi-totalité de l'armée irakienne. En outre, les forces régulières de celle-ci, ainsi que la Garde républicaine, une unité d'élite, avaient l'interdiction de se déployer dans la capitale. Troisièmement, Saddam Hussein avait constitué des organes de sécurité concurrents et isolés les uns des autres. À côté de l'armée irakienne existaient par exemple des forces de sécurité placées sous l'égide du Parti baassiste, ainsi qu'une milice, les *Feddayin*. Les rivalités entre les différentes forces permettaient bien entendu de limiter les risques de renversement, ainsi que de quadriller l'ensemble du territoire et de surveiller la population pour éviter tout soulèvement populaire. Mais cette obsession vis-à-vis des menaces internes a manifestement nui à l'élaboration d'une stratégie de défense cohérente contre une invasion étrangère.

Avec un régime ayant mal équipé ses propres forces armées et méfiant vis-à-vis d'elles, le moral et la motivation de l'armée irakienne ont généralement été faibles. Ainsi, lors de leur avancée vers Bagdad, les forces américaines n'ont que très rarement été opposées à des troupes irakiennes en état de combattre. Nombre de soldats avaient en effet déserté, abandonnant véhicules et uniformes. Cette déliquescence de l'armée irakienne a posé deux problèmes au moment de la fin des « combats majeurs ». D'une part, il n'y a pas eu de capitulation claire signée par des officiers irakiens responsables de leurs troupes[30]. D'autre part, cette dissolution instantanée a servi de prétexte aux autorités américaines d'occupation pour promulguer le décret de dissolution de l'armée irakienne le 23 mai 2003. Il convient cependant d'apporter une nuance quant à cette fantomatique opposition irakienne. Même si les troupes américaines n'ont pas affronté de divisions mécanisées, organisées et disposant d'une puissance de feu insurmontable, elles ont tout de même eu affaire à des adversaires «irréguliers», que ce soient les *Feddayin* de Saddam, les miliciens du Parti baassiste ou des djihadistes étrangers, qui leur ont posé et leur posent encore de sérieuses difficultés. De plus, il reste difficile d'évaluer si la disparition rapide des soldats du champ de bataille a relevé essentiellement de désertions massives ou si elle faisait plus ou moins partie d'un plan, d'un schéma tactique[31]. Quoi qu'il en soit, la dissolution de l'armée irakienne décidée par Paul Bremer a sans conteste accru les forces disponibles et compétentes qui nourrissent encore les divers mouvements insurrectionnels.

Enfin, la mise en œuvre des opérations défensives sur le terrain a été déficiente. Au-delà de la vétusté générale des équipements, il semble bien que Saddam Hussein et ses militaires aient commis de nombreuses erreurs. Ainsi, une grande partie des divisions de l'armée régulière n'était pas adéquatement positionnée pour faire face à une invasion provenant du Koweït, alors que le scénario était fort probable. Saddam Hussein s'attendait davantage à une invasion lancée depuis la Jordanie et souhaitait également se prémunir contre une éventuelle attaque iranienne. De plus, sous la pression de l'avancée terrestre américaine, les militaires irakiens ont procédé à des déplacements de troupes qui les ont exposés à la puissance aérienne des États-Unis. Par ailleurs, aucune mesure de défense s'appuyant sur le terrain n'a été mise en œuvre pour ralentir l'avancée américaine : aucun pont ni barrage n'a été détruit, les routes n'ont pas été minées, des barricades n'ont pas été érigées le long des principales voies d'accès à Bagdad. Outre une incompétence certaine dans l'art de la guerre, ces erreurs sont avant tout l'illustration concrète de l'incompréhension des intentions stratégiques américaines. Saddam Hussein, ne croyant pas vraiment à une invasion conduisant à son renversement, a cherché avant tout à se protéger d'un renversement intérieur. Dans ce contexte, il ne pouvait pas détruire, par exemple, les infrastructures de transport que les armées irakiennes auraient eu à emprunter pour combattre un soulèvement populaire.

Aussi inefficaces qu'elles ont été pour repousser ou pour ralentir les troupes américaines avançant vers Bagdad, les tactiques asymétriques employées par les Irakiens dès le début de la guerre auraient dû être prises plus au sérieux par les États-Unis. En effet, depuis le renversement de Saddam Hussein le 9 avril 2003, l'omniprésence de ces tactiques mettent en relief la vulnérabilité des forces américaines à l'égard de cette forme de conflits qu'elles rejettent par tradition.

Comment les militaires américains ont-ils perdu l'Irak après 2003?

Les difficultés rencontrées par les États-Unis en Irak depuis le renversement du régime de Saddam Hussein le 9 avril 2003 soulèvent des interrogations qui ne sont pas sans rappeler celles qui avaient émergé suite au traumatisme du Viêtnam. La plus pressante est la suivante: pourquoi l'armée la plus puissante au monde ne parvient-elle pas à vaincre un ennemi considérablement plus faible[32] (particulièrement si on se réfère à ses capacités matérielles)? Depuis 2003, cette question préoccupe au plus haut point les militaires américains (actifs ou retraités). Ils ont publié une quantité considérable d'ouvrages et d'articles cherchant à comprendre cette défaillance et à y apporter des solutions[33].

L'élément-clé de la réponse réside dans une mauvaise compréhension des guerres dites «irrégulières», car elles ne correspondent pas à l'idéal du modèle westphalien pour lequel les armées des États occidentaux contemporains sont essentiellement organisées et entraînées : des guerres conventionnelles opposant des armées étatiques structurées et organisées sur un champ de bataille délimité[34]. Or, le premier obstacle à cette compréhension relève du sens même que l'on attribue au terme de « guerres irrégulières ». Il existe en effet une multitude d'expressions (guerre asymétrique, non conventionnelle, non traditionnelle, de « quatrième génération » ou contre insurrectionnelle, conflit de basse intensité, opérations militaires autres que la guerre, et même *nation-building*), qui sont souvent utilisées comme synonymes pour décrire des phénomènes allant de l'usage limité de la force dans les cas de tentatives d'assassinats de chefs d'État étrangers à la guerre totale comme cela a été le cas au Viêtnam. Malgré les débats conceptuels qui entourent la notion de guerre irrégulière, il est possible d'utiliser la définition suivante : les guerres irrégulières sont des conflits violents dans lesquels des forces armées étatiques ont pour objectif d'assurer la stabilité des institutions politiques, et ont pour adversaire un ennemi étatique ou non étatique dont le recours à des tactiques asymétriques, telles que la guérilla, l'insurrection ou le terrorisme, a pour effet d'annuler la distinction entre combattants et civils[35].

Depuis avril 2003 en Irak, les forces armées des États-Unis sont clairement engagées dans ce type de conflit. Or, les guerres irrégulières s'inscrivent aux antipodes de l'idéal de guerre américain[36] et mettent par conséquent en lumière les vulnérabilités de la puissance militaire américaine. Contrairement à ce que l'on serait facilement porté à croire, les États-Unis ont une expérience ancienne et une vaste connaissance de ces guerres irrégulières. Pourtant, leurs forces armées ont développé une profonde aversion contre elles, et cela s'est traduit en Irak par des errances et des erreurs catastrophiques. Il n'est cependant pas exclu que les quelques aménagements stratégiques mis en œuvre depuis janvier 2007 permettent aux forces américaines de surmonter leurs difficultés.

Une culture stratégique réfractaire aux guerres irrégulières…

L'aversion américaine contre les guerres irrégulières est profondément ancrée dans une culture stratégique dominée par la guerre conventionnelle, telle la Guerre civile américaine, les guerres napoléoniennes, les deux Guerres mondiales ou encore celle du Golfe. Selon Colin Gray, cette culture stratégique se caractérise par 12 points[37]. Elle est :

1. A-politique,
2. A-stratégique,
3. A-historique,
4. Optimiste quant à la résolution des problèmes,
5. Ignorante des cultures étrangères,
6. Dépendante de la technologie,
7. Axée sur la puissance de feu,
8. Accoutumée à de bonnes conditions de vie,
9. Profondément conventionnelle,
10. Impatiente,
11. Logistiquement excellente,
12. Viscéralement allergique aux pertes.

Cette culture stratégique s'est concrétisée par un art de la guerre, une science même[38], foncièrement conventionnel. Elle se révèle par conséquent peu adaptée aux exigences et aux défis des guerres irrégulières. Cette science de la guerre se décompose en effet en quatre éléments : a) l'annihilation totale de l'ennemi comme objectif ; b) la puissance de feu et la technologie comme moyen ; c) l'engagement des citoyens dans l'effort de guerre ; et d) la victoire totale et nette comme fin. Elle a été validée par la Deuxième Guerre mondiale, dans laquelle les États-Unis se sont engagés totalement, puis par la mise en place de la Guerre froide et par la guerre de Corée. L'échec vietnamien, loin de la remettre en question, l'a confortée. Il existe en effet deux lectures opposées de la guerre du Viêtnam. Pour les uns, tel Andrew Krepinevich, l'échec américain résulte d'une obstination, notamment de la part du général Westmoreland, à mettre en œuvre une science conventionnelle dans un conflit dont la nature commandait nettement la mise en œuvre d'une stratégie différente[39]. Pour d'autres au contraire, comme Harry Summers, les États-Unis auraient perdu car les décideurs politiques n'ont pas laissé aux militaires la possibilité de mettre en œuvre une stratégie suffisamment conventionnelle, les conflits irréguliers ne nécessitant pas au demeurant d'élaborer une approche spécifique[40]. Un débat identique existe actuellement aux États-Unis concernant la stratégie à mettre en œuvre en Irak. Il oppose, d'un côté, les tenants d'un usage limité de la force visant à gagner «les cœurs et les esprits», le soutien de la population, et, de l'autre, les partisans d'une méthode plus coercitive[41]. La seconde lecture du traumatisme vietnamien ayant été privilégiée par les forces armées américaines, leur aversion vis-à-vis des guerres irrégulières et leur attachement à une approche conventionnelle de l'art de la guerre n'en sont que renforcés. Dès lors, les armées n'ont pas cherché à revoir leur organisation, ni leurs doctrines, pour répondre aux exigences particulières des conflits non conventionnels. Le cas de l'Armée de terre est à cet égard symptomatique. En effet, avec l'élaboration de la doctrine Weinberger-Powell, l'Armée de terre américaine pensait en avoir fini avec son engagement dans les guerres irrégulières. Depuis le début des années 1980, elle s'était reconstruite en s'appuyant sur les progrès technologiques, et avait pour objectifs de renforcer et de réaffirmer son efficacité dans les guerres conventionnelles[42]. Parallèlement à cela, elle n'a absolument pas corrigé ses failles et ses lacunes dans le domaine non conventionnel, bien au contraire. La mort de 18 membres de ses troupes d'élite, les *Rangers*, à Mogadiscio en 1993 en est un exemple. Et la situation en Irak depuis avril 2003 le démontre quotidiennement. Une étude de la RAND remise en 2005 au secrétaire à la Défense concluait ainsi que la situation en Irak révélait « la tendance organisationnelle dominante au sein de l'armée américaine à ne pas incorporer les leçons historiques dans la planification et la conduite d'opérations de contre-insurrection[43] ». Andrew Krepinevich va même plus loin en soutenant que l'Armée de terre américaine a commis en Irak la même erreur qu'au Viêtnam : l'utilisation d'une approche conventionnelle face à une insurrection. Il affirme ainsi que les opérations de l'Armée de terre se caractérisent par un usage indiscriminé de la force au lieu de se concentrer sur des tâches de reconstruction, et de maintien de la sécurité et de l'ordre[44]. Le comportement de la 4e division d'infanterie, déployée dans la province d'Al-Anbar à partir de l'été 2003, en est l'exemple type[45]. Avec à sa tête le lieutenant général Odierno, elle a privilégié les opérations de « recherche et de destruction » appuyées par des véhicules blindés lourds et mettant en œuvre une puissance de feu considérable. Cela a provoqué une rupture de la confiance entre la population et les soldats américains, un accroissement du ressentiment populaire vis-à-vis de l'occupation et un appui à l'insurrection. Malgré des efforts déployés depuis 2005 afin de limiter les pertes civiles au cours des opérations militaires, un sondage mené au cours de l'été 2007 révèle le fossé qui sépare la population irakienne des militaires américains : 47 % des Irakiens veulent le départ des troupes américaines et 85 % ne leur font pas confiance[46].

La doctrine Weinberger-Powell :
obstacle à l'adaptation aux guerres irrégulières ?

Cette doctrine a été présentée par le secrétaire à la Défense Caspar Weinberger en novembre 1984, quelques mois à peine après un nouveau traumatisme américain dans une intervention non conventionnelle : l'attentat contre les baraquements militaires américains à Beyrouth en 1983. Elle a été complétée par Colin Powell, ancien assistant de Weinberger, avant de devenir président du Comité des chefs d'état-major (*Joint Chiefs of Staff*) pendant la guerre du Golfe, puis premier secrétaire d'État de George W. Bush. La doctrine Weinberger-Powell peut être résumée ainsi[47] :

- L'engagement des troupes américaines à l'étranger ne doit répondre qu'à une atteinte vitale des intérêts des États-Unis ou de leurs alliés.
- Les troupes américaines doivent être engagées en nombre suffisant avec comme finalité claire la victoire.
- Les objectifs politiques et militaires doivent être clairement définis.
- Les moyens doivent être en permanence évalués et réajustés pour remplir les objectifs.
- L'engagement des troupes doit dans la mesure du possible bénéficier de l'appui de la population américaine et de ses représentants au Congrès.
- L'engagement des troupes au combat doit constituer une solution de dernier recours.

... malgré une expérience ancienne des guerres irrégulières

Si l'aversion américaine pour les guerres irrégulières s'inscrit dans le traumatisme vietnamien, elle n'en demeure pas moins surprenante par rapport à l'expérience vaste et ancienne des forces armées américaines dans ce type de conflits. Ces derniers constituent la grande majorité des conflits dans lesquels les États-Unis ont historiquement été engagés. Ce sont également dans ces guerres irrégulières qu'ils ont subi leurs pires difficultés et leurs seules défaites militaires[48].

Les États-Unis sont tout d'abord le pays qui a été le plus souvent engagé dans des guerres irrégulières. Ainsi, sur les 270 guerres non conventionnelles identifiées depuis 1600 par le *Small Wars Center of Excellence*[49], centre de recherche du corps des fusiliers marins, 166 ont impliqué des troupes américaines, soit 61,5 %. En comparaison, depuis leur indépendance jusqu'à 2003, les États-Unis n'ont mené que 11 guerres conventionnelles, qu'ils ont toutes gagnées, à l'exception de la guerre de Corée : en 1812 contre le Royaume-Uni, en 1846 contre le Mexique, la Guerre civile, en 1898 contre l'Espagne, les deux Guerres mondiales, la Guerre froide, la guerre de Corée, celle du Golfe, celle contre les talibans en Afghanistan d'octobre à décembre 2001, et celle contre le régime de Saddam Hussein en mars-avril 2003.

Les interventions des États-Unis dans les guerres irrégulières ont ensuite joué un rôle majeur pour la reconnaissance du pays comme grande puissance sur la scène internationale. Dans son ouvrage *The Savage Wars of Peace. Small Wars and the Rise of American Power*, Max Boot distingue trois périodes aux cours desquelles les guerres irrégulières ont joué un rôle déterminant dans le développement de la puissance américaine[50]. Du début du XIXe siècle aux années 1890, ces interventions, que ce soit contre la piraterie « barbare » en Afrique du Nord entre 1801 et 1805, à Sumatra en 1859 ou aux Samoa en 1899, ont permis l'essor de la puissance commerciale américaine en ouvrant des comptoirs commerciaux et en assurant la sécurité sur les mers des marchands américains. De 1898 à 1941, les États-Unis se sont imposés comme une des grandes puissances du concert des nations, que ce soit avec l'annexion des Philippines[51], l'intervention dans la révolte des Boxers en 1900, ou encore la défense de leurs intérêts et de leur hégémonie par le biais de multiples interventions dans les Amériques. La dernière période, qui s'est ouverte en 1941 avec l'attaque contre Pearl Harbor et s'est (peut-être) refermée avec les difficultés de l'occupation en Irak, s'est traduite par l'oubli et le dédain des guerres irrégulières, et par l'attrait pour les grandes guerres classiques de type Seconde Guerre mondiale et guerre du Golfe.

Enfin, la majorité des interventions américaines dans les guerres irrégulières (107 sur 166, soit 67,5 %) ont eu lieu depuis 1945. L'expérience américaine est donc non seulement large, mais aussi récente. De cette expérience, les militaires américains ont tiré de nombreux enseignements. En la matière, c'est le corps des fusiliers marins qui a mené le travail le plus abouti. Celui-ci s'est traduit par la publication, dès 1941, d'un manuel, le *Small Wars Manual*[52] (SWM). Soulignant le fait que les guerres irrégulières constituent un outil fréquemment utilisé par le gouvernement américain dans l'exercice de sa politique étrangère, le SWM stipule que les opérations militaires ne sont qu'un des outils destinés à mener les guerres irrégulières. La diplomatie, la politique et l'économie en sont elles aussi des composantes essentielles. Dès lors, les guerres irrégulières doivent être menées en étroite coopération entre les militaires et les civils, le département d'État jouant un rôle central[53]. Publié au moment de l'entrée des États-Unis dans la Deuxième Guerre mondiale, le SWM n'a cependant été considéré d'aucune utilité par les décideurs tant politiques que militaires, qui jugeaient alors que les guerres irrégulières n'avaient pas d'avenir. Il a donc été mis de côté et oublié. Au vu des difficultés rencontrées en Irak depuis cinq ans, cet oubli aura été lourdement coûteux pour les soldats américains.

Les errances américaines dans l'occupation de l'Irak :
le symbole de Falloudja

S'être préparés et avoir planifié une opération typiquement conventionnelle pour renverser Saddam Hussein n'est pas l'erreur la plus importante commise par les militaires américains en Irak. Leur victoire rapide — la prise de Bagdad et la chute du régime — tendrait au contraire à confirmer la puissance militaire des États-Unis en montrant qu'ils sont capables de déployer et de maintenir un nombre significatif de troupes loin de leur territoire national, et sur une longue période. L'erreur fondamentale, cardinale, relève de leur aversion contre les guerres irrégulières, de l'oubli de leur propre histoire et, par conséquent, de leur incapacité à planifier une occupation efficace dans un contexte de guerre irrégulière. La ville de Falloudja apparaît alors comme l'illustration tragique des errances et des vulnérabilités des armées américaines dans des situations pour lesquelles elles ne sont pas préparées.

Dès avril 2003, cette ville morne et industrielle du triangle sunnite au centre de l'Irak devient le refuge des anciens soutiens et alliés du régime qui y organisent leur lutte armée contre les forces américaines. Falloudja émerge alors comme le centre majeur de l'insurrection qui se développe. Mais c'est au printemps 2004 qu'elle devient véritablement le symbole des difficultés et des vulnérabilités américaines en Irak. Le 31 mars 2004, quatre contractants militaires privés de la firme *Blackwater Security Consulting* escortent un convoi de ravitaillement. Sans en informer les fusiliers marins responsables de la zone, ils décident de raccourcir leur trajet en passant dans la ville de Falloudja, ville qui est, dès cette époque, considérée comme la plus dangereuse de l'Irak post-Hussein. Arrivés au centre de la cité, les quatre anciens membres des forces d'élite de l'armée américaine tombent dans une embuscade. Les deux véhicules tout-terrain à bord desquels ils se

Figure 2

Nombre de soldats américains tués par mois en Irak, mars 2003-décembre 2007

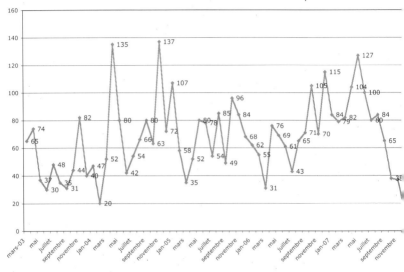

Source : Michael O'Hanlon et Jason Campbell, *op. cit.*, p. 16.

trouvent sont criblés de balles et ils meurent sur le coup. Le lynchage qui va suivre, largement diffusé sur les ondes des chaînes d'information en continu, va faire de cet événement, au demeurant banal (une embuscade), une tragédie aux conséquences politiques considérables. Lorsque les fusiliers marins sont informés de l'événement et en reçoivent les premières images, ils décident de ne pas intervenir. Les quatre Américains sont déjà morts et ils ne souhaitent pas risquer un bain de sang en envoyant un convoi militaire au milieu d'une population en furie. Bing West relate ainsi que le commandement militaire, tant le colonel Dunford présent sur le terrain que le général James Conway qui commande l'ensemble du contingent expéditionnaire des fusiliers marins en Irak, décide de ne pas intervenir[54]. En effet, afin de reprendre le contrôle de Falloudja, les fusiliers marins avaient décidé de mettre en œuvre un nouveau plan axé autour de patrouilles à pieds dans toute la ville et dans lesquelles ils incorporeraient un grand nombre de soldats irakiens. Dès lors, une intervention rapide avec un convoi lourdement armé ne fait aucun sens et risque surtout d'aggraver la situation. Pour répondre au lynchage, les fusiliers marins optent plutôt pour l'identification des principaux meneurs de celui-ci, afin de les neutraliser au cours de raids successifs.

Les sociétés militaires privées : les nouveaux mercenaires ?

Depuis une quinzaine d'années, les compagnies militaires privées sont devenues des acteurs importants des conflits à travers le monde. Elles opèrent en Afrique, en Amérique latine, en Asie, mais c'est avec la guerre en Irak qu'elles ont acquis une résonance majeure. Avec plus de 20 000 employés de 60 sociétés différentes présents sur le sol irakien, elles représentent le second contingent militaire derrière les soldats américains, soit plus que l'ensemble des troupes de la coalition appuyant les États-Unis. Au-delà de ces chiffres, l'évolution marquante en Irak est l'implication croissante des sociétés militaires privées dans des activités jusqu'alors réservées aux armées nationales. Elles ont ainsi travaillé avec des systèmes d'armes de l'armée américaine parmi les plus sophistiqués, tels les bombardiers furtifs B-2, les hélicoptères d'attaque *Apache*, ou encore les systèmes de défense antimissile *Patriot* et *Aegis*.

Mais quelles sont les origines de ces compagnies militaires privées ? Quelles sont leurs missions ? Quels défis posent-elles ? Les sociétés militaires privées sont de véritables entreprises offrant un ensemble de services liés à la guerre : opérations de combats, planification et conseil stratégiques, soutiens logistique et technique. Parmi les plus connues figurent *Kellogg, Brown & Root* (une filiale d'*Halliburton* que le vice-président Cheney a dirigé avant d'arriver à la Maison-Blanche en 2001) ou encore *Blackwater*, dont quatre employés ont été tués à Falloudja au printemps 2004. À côté de ces véritables multinationales, il existe également des PME, des «start-up» dont le nombre a explosé depuis le début de la guerre en Irak. Les perspectives d'affaires sont en effet intéressantes: le contrat attribué à *Kellogg, Brown & Root* par le Pentagone est évalué à pas moins de 13 milliards de dollars…

La privatisation accrue d'activités liées à la guerre soulève quatre types de problèmes politiques majeurs qui doivent encore être résolus:

1. **La responsabilité**: même si ces sociétés exercent des activités militaires, elles ne relèvent d'aucun cadre juridique (ni civil ni militaire). Dès lors, leurs employés ne sont pas redevables du droit de la guerre, que ce soit en cas de violation de celui-ci ou pour bénéficier de ses protections, telles les conventions de Genève.

2. **L'absence de régulation**: les entreprises peuvent recruter qui elles souhaitent et peuvent faire affaire avec n'importe quel type de clients, que ce soient des ONGs ayant besoin de protection pour assurer leurs missions humanitaires, ou des dictateurs désireux d'assurer leur survie et d'éliminer leurs opposants.

3. **Le contrôle**: le recours à des firmes privées permet à des gouvernements d'accomplir des tâches sans avoir à requérir l'accord de leurs populations ou de leurs représentants. Cela soulève de sérieuses préoccupations en termes de transparence et de contrôle démocratiques d'une des activités étatiques par excellence: la guerre.

4. **L'avenir des forces armées étatiques**: un employé d'une de ces firmes peut actuellement gagner en Irak jusqu'à 1 000 dollars par jour, soit jusqu'à 10 fois le salaire d'un soldat. Dès lors, le défi pour les armées devient non seulement d'attirer des soldats compétents, mais surtout de les conserver une fois formés.

Au 20 décembre 2007, 501 contractants militaires privés avaient été tués en Irak.

Sources: Peter W. Singer, «Outsourcing War», *Foreign Affairs*, mars-avril 2005; Michael O'Hanlon et Jason Campbell, *Iraq Index. Tracking Variables of Reconstruction & Security in Post-Saddam Iraq*, Washington D.C., Brookings Institution, [En ligne], 21 décembre 2007, p. 20. [http://www.brookings.edu/saban/iraq-index.aspx] (Consulté le 22 décembre 2007).

Or, la retransmission en direct de la mutilation des quatre Américains n'est pas sans rappeler les heures sombres de la Somalie en 1993, lorsqu'une scène similaire s'était traduite par le retrait de l'ensemble des forces américaines du pays. Cette nouvelle tragédie génère donc une pression politique considérable sur l'administration Bush tant elle remet en question l'optimisme affiché quelques semaines auparavant et la perspective d'une rétrocession rapide de la souveraineté du pays aux Irakiens. Dans cette perspective, le président Bush ne peut pas tolérer que la ville de Falloudja reste impunie aux yeux de la population américaine. L'ordre est transmis aux fusiliers marins de préparer une vaste opération de représailles. Ceux-ci ont beau invoquer l'inefficacité et les risques stratégiques d'une telle opération, ils se voient répliquer, sans que leurs arguments ne soient sérieusement examinés[55], qu'ils ne comprennent pas les dimensions symbolique et politique de cette tragédie. Le 2 avril 2004, les fusiliers marins reçoivent l'ordre de mener l'offensive contre Falloudja. Le 4 avril, 2 000 fusiliers marins lancent l'opération *Vigilant Resolve*. Alors qu'un assaut rapide avait été planifié, la férocité des combats surprend. Selon les estimations du commandement des forces armées de la coalition (le *Coalition Joint Task Force 7*, CJTF-7), 2 000 insurgés sont présents à Falloudja, dont quelque 200 combattants étrangers affiliés à l'organisation terroriste de Al-Zarkaoui. La surprise ne vient pas tant de la volonté de ces insurgés de se battre jusqu'à la mort que des tactiques de guérilla sophistiquées qu'ils mettent en œuvre. Ils se déplacent en effet en petits groupes de 20 à 40 individus et, même s'ils ne sont pas précisément coordonnés, ils montent des embuscades particulièrement efficaces (meurtrières) contre les troupes américaines. Ainsi, au troisième jour des combats, les soldats américains n'ont toujours pas la maîtrise de la zone industrielle en périphérie de la ville[56].

Alors que la situation militaire sur le terrain est bien plus délicate que ce qui avait été initialement envisagé, la dégradation de la situation politique met un terme prématuré à cette première offensive. Au printemps 2004, Falloudja est une ville peuplée d'environ 250 000 habitants. Dès les premiers jours de l'offensive américaine, les médias — en particulier la chaîne d'information continue Al-Jazira qui a une équipe sur place — rapportent un nombre élevé de victimes civiles. Au troisième jour des combats, le médecin responsable du principal hôpital de la ville fait ainsi état du décès de près de 280 civils, dont des femmes et des enfants[57]. Ces chiffres, combinés à la diffusion en continu d'images de victimes, suscitent la réprobation générale, tant à l'international qu'en Irak. Mis en place à Bagdad en juillet 2003, le Conseil de gouvernement transitoire irakien menace alors de mettre un terme à toute coopération avec l'Autorité provisoire de la coalition (la CPA) dirigée par l'ambassadeur Bremer, au moment même où celle-ci travaille à la restitution de la souveraineté formelle du pays aux Irakiens. Au-delà de la question des pertes civiles, les membres du gouvernement intérimaire reprochent essentiellement aux autorités américaines de ne pas avoir été associés à la préparation des opérations militaires.

Comme si la seule situation à Falloudja n'était pas suffisamment problématique, les forces américaines doivent faire face au même moment à des affrontements de plus en plus sérieux avec les Chiites, la communauté la plus importante en Irak. Alors que ceux-ci ont été sévèrement réprimés par Saddam Hussein, ils font preuve, depuis le début de l'opération militaire américaine en Irak, du plus grand scepticisme à l'encontre des intentions des États-Unis. En effet, les partisans du renversement de Saddam Hussein au sein de l'administration Bush avaient affirmé que les Chiites accueilleraient les troupes américaines en libérateurs, voire qu'ils les rejoindraient dans leur route vers Bagdad. Méfiants après l'épisode de 1991 au cours duquel le président Bush père les avait encouragés à se soulever contre Saddam Hussein pour ne pas leur venir en aide lorsqu'ils avaient ensuite été réprimés, les Chiites sont restés largement passifs lors du renversement du régime. Ensuite, ils ont manifesté une large frustration face à l'incapacité des États-Unis à assurer la sécurité et à reconstruire le pays. Durement touchés par le chômage, de nombreux Chiites sont venus gonfler les rangs des mécontents et des opposants à la présence américaine dès l'automne 2003. Ce mouvement de mécontentement a alors été accaparé par un jeune leader chiite radical, Moktada Al-Sadr. Disposant d'une large milice, l'Armée du Mahdi, Al-Sadr est rapidement devenu une force politique majeure au sein de la communauté chiite, mais aussi une menace sérieuse pour les forces américaines. Au cours de l'automne 2003, cette milice a mené des opérations de harcèlement contre les forces américaines à Bagdad et dans des villes du sud de l'Irak. Au printemps 2004, le défi sécuritaire que représente Moktada Al-Sadr s'est amplifié lorsqu'il a pris le contrôle de la ville sainte de Najaf et qu'il s'y est retranché. Alors que Sunnites et Chiites n'ont pas les mêmes objectifs politiques, le risque majeur pour les forces américaines est de voir ces deux fronts distincts de l'insurrection s'unir à la faveur d'une haine croissante au sein de la population irakienne contre les forces de la coalition et de leurs « exactions ».

Outre l'impact médiatique, et donc politique, que provoque la mort de civils à Falloudja, et les risques d'une unification des fronts insurrectionnels sunnites et chiites, un troisième élément contribue à la vulnérabilité des forces américaines en Irak : la faiblesse des forces irakiennes de sécurité. La dissolution de l'armée irakienne, ordonnée par Paul Bremer à son arrivée à Bagdad, est souvent présentée comme une erreur fondamentale, à l'origine des difficultés que les États-Unis rencontrent dans l'occupation de l'Irak.

Ainsi, au cours des années 2003 et 2004, l'administration Bush ressent le besoin impérieux de créer de nouvelles forces de sécurité irakiennes : d'une part, parce qu'elle ne dispose pas d'un nombre suffisant de soldats sur le terrain pour assurer la sécurité ; d'autre part, parce qu'elle souhaite utiliser des forces locales, « indigènes » dans le jargon militaire américain, pour diminuer la perception négative de leur armée, perception propre à toute force d'occupation. Mal équipées, hâtivement formées, corrompues, infiltrées par les groupes insurrectionnels, divisées par des tensions ethniques et religieuses, et concurrencées par des milices puissantes, ces nouvelles forces de sécurité irakiennes s'avèrent largement incompétentes. C'est le cas à Falloudja. Lors du premier assaut d'avril 2004, les soldats irakiens, que les Américains pensaient utiliser en renfort, se volatilisent sans combattre dès les premières heures des hostilités. L'incapacité des forces irakiennes à combattre et à assurer un minimum de sécurité constitue un revers supplémentaire et puissant à la stratégie de sortie préconisée par l'administration Bush, qui se résumait ainsi : les forces américaines seront progressivement retirées au fur et à mesure que les forces irakiennes seront capables d'assurer leurs missions.

Dans ce contexte délicat et sous la pression de Washington, les militaires américains annoncent un cessez-le-feu unilatéral le 9 avril 2004. Le 19, ils ouvrent des négociations afin de transférer la responsabilité de la sécurité à des forces irakiennes auprès desquelles les insurgés s'engageraient à abandonner leurs armes lourdes. Néanmoins, l'expérience de la « brigade de Falloudja », organisée autour d'anciens officiers sunnites de l'armée de Saddam Hussein, s'avère rapidement être un échec. Des combats majeurs opposant insurgés et forces américaines se poursuivent aux alentours de la ville et celle-ci devient le quartier général des islamistes dirigés par Abou Moussad Al-Zarkaoui. Le constat posé par l'ancien premier ministre irakien, Iyad Allaoui, à la suite de ce premier assaut sur Falloudja est certes sévère, mais il n'en est pas moins juste et largement partagé par de nombreux militaires américains :

> Les crises jumelles d'avril 2004 ont révélé la faiblesse inhérente à la position de la coalition [...]. Non seulement l'Autorité provisoire de la coalition a perdu toute crédibilité en renonçant à son bellicisme initial, mais elle a renforcé la position de ses deux adversaires. La planification chaotique, les rivalités personnelles, les chaînes d'autorité confuses et l'absence de coordination des divers intervenants ont toutes été symptomatiques d'un échec plus profond de l'Autorité provisoire de la coalition à établir sa crédibilité en tant qu'administration cohérente et déterminée[58].

Pour le second assaut sur Falloudja en novembre 2004, les forces américaines s'attachent à éviter deux écueils qui leur avaient considérablement nui en avril : les pertes civiles ou « dommages collatéraux » d'une part, et l'absence et la faiblesse des forces irakiennes, d'autre part. Contrairement à la première, cette offensive est préparée pendant plusieurs semaines. Les militaires américains enjoignent les civils de quitter la ville et postulent ainsi que toute personne encore présente au moment de l'assaut sera considérée, et donc traitée, comme un insurgé potentiel. De plus, à partir de la mi-octobre, ils rassemblent pas moins de 20 000 soldats américains et irakiens autour de la cité, établissant ainsi un cordon de sécurité dans le but d'empêcher toute personne d'entrer dans la ville et tout insurgé d'en sortir. À partir du 6 novembre, les fusiliers marins et l'Armée de terre, appuyés par l'Armée de l'air, débutent leur offensive par des tirs d'artillerie destinés à préparer le terrain aux troupes qui vont être envoyées au sol. Le lendemain, le premier ministre irakien Iyad Allaoui visite les troupes massées autour de la ville et y ordonne un couvre-feu.

Deux des principales erreurs commises lors de la première offensive semblent ainsi avoir été corrigées. Premièrement, l'action est planifiée à l'avance, avec la volonté de limiter au maximum les pertes civiles. Deuxièmement, les autorités irakiennes sont consultées[59] et leurs forces de sécurité impliquées, afin de donner une image « irakienne » à cette opération. Au contraire, le premier assaut avait été perçu comme une agression vengeresse de la part de la force d'occupation. Il est vrai que ce second assaut fait l'objet lui aussi de vives condamnations de la part de forces politiques tant sunnites que chiites qui décident de quitter le gouvernement d'Allaoui et de boycotter les élections du 30 janvier 2005. Néanmoins, les militaires américains réalisent des améliorations considérables par rapport à la première offensive, comme celle d'éviter que les insurgés puissent utiliser l'arme médiatique en diffusant les images de pertes civiles. Malgré des combats durs et meurtriers, l'armée américaine semble être en mesure de reprendre le contrôle de la ville.

Or, à la fin du mois de novembre, un événement vient presque remettre totalement en question l'opération. La diffusion d'une vidéo montrant un soldat américain tirant à bout portant sur un insurgé blessé dans une mosquée suscite une nouvelle vague d'indignation. Cet acte révèle également la difficulté des combats dans un environnement de stress intense. Certes, l'exécution d'un blessé est une violation des conventions de Genève, mais le contexte de guérilla qui prévaut en Irak pose de sérieuses difficultés aux forces armées conçues et entraînées pour combattre d'autres forces armées qui respectent les « règles du jeu », le droit de la guerre. Bien qu'il soit aisé de dire en théorie, sur le papier, que la contre-insurrection se gagne en faisant un usage modéré de la force, le stress qu'endurent les soldats sur le terrain est facteur d'erreurs, de fautes et d'indiscipline. Étant donné qu'ils sont confrontés à des ennemis qui ne respectent pas eux-mêmes les lois de la guerre en utilisant, par exemple, des mosquées comme positions de combat[60] ou encore en approchant des troupes sous un drapeau blanc avant de se faire exploser, il n'est guère surprenant, aussi condamnable que cela demeure, que des soldats commettent ce type de faute.

Le 23 décembre, après six semaines de combats, le premier ministre Allaoui autorise le retour de la population civile dans Falloudja. Ce retour ne peut être que progressif tant la ville est dévastée. Aujourd'hui encore, elle n'a pas recouvré la totalité de ses 250 000 habitants. Par ailleurs, la situation sécuritaire y demeure encore précaire et l'activité des insurgés non négligeable. Pour autant, la volonté des troupes américaines de rester dans la ville après cette bataille et de mettre de plus en plus en avant les forces irakiennes dans leurs patrouilles, combinée aux exactions commises par les insurgés contre la population civile, ont permis de faire quelques progrès dans la lutte contre les éléments les plus radicaux de l'insurrection. Il apparaît ainsi que les forces américaines soient parvenues à nouer des liens avec les chefs sunnites, dont certains étaient membres de l'insurrection, pour lutter contre les mouvements islamistes qui opéraient massivement à partir de cette ville.

L'épisode de Falloudja met en évidence l'incohérence de la stratégie américaine face à la dégradation de la sécurité en Irak au cours des années 2003 et 2004, au niveau des décideurs tant politiques que militaires. Deux éléments jouent un rôle déterminant dans cette incohérence : d'une part, la réaction, souvent émotive, au contexte immédiat au détriment d'une analyse raisonnée ; et, d'autre part, le manque de vision précise, de stratégie de lutte contre l'insurrection. Dans ces deux domaines, les militaires apparaissent tout autant responsables que les décideurs politiques. Les hauts responsables militaires et les décideurs politiques ont lancé l'offensive du printemps 2004 sous le coup de l'effroi suscité par la mutilation des quatre contractants militaires privés. Ils ont ensuite décidé d'y mettre un terme sous l'effet de la pression politique émanant des leaders irakiens et de l'opinion internationale, pression suscitée par la diffusion des images de victimes civiles de cette offensive. Dans les deux cas, lancer l'offensive puis l'arrêter, les décisions ont été prises s'en tenir compte de l'avis des commandants sur le terrain. Par ailleurs, alors que le haut commandement militaire avait reconnu, dès juillet 2003, qu'il était confronté à une insurrection, chaque corps d'armée, et même chaque division, a mis en œuvre des approches très différentes, parfois contradictoires, dont l'inefficacité a été le seul dénominateur commun. La 3e division d'infanterie de l'Armée de terre a été la première affectée à Falloudja après le renversement du régime de Saddam Hussein. Elle a essayé de mettre en place un programme de reconstruction économique et de participation politique tout au long de l'été 2003. Le manque de moyens humains et financiers a cependant empêché le succès du programme et la violence a rapidement augmenté. Au cours de l'automne 2003 et de l'hiver 2004, la 82e division aéroportée a remplacé la 3e division d'infanterie. Pour répondre à la dégradation sécuritaire, elle s'est repliée à l'extérieur de la ville et y a organisé des expéditions offensives avec convois de blindés et usage soutenu de sa puissance de feu. Loin d'améliorer la situation, cette dernière approche n'a fait qu'accroître le ressentiment de la population vis-à-vis de la présence américaine et, ainsi, le soutien de cette dernière à l'insurrection[61]. Pour les fusiliers marins qui ont pris la suite de ces deux divisions de l'Armée de terre le 24 mars 2004, l'échec successif des deux approches a essentiellement résidé dans l'absence d'une présence irakienne sur le terrain. Cette absence a eu deux conséquences : premièrement, les Américains ne disposaient pas d'une connaissance assez fine de la ville, et de ses dynamiques sociales et politiques ; deuxièmement, le sentiment d'occupation parmi la population s'en est trouvé renforcé. Les fusiliers marins ont alors décidé de mettre en place des patrouilles, à pieds et non plus en blindés, et surtout incluant des forces de sécurité irakiennes. Recevant l'ordre de mener une offensive d'envergure en représailles à la mutilation des quatre Américains, les fusiliers marins n'ont finalement pas eu l'occasion de mettre ce plan à exécution.

Une redécouverte trop tardive de l'expérience américaine des guerres irrégulières ?

Malgré l'annonce de la fin des opérations majeures par le président Bush le 1er mai 2003, les militaires américains en Irak entreprennent, dès le 15 mai, une série d'opérations militaires d'envergure pour lutter contre l'insurrection naissante. Reconnaissant très tôt qu'ils ont affaire à une guerre irrégulière, ils sont cependant incapables d'adapter adéquatement leur approche. Les opérations menées — *Peninsula Strike*, *Desert Scorpion*, *Ivy Serpent* ou, plus récemment, en janvier 2008 *Phantom Phoenix* — sont de nature essentiellement conventionnelle. Elles s'appuient sur l'utilisation des forces blindées et des moyens aériens dotés d'une forte capacité de destruction[62]. Malgré (ou à cause de ?) ces opérations, les militaires américains ne parviennent pas à endiguer la dégradation de la situation sécuritaire et l'explosion de violence. Dès l'automne 2003, le nombre de soldats tués par mois atteint un niveau préoccupant. L'essentiel de ces pertes résulte de la mise en œuvre de moyens asymétriques face auxquels les soldats américains sont particulièrement vulnérables. Les bombes artisanales (les *Improvised Explosive Devices*, les IEDs) sont ainsi à l'origine de la majorité des pertes américaines de décembre 2003 à mars 2004, et de façon continue depuis février 2005[63].

Confrontés à une situation délicate, les militaires américains redécouvrent alors, à partir de l'automne 2004, leur
expérience des guerres irrégulières et, notamment, le *Swall
Wars Manual*. Celui-ci devient le socle de départ de pas
moins de quatre documents de réflexion stratégique et tactique[64]. Dans tous ces documents, les guerres irrégulières
sont présentées comme des phénomènes complexes exigeant
une approche multidimensionnelle et, donc, une étroite
coopération entre civils et militaires. Ils soutiennent également que ces guerres irrégulières constituent le cadre le plus
fréquent dans lequel les troupes américaines ont été engagées et dans lequel elles seront engagées étant donné le
contexte international de l'après-Guerre froide et de l'après-
11 septembre 2001. Ces documents identifient enfin six axes
d'opérations qui s'inscrivent dans les domaines politiques,
militaires, économiques, et dont la bonne conduite permet-
trait d'assurer la réussite des interventions dans les guerres
irrégulières.

Cet effort de réflexion est sans conteste salutaire, tant
l'approche essentiellement conventionnelle, qui avait pré-
valu en 2003 et en 2004, avait été inefficace et contreproduc-
tive. Dès 2005, cette réflexion aboutit à la mise en avant
d'une nouvelle approche de la contre-insurrection dont le
principe directeur de « nettoyer, tenir, construire » (*clear,
hold, build*) se substitue au conventionnel « rechercher et
détruire » (*search and destroy*) qui avait été privilégié jusque-
là. Ce principe est présenté en novembre 2005 dans le document de la Maison-Blanche, une *Stratégie nationale pour la
victoire en Irak*, comme un principe devant conduire l'armée
au succès. Or, il ne produit pas en 2005 ni en 2006 de résultats probants car les militaires américains ne parviennent
pas à le mettre concrètement et adéquatement en œuvre.
D'une part, ils se replient dans de grandes bases fortifiées à
l'extérieur des villes au lieu de consolider leur présence à

l'intérieur de celles-ci avec des bases plus petites et plus nombreuses. D'autre part, le nombre insuffisant de troupes et l'impossibilité de s'appuyer sur des forces irakiennes de sécurité compétentes les empêchent de tenir une position assez longtemps pour pouvoir reconstruire le pays[65]. Malgré l'absence de résultats en 2005-2006, le principe de « nettoyer, tenir, construire » demeure au centre de la doctrine de contre-insurrection énoncée en décembre 2006[66] et appliquée par le général David Petraeus, commandant en chef des forces armées en Irak depuis janvier 2007. Les premières tendances apparaissent encourageantes, comme l'illustrent les graphiques ci-dessous.

Figure 3

Évolution du nombre d'attaques à la bombe depuis 2005

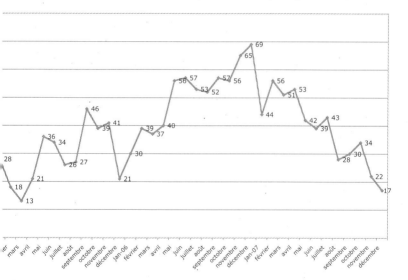

Source : Michael O'Hanlon et Jason Campbell, *op. cit.*, p. 10.

Figure 4

Évolution du nombre de civils irakiens tués depuis 2005

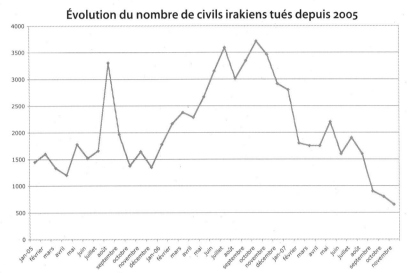

Source : Michael O'Hanlon et Jason Campbell, *op. cit.*, p. 5.

Figure 5

Évolution du nombre de soldats américains tués depuis 2005

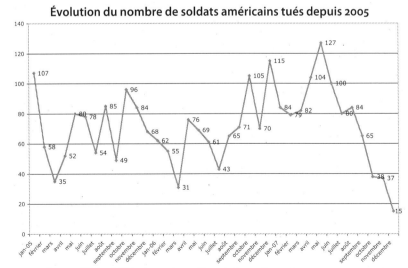

Source : Michael O'Hanlon et Jason Campbell, *op. cit.*, p. 16.

Néanmoins, il faut faire preuve de prudence dans l'évaluation de la performance militaire américaine en Irak. Tout comme il serait erroné d'annoncer la défaite américaine après ces cinq années de difficultés sérieuses, il serait prématuré de qualifier de succès la «nouvelle» stratégie du «sursaut» (*The Surge*) mise en œuvre depuis janvier 2007. Malgré une amélioration sensible de la situation, comme tendent à l'illustrer les graphiques ci-dessus, il y a eu plus de soldats américains tués en Irak en 2007 (895), qu'en 2004, 2005, ou 2006 (environ 830 soldats ont été tués annuellement au cours de ces trois années). L'amélioration la plus notable concerne le nombre de civils irakiens tués, qui est passé de 34 400 en 2006 à 18 000 en 2007.

Au-delà de ces quelques données, deux éléments fondamentaux doivent inciter à la plus grande prudence. Premièrement, il semble que l'armée américaine débute habituellement plutôt bien le processus d'apprentissage de ses erreurs. Dans le cas du Viêtnam comme dans celui contemporain de l'Irak, les problèmes et failles des doctrines sur le terrain ont été identifiés relativement tôt et ont ensuite donné lieu à la recherche et à la proposition de solutions, voire même à l'élaboration de nouvelles doctrines. Or, celles-ci ne sont pas toujours effectivement mises en application, que ce soit dans la formation ou dans l'équipement des soldats. La difficulté à dépasser une culture institutionnelle obstinément attachée aux guerres conventionnelles, mais aussi l'incapacité à établir un consensus sur les raisons des échecs constituent les deux obstacles majeurs qui empêchent l'armée américaine de mener à terme le processus d'apprentissage et d'adaptation[66]. Deuxièmement, quelles que soient les qualités théoriques des doctrines, des plans et autres stratégies, elles ne garantissent en rien le succès de ces derniers sur le terrain. La victoire dans le domaine de l'activité militaire est en effet une notion hautement complexe et volatile. Exposant la distinction entre victoire militaire et victoire stratégique, Robert Mandel rappelle que la première n'engendre pas automatiquement la seconde, alors même que cette dernière doit rester l'objectif de l'usage de la force[67]. Si la victoire est difficile à établir dans les opérations conventionnelles, elle l'est encore plus dans les opérations non conventionnelles. Mandel n'identifie pas moins de 13 points rendant difficile la qualification de victoire, ou de défaite, d'une guerre irrégulière[68]. Il les résume ainsi: «La difficulté est que, lorsque le conflit diminue en intensité, les notions de victoire comme de défaite deviennent avant tout politiques et psychologiques[69]». Dès lors, il convient de reconnaître que, même si les difficultés sont évidentes cinq ans après l'invasion de l'Irak, nous manquons encore de recul historique pour qualifier de défaite ou de victoire sur le plan militaire l'entreprise lancée le 19 mars 2003.

Le Viêtnam en 1975, le Liban en 1983, la Somalie en 1993, l'Irak et l'Afghanistan peut-être demain font partie de ces «petites guerres» qui sont, comme le souligne Thomas Hammes, «les seules guerres que l'Amérique ait perdues[70]». Malgré une expérience vaste et ancienne qui remonte aux débuts même de la République (la guerre d'Indépendance étant une guerre irrégulière), les faiblesses récurrentes des États-Unis dans ces conflits sont le résultat d'une culture stratégique, d'une science de la guerre et d'un outil militaire inadaptés aux exigences des guerres irrégulières. D'un côté, les précédents historiques, en particulier le Viêtnam, pourraient porter à croire que les États-Unis, au sortir du bourbier irakien, se détourneront à nouveau de ces «opérations autres que la guerre» et rejèteront la nécessaire adaptation de l'ensemble de leurs structures, de leurs stratégies et de leurs doctrines, avec pour conséquence de répéter à l'avenir les mêmes erreurs. D'un autre côté, dans un environnement international post-Guerre froide et post-11 septembre, il est permis de penser que les difficultés éprouvées en Irak transformeront enfin les enseignements observés en leçons apprises. Dans ce cas, l'Irak aura été le berceau tumultueux de l'adaptation des forces armées américaines aux exigences particulières des conflits irréguliers qui devraient encore jalonner ce jeune XXIᵉ siècle.

Bibliographie sélective

CASSIDY, Robert, *Counterinsurgency and the Global War on Terror. Military Culture and Irregular War*, Westport, CT, Praeger Security International, 2006.

COHEN, Eliot et John GOOCH, *Military Misfortunes. The Anatomy of Failure in War*, New York, Free Press, 2006.

GORDON, Michael et Bernard TRAINOR, *Cobra II: The Inside Story of the Invasion and Occupation of Iraq*, New York, Pantheon Books, 2006.

HAMMES, Thomas, *The Sling and the Stone: On War in the 21st Century*, St Paul, Minn, Zenith Press, 2004.

HOOP SCHEFFER, Alexandra de, *Hamlet en Irak*, Paris, CNRS Éditions, 2007.

KNIGHTS, Michael Andrew, *Cradle of Conflict. Iraq and the Birth of Modern U.S. Military Power*, Annapolis, Maryland, Naval Institute Press, 2005.

MAHNKEN, Thomas et Thomas KEANEY, *War in Iraq. Planning and Execution*, New York, Routledge, 2007.

MANDEL, Robert, *The Meaning of Military Victory*, Boulder, CO, Lynne Rienner, 2006.

RICKS, Thomas, *Fiasco. The American Military Aventure in Iraq*, New York, Penguin Press, 2006.

United States Marines Corps, *Small Wars Manual*, 1941.

United States Marines Corps et United States Army, *COIN Doctrine Manual*, Chicago, University of Chicago Press, 2007.

Notes

1. Jay Garner, « A Unified Mission Plan for Post Hostilities Iraq », cité dans Rajiv Chandrasekaran, *Imperial Life in the Emerald City. Inside Iraq's Green Zone*, New York, Vintage Books, 2006, p. 39.

2. Thomas Ricks, *Fiasco. The American Military Aventure in Iraq*, New York, Penguin Press, 2006, p. 4.

3. Au mois de juillet 2007, 450,4 milliards de dollars avaient été dépensés pour l'opération *Liberté en Irak*. Amy Belasco, « The Cost of Iraq, Afghanistan, and Other Global War on Terror Operations Since 9/11 », *CRS Report for Congress*, juillet 2007, p. 7. Depuis le début de l'opération en mars 2003, le coût annuel n'a cessé d'augmenter : il est ainsi passé de 93 milliards de dollars par an de 2003 à 2005, à 120 milliards en 2006, puis à 171 en 2007 et devrait atteindre 193 milliards en 2008. Reuters, « U.S. War Costs in Iraq Up : Report », *The New York Times*, 23 janvier 2008.

4. Mark Thompson, « America's Broken-Down Army », *Time Magazine*, 5 avril 2007.

5. Dans leur planification de l'invasion de l'Irak, les militaires américains se sont en fait initialement concentrés sur trois types de situations (aucune d'entre elles ne s'est concrétisée) : 1. l'usage par les forces irakiennes d'armes de destruction massive ; 2. une catastrophe écologique provoquée par le sabotage et par la destruction des puits de pétrole ; 3. une catastrophe humanitaire impliquant des centaines de milliers de réfugiés et de personnes déplacées fuyant les combats. Eliot Cohen et John Gooch, *Military Misfortunes. The Anatomy of Failure in War*, New York, Free Press, 2006, p. 247-248.

6. Les militaires du Pentagone utilisaient l'expression *snowflakes* (flocons de neige) pour illustrer l'intervention intensive, voire excessive, des civils du Pentagone. Michael Gordon et Bernard Trainor, *Cobra II: The Inside Story of the Invasion and Occupation of Iraq*, New York, Pantheon Books, 2006, p. 3-23.

7. Anthony Cordesman, *The Iraq War. Strategy, Tactics, and Military Lessons*, Washington D.C., CSIS Press, 2003, p. 150.

8. Pour un compte rendu plus détaillé de cette opposition entre Shinseki et Wolfowitz, voir Thomas Ricks, *op. cit.*, p. 96-110.

9. La campagne en Afghanistan a en effet été présentée par ses plus fervents partisans et admirateurs comme la validation d'un « nouvel » art américain de la guerre. Grâce aux progrès technologiques dans les communications et dans la précision des armes, cet art reposerait dorénavant sur deux piliers : des forces terrestres légères et facilement déployées d'une part ; des bombardements aériens précis et destructeurs, d'autre part.

10. Anthony Cordesman, *op. cit.*, p. 152.

11. Seymour·Hersh, « Offense and Defense. The Battle between Donald Rumsfeld and the Pentagon », *The New Yorker*, 7 avril 2003.

12. Anthony Cordesman, *op. cit.*, p. 150.

13. *Ibid.*, p. 151-152.

14. Voir à cet effet : British Ministry of Defence, *Operations in Iraq: First Reflections*, Londres, [En ligne], juillet 2003, p. 4-5. [http://www.global-security.org/military/library/report/2003/iraq2003operations_ukmod_july03.pdf] (Consulté le 23 juillet 2007).

15. *Cobra II* est le nom donné par le lieutenant général David McKiernan, commandant de la 3ᵉ armée, à l'avancée de l'Armée de terre sur Bagdad. *Cobra I* était le nom de l'avancée menée par George Patton en juillet 1944 à travers la Normandie. Michael Gordon et Bernard Trainor, *op. cit.*

16. Richard Andres, « The Afghan Model in Northern Iraq », dans Thomas Mahnken et Thomas Keaney, *War in Iraq. Planning and Execution*, New York, Routledge, 2007, p. 52-68.

17. Le lieutenant général Wallace a offert une analyse intéressante de sa perception de la performance des forces américaines dans le renversement du régime de Saddam Hussein. Voir l'interview réalisée par James Kitfield, « Attack Always », *National Journal*, [En ligne], 6 mai 2003. [http://www.govexec.com/dailyfed/0503/050603db.htm] (Consulté le 23 juillet 2007).

18. Colin Kahl, « COIN of the Realm. Is There a Future for Counterinsurgency ? », *Foreign Affairs*, vol. 86, nᵒ 6, 2007, p. 169.

19. Rajiv Chandrasekaran, *op. cit.*, p. 85-86.

20. Pour une présentation de la notion « d'intermarméisation » et de ses débats aux États-Unis, voir Etienne de Durand, « L'interarmées aux États-Unis. Rivalités bureaucratiques, enjeux opérationnels et idéologie de la *jointness* », *Focus Stratégique*, nᵒ 3, Paris, IFRI, novembre 2007.

21. Michael Gordon et Bernard Trainor, *op. cit.*

22. Sans même parler des différents niveaux d'équipements entre l'Armée de terre, l'Armée de l'air, la Marine, et les fusiliers marins, ou des différences entre les forces américaines et leurs divers alliés avec lesquels le « fossé numérique » est colossal.

23. Joshua Davis, « If We Run Out of Batteries, This War is Screwed », *Wired Magazine*, juin 2003.

24. Max Boot, *War Made New. Technology, Warfare, and The Course of History, 1500 to Today*, New York, Gotham Books, 2006, p. 385-436.

25. Michael Andrew Knights, *op. cit.*, p. 200-210.

26. Pour une analyse détaillée de ces erreurs irakiennes, voir Stephen Hosmer, *Why the Iraqi Resistance to the Coalition Invasion Was So Weak*, Santa Monica, CA, RAND Corp, 2007 ainsi que Kevin Woods et al.,

«Iraqi Military Effectiveness» et «Doomed Execution», dans Thomas Mahnken et Thomas Keaney, *op. cit.*, p. 22-51 et 97-128.

27. Mark Bowden, *Black Hawk Down*, New York, Penguin Paperbacks, 2000.

28. Williamson Murray et Robert Scales, *The Iraq War. A Military History*, Cambridge, Mass., The Belknap Press of Harvard University Press, 2003, p. 236.

29. Kevin Woods, James Lacey et Williamson Murray, «Saddam's Delusions: The View From the Inside», *Foreign Affairs*, mai-juin 2006.

30. Michael Gordon et Bernard Trainor, *op. cit.*

31. Il existe deux lectures possibles de cette évaporation rapide de l'armée irakienne. Michael Andrew Knights soutient par exemple que celle-ci relève d'un plan, le «Projet Challenge», élaboré dès 1991 et surtout après 1993 par Saddam Hussein. Ne se faisant guère d'illusions sur les chances irakiennes de repousser l'invasion américaine au cours d'une guerre conventionnelle, il aurait opté pour une stratégie visant à enliser l'occupation et à compter sur l'aversion américaine contre les pertes pour négocier une solution lui permettant de conserver le pouvoir. Avec cette stratégie, Saddam Hussein tirait certainement les bonnes leçons du fiasco américain en Somalie en 1993 et de sa lecture de l'ouvrage *Black Hawk Down*. Mais c'était sans compter l'impact des attentats du 11 septembre et la détermination de l'administration Bush à rester en Irak. L'exécution de Hussein en janvier 2007 a de toute façon abruptement invalidé cette stratégie. L'autre lecture, qui est notamment celle de Stephen Hosmer, explique la volatilisation de l'armée irakienne par sa faiblesse en termes d'équipements, de formation, de commandement et de planification. La seule chance de survie et, éventuellement, de résistance pour les forces irakiennes passait alors par cette disparition. Ces deux lectures ne sont cependant pas contradictoires, mais plutôt complémentaires. Elles révèlent surtout qu'un adversaire matériellement désavantagé a «mécaniquement» recours à des stratégies asymétriques, que celles-ci soient planifiées ou non. Le problème pour les forces américaines est d'avoir ignoré ce phénomène qui, au vu de l'histoire militaire, apparaît très fréquent, pour ne pas dire naturel.

32. Cette question a notamment été posée par Andrew Krepinevich dans son analyse de l'échec américain au Viêtnam. Andrew Krepinevich, *The Army and Vietnam*, Baltimore, John Hopkins University Press, 1988 (Réédition), p. 4.

33. On pourra consulter avec intérêt Robert Tomes, «Relearning Counterinsurgency Warfare», *Parameters*, printemps 2004, p. 16-28; Larry Cable, «Reinventing the Round Wheel: Insurgency, Counter-Insurgency, and Peacekeeping Post Cold War», *Small Wars and Insurgencies*,

automne 1993, p. 228-262; Robert Cassidy, *Peacekeeping in the Abyss: British and American Doctrine and Practice after the Cold War*, Westport, CT, Praeger, 2004; Brian Jenkins, « Redefining the Enemy: The World has Changed, but Our Mindset has Not », *Rand Review*, automne 2004; Sam Sarkesian, « The Myth of U.S. Capability in Unconventional Conflicts », *Military Review*, septembre 1988, p. 2-17; Sam Sarkesian, *America's Forgotten Wars: The Counterrevolutionary Past and Lessons for the Future*, Westport, CT, Greenwood Press, 1984.

34. Pour une analyse de la conception occidentale de faire la guerre, consulter Jeremy Black, *Warfare in the Western World. 1882-1975*, Indianapolis, Indiana University Press, 2002; Archer Jones, *The Art of War in the Western World*, Chicago, University of Illinois Press, 1987.

35. Cette définition synthétise un ensemble de caractéristiques marquantes et consensuelles concernant les guerres irrégulières. On pourra les retrouver dans des textes tels que Max Boot, *The Savage Wars of Peace. Small Wars and the Rise of American Power*, New York, Basic Books, 2002; John Nagl, *Learning to Eat Soup with a Knife: Counterinsurgency Lessons from Malaya and Vietnam*, Chicago, IL, University of Chicago Press, 2002; Robert Cassidy, *Counterinsurgency and the Global War on Terror. Military Culture and Irregular War*, Westport, CT, Praeger Security International, 2006; James Anthony Joes, *Resisting Rebellion. The History and Poltics of Counterinsurgency*, Lexington, Kentucky, The University Press of Kentucky, 2004; et Robert Mandel, *The Meaning of Military Victory*, Boulder, CO, Lynne Rienner, 2006.

36. Pour une bonne introduction en français sur le sujet, voir Alexandra de Hoop Scheffer, *Hamlet en Irak*, Paris, CNRS Éditions, 2007.

37. Colin Gray, « The American Way of War: Critique and Implications », dans Anthony McIvor, *Rethinking the Principles of War*, Annapolis, Maryland, Naval Institute Press, 2005, p. 27-33. Outre cet ouvrage, on pourra consulter avec intérêt, Alistair Johnston, « Thinking About Strategic Culture », *International Security*, printemps 1995, p. 32-64; Bruno Colson, *La culture stratégique américaine: l'influence de Jomini*, Paris, Economica, 1993; ainsi que le classique de Russel Weigley, *The American Way of War: A History of United States Military Strategy and Policy*, New York, Macmillan, 1973.

38. Ce terme est très justement utilisé dans Robert Cassidy, *op. cit.*, 2006.

39. Andrew Krepinevich, *op. cit.*, p. 5.

40. Cette thèse est notamment défendue dans Harry Summers, *On Strategy: A Critical Analysis of the Vietnam War*, Novato, CA, Presidio, 1982.

41. Colin Kahl, *op. cit.*, p. 170-174.

42. La doctrine du *AirLand Battle* adoptée en 1982 en est l'illustration. Voir, notamment, Richard Lock-Pullan, « How to Rethink War: Conceptual Innovation and AirLand Battle Doctrine », *The Journal of Strategic Studies*, vol. 28, n° 4, 2005, p. 679-702.

43. RAND Corp., *Iraq: Translating Lessons into Future DoD Policies*, Santa Monica, CA, RAND Corp., 2005, p. 7.

44. Andrew Krepinevich, « How to Win in Iraq », *Foreign Affairs*, septembre-octobre 2005, p. 92.

45. Thomas Ricks, *op. cit.*, p. 142-144.

46. « Why they should stay », *The Economist*, 15 septembre 2007, p. 13.

47. Il faut souligner que cette doctrine a très tôt été critiquée par les décideurs politiques américains, qui y voyaient une restriction trop forte à l'usage de la force armée, outil de politique étrangère dont les militaires eux-mêmes vantaient le perfectionnement et l'efficacité. Voir Jeffrey Record, « The American Way of War. Cultural Barriers to Successful Counterinsurgency », *Air War College Papers*, n° 577, septembre 2006, p. 14. Pour une analyse de la doctrine Weinberger-Powell, voir également Kenneth Campbell, « Once Burned, Twice Cautious: Explaining the Weinberger-Powell Doctrine », *Armed Forces and Society*, printemps 1998, p. 357-374.

48. Depuis 1945, les États-Unis n'ont connu des échecs militaires que face à des adversaires de type non conventionnel, c'est-à-dire des acteurs non étatiques ayant recours à des stratégies du faible contre le fort. Les difficultés posées par l'insurrection en Irak depuis le renversement de Saddam Hussein s'inscrivent ainsi dans la lignée du Viêtnam, du Liban et de la Somalie. Jeffrey Record, « Why the Strong Lose », *Parameters*, hiver 2005-2006, p. 16.

49. Liste disponible à l'adresse : http://www.smallwars.quantico.usmc.mil/Small %20Wars1600toPresent1.pdf (Consulté le 1ᵉʳ décembre 2006).

50. Max Boot, *op. cit.*, 2002.

51. Pour une analyse détaillée de la contre-insurrection réussie menée par les États-Unis aux Philippines, voir Brian McAlister, *The Philippine War, 1899-1902*, Lawrence, KS, University Press of Kansas, 2002.

52. United States Marines Corps, *Small Wars Manual*, 1941.

53. *Ibid.*, p. 4 et 11.

54. Bing West, *No True Glory. A Frontline Account of the Battle for Falloudja*, New York, Bantam Books, 2005, p. 4-5.

55. Comme le relate Bing West, le commandant en chef de l'ensemble des troupes en Irak, le général Ricardo Sanchez, le général John Abizaid, responsable du *Central Command*, le secrétaire à la Défense Rumsfeld

et l'envoyé présidentiel en Irak Paul Bremer argumentent tous, auprès du président Bush, en faveur d'une vaste opération de reconquête de la ville sans jamais lui faire part des objections des fusiliers marins présents sur le terrain et auxquels doit incomber cette mission.

56. Pour un compte rendu détaillé de cette « première bataille » de Falloudja, voir le récit qu'en offre Vincent Foulk, *The Battle for Falloudja. Occupation, Resistance and Stalemate in the War in Iraq*, Jefferson, North Carolina, McFarland & Co. Inc. Publishers, 2006, p. 22-29.

57. Vincent Foulk, *op. cit.*, p. 28.

58. Iyad Allaoui, *The Occupation of Iraq. Winning the War, Losing the Peace*, New Haven, CT, Yale University Press, 2007, p. 279.

59. Par exemple, alors que les fusiliers marins souhaitaient appeler cette offensive *Phantom Fury*, le ministre de la Défense irakienne lui préfère le nom de *Operation Dawn*. Vincent Foulk, *op. cit.*, p. 213.

60. Au cours de ce second assaut sur Falloudja, il est apparu que les 77 mosquées de la ville avaient été utilisées comme postes de commandement et/ou comme lieux de stockage d'armes. Vincent Foulk, *op. cit.*, p. 213.

61. Bing West, *op. cit.*, p. 321.

62. Au cours de l'opération *Phantom Phoenix*, pas moins de 18 tonnes de bombes ont été larguées en une dizaine de minutes le 9 janvier 2008. Peter Graff, « U.S. Warplanes Pound Southern Baghdad Outskirts », *Washington Post*, [En ligne], 10 janvier 2008, [http://www.washingtonpost.com/wp-dyn/content/article/2008/01/10/AR2008011002524.html] (Consulté le 12 janvier 2008).

63. De mars 2004 à février 2005, les bombes artisanales demeurent très meurtrières. Elles ne sont cependant pas, au cours de chacun des mois de cette période, la cause première de décès des soldats américains. L'essentiel des pertes est alors causé par des affrontements directs avec l'ennemi, en particulier lors des deux assauts sur Falloudja en avril et novembre 2004. Michael O'Hanlon et Jason Campbell, *op. cit.*, p. 17. Les bombes artisanales constituent le principal défi pour les militaires. Pour un aperçu des moyens et des techniques développés par l'armée américaine pour s'en protéger, voir l'excellent dossier en ligne offert par le *Washington Post* : [http://www.washingtonpost.com/wp-srv/world/specials/leftofboom/index.html].

64. Ces documents sont : United States Marines Corps, *Tentative Manual for Countering Irregular Threats*, 7 juin 2006 ; United States Marines Corps, *Countering Irregular Threats. A Comprehensive Approach*, 14 juin 2006 ; United States Marines Corps et United States Special Operations Command, *Multi-Service Concept for Irregular Warfare*, 2 août 2006 ; et surtout United States Marines Corps et United States Army, *COIN*

Doctrine Manual, 15 décembre 2006, rédigé sous la direction du général Petraeus. Pour une analyse de cette réflexion stratégique menée par l'armée américaine au sujet de la contre-insurrection, voir Colin Kahl, *op. cit.*, p. 169-176.

65. Colin Kahl, *op. cit.*, p. 174.

66. United States Marines Corps et United States Army, *COIN Doctrine Manual*, 15 décembre 2006.

67. Richard Gabriel, *Military Incompetence. Why the American Military doesn't Win*, New York, Hill and Wang, 1985, p. 6.

68. Robert Mandel, *op. cit.*, p. 97-114. Sur la définition de la victoire militaire, consulter également Edward Luttwak, *On the Meaning of Victory*, New York, Simon & Schuster, 1986.

69. Robert Mandel, *op. cit.*, p. 140-141.

70. Jasjit Singh, «Dynamics of Limited War», *Strategic Analysis*, vol. 24, octobre 2000.

71. Thomas Hammes, *The Sling and the Stone: On War in the 21ˢᵗ Century*, St Paul, Minn, Zenith Press, 2004, p. 3.

III

L'ERREUR INSTITUTIONNALISÉE

Karine Prémont et Élisabeth Vallet

L A SÉRIE D'ERREURS politiques qui a mené les États-Unis à intervenir en Irak en mars 2003 ne peut s'expliquer seule. Il faut davantage comprendre les événements précédant l'invasion comme l'échec des institutions américaines à se poser en garde-fous face aux dérives du pouvoir exécutif. Ces institutions — que ce soit le Congrès, la Cour suprême, les médias ou même l'opinion publique — ont été incapables de faire contrepoids à l'erreur politique et à l'erreur militaire. Si la nature même de ces institutions peut expliquer en partie leur inertie, il ne faut cependant pas négliger les contrecoups du 11 septembre 2001, qui ont pu eux aussi motiver cet immobilisme.

En fait, il aura fallu attendre 2004 et 2005 pour que le Congrès et les médias, poussés par d'autres événements tels que l'ouragan Katrina, commencent à mettre en doute la conduite de la guerre en Irak et ses chances de succès. Toutefois, l'effet de ce revirement sur l'administration Bush a été peu significatif. Devant les critiques de plus en plus nombreuses, la Maison-Blanche a plutôt choisi de renforcer sa position et est allée jusqu'à augmenter le nombre de soldats sur le terrain. D'ailleurs, la réélection de George W. Bush en novembre 2004 semble prouver la confiance de la population à l'égard de cette stratégie, les citoyens ayant rejeté les idées de Kerry sur le terrorisme et sur la marche à suivre en Irak.

Il est vrai que l'élection de mi-mandat de 2006, qui a rendu le Congrès aux démocrates, marquait l'affirmation d'une insatisfaction grandissante de la population face aux événements en Irak : le pays semblait au bord de la guerre civile, les soldats américains tombaient au combat à un rythme inquiétant, et les problèmes nationaux liés notamment à l'immigration et à l'économie minaient la confiance des citoyens et même celle des alliés habituels du président. Toutefois, malgré l'acquisition de la majorité législative, le Parti démocrate n'a pas été en mesure de contrer le plan de Bush, à savoir le maintien des troupes américaines en Irak, et ce, alors même que le rapport Baker-Hamilton recommandait le contraire.

Bien sûr, il serait naïf de croire que le Congrès — majoritairement républicain durant le premier mandat de Bush — et les médias pouvaient inverser le cours des choses en 2002-2003. Mais il est certain que ces acteurs auraient dû poser des questions fondamentales sur les objectifs et sur la conduite de la guerre en Irak. Ils étaient responsables d'informer les citoyens des tenants et des aboutissants d'une opération de cette envergure. Dès lors, comment expliquer la docilité, voire la servilité, des médias alors que leur fonction principale est de critiquer le gouvernement ? Que dire de l'opinion publique, qui n'a que peu remis en question les fondements de la guerre malgré les mensonges évidents de l'administration Bush ? Pourquoi le Congrès est-il resté muet durant la préparation de la guerre ? La Cour suprême pouvait-elle intervenir pour obliger l'administration à mieux gérer la situation ? Au-delà du complot, trop facilement invoqué, le contexte politico-médiatique issu du 11 septembre 2001 offre des réponses intéressantes à ces questions. Mais il ne faut pas omettre le fait que les institutions américaines ont elles-mêmes commis des erreurs de jugement incommensurables concernant la guerre en Irak.

La complaisance des médias

Juge de la Cour suprême des États-Unis durant l'affaire des *Pentagon Papers*, opposant le *New York Times* au gouvernement des États-Unis, Hugo L. Black a affirmé, dans le verdict rendu en faveur du journal — qui avait publié des documents secrets concernant la conduite de l'administration Johnson au Viêtnam —, que « la responsabilité suprême d'une presse libre [était] d'empêcher qui que ce soit au sein du gouvernement de tromper la nation en envoyant ses fils dans des pays lointains, mourir de maladies exotiques, ou sous les balles et les obus[1]. »

Loin de tirer les leçons de leur expérience au Viêtnam, les médias ont commis une série d'erreurs de jugement avant et pendant la guerre en Irak. Ces erreurs, auxquelles s'ajoute l'immobilisme du Congrès et de l'opinion publique, ont miné la crédibilité des journalistes. Plus grave encore, elles ont fait du tort à l'exercice de la démocratie. Il va sans dire que ces dérapages ont eu des répercussions sur la couverture médiatique actuelle du conflit, alors même que les tendances changent au sein de l'opinion publique et des leaders politiques américains. Les erreurs médiatiques ont donc grandement contribué à l'enlisement du pays en Irak et au renforcement de la position de l'administration Bush depuis 2002.

La préparation et la conduite de la guerre : les « sténographes du pouvoir »

En politique étrangère, le gouvernement est habituellement la source principale des journalistes puisque les interlocuteurs habilités à discuter de ce sujet sont plus rares que lorsqu'il est question d'enjeux nationaux. Toutefois, les journalistes demeurent responsables de vérifier les informations provenant du gouvernement au même titre que celles émanant des autres acteurs, tels que les universitaires, les médias concurrents ou les représentants d'organisations internationales. La première erreur des médias au sujet de la guerre en Irak a été de ne pas mettre en doute les informations fournies par la Maison-Blanche.

La situation de l'après-11 septembre était propice à l'aveuglement des médias américains concernant la politique étrangère. L'état de choc causé par les attentats avait autant atteint les journalistes que la population, et avait entraîné un mouvement général de « ralliement autour du drapeau » (*rally-around-the-flag*): en cas de crise majeure, les Américains ont tendance à mettre leurs différends politiques de côté pour appuyer le président. Ni les opposants ni les journalistes ne sont à l'abri de ce phénomène, comme on a pu le constater rapidement à la suite des attentats terroristes. Par ailleurs, la population a été conquise par la couverture sensible et sobre que les journalistes ont faite des événements du 11 septembre[2]. Cela explique en partie pourquoi les citoyens ont suivi les médias dans leur appui à l'administration Bush durant la préparation de la guerre.

Le ralliement autour du drapeau est aussi à l'origine d'une perte du sens critique de la plupart des journalistes américains. Durant la période qui a suivi les attentats, ils se déclaraient d'abord Américains et ensuite journalistes.

Dan Rather

Journaliste renommé de CBS, l'une des trois principales chaînes de télévision américaines, Dan Rather a connu une fin de carrière désolante. Tout d'abord, dans les jours suivant les attentats du 11 septembre 2001, Dan Rather a accordé une entrevue à David Letterman, du *Late Show*, dans laquelle il confiait, en larmes, que le président n'avait qu'à lui dire quoi faire pour aider le pays et il obéirait. Sévèrement critiqué pour cette affirmation qui allait à l'encontre du devoir de réserve des journalistes américains, Dan Rather a fait son *mea culpa* des mois plus tard:

> En regardant en arrière, nous [les journalistes] avons proba-
> blement raté [après le 11 septembre] l'occasion d'utiliser notre
> force, notre agressivité et notre intégrité pour reconstruire
> une couverture internationale de façon vraiment significa-
> tive. Et je m'inclus dans le lot : nous n'avons peut-être pas
> prouvé notre point de vue assez fort, assez rapidement, au
> lendemain du 11 septembre. Parce que je me souviens très
> bien que, très vite après [ces attentats], nous demandions
> [au gouvernement] : «De quoi avez-vous besoin ? Dites-le
> nous et nous tenterons d'arranger cela[3]».
>
> Quelques années plus tard, durant la campagne présiden-
> tielle de 2004, l'émission *60 minutes*, animée par Rather, présen-
> tait un reportage sur le dossier militaire irrégulier de George
> W. Bush. Basé sur un seul témoignage, le reportage a été décrié
> à un point tel que Rather a dû démissionner.

Le contexte se prêtait donc fort bien à la mise en place — pour ne pas dire à la mise en scène — de la guerre en Irak. En effet, la Maison-Blanche disposait d'excellentes conditions pour convaincre la population — par l'intermédiaire des médias — de la nécessité et de l'urgence de cette guerre, et ce, dès le discours sur l'état de l'Union prononcé le 29 janvier 2002. On se rappelle que c'est dans ce discours qu'a été utilisée l'expression d'«axe du mal» pour définir la Corée du Nord, l'Iran et l'Irak. Immédiatement après cette allocution encensée par les principaux médias américains[4], les conseillers du président Bush ont pris d'assaut les chaînes de télévision pour véhiculer deux messages majeurs, devenus ensuite le leitmotiv de l'administration : d'une part, il existe des armes de destruction massive (ADM), probablement nucléaires, en Irak et, d'autre part, il y a des liens entre Saddam Hussein et Al-Qaida. À ce sujet, même s'il était peu probable que le gouvernement laïc de Hussein soit lié à une organisation islamique comme Al-Qaida, les journalistes n'ont absolument pas soulevé les contradictions inhérentes à cette affirmation, la transmettant au contraire au public comme un fait avéré. D'ailleurs, cette idée reste tenace dans l'esprit des citoyens : en juillet 2006, 64 % des Américains continuaient de croire qu'il y avait des liens entre Saddam Hussein et Al-Qaida[5].

De la même manière, les journalistes ont véhiculé l'idée de la présence d'ADM en Irak alors même que des informations crédibles existaient pour démontrer le contraire. Citons notamment les rapports des inspecteurs de l'ONU chargés de ratisser l'Irak[6]. Ces deux messages ont été constamment repris dans les émissions d'affaires publiques. Ainsi, on a pu entendre Karen Hughes, conseillère aux communications de Bush, affirmer sur les chaînes télévisées qu'environ 100 000 terroristes entraînés en Afghanistan avaient été déployés à travers le monde[7]. On a également vu Condoleezza Rice à l'émission *Late Edition* (CNN), Donald Rumsfeld à *Face the Nation* (CBS) et Richard Cheney à *Meet the Press* (NBC) tenter de convaincre la population de la nécessité de la guerre à cause des liens qu'entretenaient Hussein et Oussama Ben Laden, et de la présence d'ADM en Irak.

Spin et spin doctors

Le terme « spin » est difficilement traduisible en français. On peut toutefois le définir comme « la distorsion d'un événement au profit de quelqu'un, en utilisant des substituts tels que des communiqués de presse, des entrevues et d'autres sources renforçant certains traits, afin que l'événement paraisse sous le meilleur angle possible[8] ». En fait, il s'agit, pour les spécialistes des relations publiques qui entourent le président américain et ses conseillers, de fournir aux journalistes des informations choisies sur un sujet donné de manière à obtenir la couverture médiatique souhaitée de ce sujet. Ces spécialistes sont appelés les *spin doctors*.

Ceux qui se sont aventurés à critiquer les arguments de l'administration Bush ont été sévèrement punis. Le diplomate

Joseph Wilson, par exemple, avait publié un éditorial dans le *New York Times* le 6 juillet 2003, dans lequel il dénonçait les arguments de la Maison-Blanche concernant des discussions entre Saddam Hussein et le Niger destinées à obtenir l'arme nucléaire. La Maison-Blanche a répliqué en révélant, par le biais d'une fuite, que la femme de Wilson, Valerie Plame, était une agente de la CIA. Cette révélation, illégale, n'a pourtant incité aucun journaliste à défendre Wilson ou même à vérifier ces informations. De la même manière, Lynne Cheney, la femme du vice-président, a distribué aux représentants des médias des documents dans lesquels étaient dénoncés l'antiaméricanisme et l'antipatriotisme de certains professeurs d'université qui soutenaient l'idée que les justifications de l'Exécutif pour aller en guerre étaient fallacieuses, voire mensongères[9].

Le contexte de l'après-11 septembre explique en partie, nous l'avons dit, le silence des médias sur les contradictions et les errances de l'administration concernant l'Irak : les journalistes soutenaient leur président, et voulaient l'aider à éliminer Oussama Ben Laden et à lutter contre le terrorisme. Cette situation n'explique cependant pas l'étendue de la complaisance des médias.

Même le *New York Times* peut être manipulé par le gouvernement américain

Le 26 mai 2004, le prestigieux journal a publié une lettre d'excuses reconnaissant que certains de ses articles publiés durant la préparation de la guerre en Irak avaient manqué de rigueur et d'esprit critique. Les reportages visés par cette lettre étaient essentiellement ceux des journalistes Judith Miller et Michael Gordon, qui utilisaient fréquemment des sources anonymes pour appuyer l'administration Bush concernant la présence d'armes de destruction massive en Irak. Ces « sources anonymes » se sont révélées être, en réalité, principalement Ahmad Chalabi, personnage controversé proche du Pentagone et à la tête du

Iraqi National Congress (chargé de coordonner les nombreux partis d'opposition à Saddam Hussein hors d'Irak). Ses liens avec Donald Rumsfeld, secrétaire à la Défense, auraient dû constituer un signal d'alarme pour les deux journalistes et les forcer à un examen plus attentif des «informations» rapportées par Chalabi. Les conséquences d'une telle manipulation de l'information par le gouvernement américain ont été désastreuses: l'intégrité des journalistes a été remise en cause et les citoyens américains ont pu constater que le gouvernement était prêt à tout pour justifier une importante opération militaire. D'ailleurs, une éditorialiste du *Times*, Maureen Dowd, s'est séparée de sa collègue Miller lorsque cette dernière a affirmé que ses erreurs étaient dues à celles de ses sources. La réponse de Dowd a été cinglante: «le journalisme d'enquête n'est pas de la sténographie[10]».

Une première version de ce texte a été publiée dans Karine Prémont, *La télévision mène-t-elle le monde?*, Québec, Presses de l'Université du Québec, 2006, p. 25.

La rareté des informations provenant de sources extérieures à la Maison-Blanche aurait dû alerter les journalistes. En effet, ils savent pertinemment que le monopole du gouvernement sur un sujet donné est habituellement le signe de manipulations et de censures. Ainsi, entre septembre 2002 et février 2003, parmi les 414 reportages à propos de l'Irak présentés par ABC, CBS et NBC, seulement 34 provenaient de l'extérieur de la Maison-Blanche[11]. Dans ces conditions, il est évident que le message officiel a occupé pratiquement la totalité de l'espace médiatique et que les critiques, quant à elles, n'ont été que peu entendues.

Une fois la guerre déclarée, la situation ne s'est pas vraiment améliorée. En fait, la Maison-Blanche a multiplié les accusations d'antiaméricanisme envers quiconque mettait en doute les justifications de la guerre. Même les animateurs d'émissions humoristiques ont été réprimandés: par exemple, Bill Maher (*Politically Incorrect*, CBS) avait déclaré que les terroristes avaient au moins le courage de mourir pour leur cause, alors que les États-Unis se contentaient de larguer des bombes sur l'Irak. Immédiatement, le secrétaire de presse Ari Fleischer a mis en garde les Américains contre de tels propos antipatriotiques et a invité chacun à surveiller ses paroles[12].

Pour justifier les opérations militaires en Irak, l'armée américaine a mis en scène de «pseudo-événements» spontanés dans le but de rallier l'opinion publique autour du bien-fondé de la guerre. La chute de la statue de Saddam Hussein, en avril 2003, est un bon exemple de ce genre de mise en scène. Les soldats américains ont été chercher les journalistes qui logeaient à l'hôtel Palestine, tout près de l'endroit où se trouvait la statue, et ont rassemblé quelques dizaines d'Irakiens qui passaient par là. Lors de la chute de la statue, la scène était filmée de telle sorte que les Irakiens semblaient être des centaines à célébrer cette «victoire» américaine. D'ailleurs, durant les premiers mois du conflit en Irak, une bonne partie des reportages présentés par les chaînes américaines provenait du département de la Défense. Ces reportages étaient diffusés tels quels, sans que les journalistes ne prennent la peine de vérifier l'information qu'ils contenaient. Un autre de ces «pseudo-événements» est celui de l'arrivée de George W. Bush sur le *USS Abraham Lincoln* en mai 2003. En arrière-plan, une bannière annonçait que la mission était accomplie et, donc, que l'essentiel des combats était terminé. Nous y reviendrons plus tard.

Jessica Lynch

Le patriotisme et le manque de recul des journalistes ont atteint leur paroxysme avec la couverture du «sauvetage» du soldat Jessica Lynch le 1er avril 2003. Pendant des jours, la télévision a passé en boucle les images de cette opération, en expliquant aux téléspectateurs que Lynch avait été faite prisonnière après une embuscade, puis maltraitée par des soldats irakiens. Des journalistes avaient accompagné le commando militaire spécial chargé de «délivrer» Lynch. Les images de cette opération avaient tout du film hollywoodien. C'est seulement un mois plus tard que des journalistes de la BBC (Grande-Bretagne) ont découvert qu'en réalité Lynch avait été soignée, et non torturée, par des médecins irakiens. De retour aux États-Unis, Jessica Lynch a publié un livre, reçu des propositions pour un film et été consacrée comme une héroïne par le gouvernement et les médias américains.

Une première version de ce texte a été publiée dans Karine Prémont, *La télévision mène-t-elle le monde ?*, Québec, Presses de l'Université du Québec, 2006, p. 21.

Ces événements auraient pu être — et auraient dû être — critiqués, démentis et remis en contexte par les journalistes. Cependant, les médias américains ont cru que leur devoir était de soutenir l'armée de leur pays et que ce soutien exigeait d'eux qu'ils taisent les incongruités de l'administration Bush. Cette attitude était tout à fait perceptible dans la couverture de la guerre par les grands réseaux nationaux. Alors que FOX et NBC, plus conservateurs, passaient de la musique patriotique durant leurs reportages, toutes les chaînes, réseaux ou câblées, présentaient une image aseptisée de la guerre, sans victimes ni cafouillage[13]. En 2004, le président du réseau ABC, David Weston, a d'ailleurs reconnu «que les trois grands réseaux n'[avaient] pas posé suffisamment de questions à l'administration Bush concernant ses affirmations sur la possession d'armes de destruction massive par l'Irak[14]». Ce à quoi Tom Fenton, ancien correspondant pour CBS, a rétorqué qu'il était «difficile de ressentir de la culpabilité pour avoir failli à une tâche que l'on ne reconnaissait pas comme relevant de notre responsabilité[15]». En fait, les reproches adressés aux journalistes concernent surtout la perte de leur sens critique: «autrefois perçus comme des aventuriers au service de la population, ils sont devenus des narrateurs au profit des actionnaires[16]». L'exemple de la couverture de la guerre en Irak est tout à fait éloquent à cet égard.

De la même façon que la montée du patriotisme suscitée par les attentats du 11 septembre ont limité l'esprit critique des médias, l'idée selon laquelle la guerre en Irak était inéluctable a considérablement empêché les journalistes de faire leur travail. Howard Kurtz, journaliste au prestigieux *Washington Post*, a affirmé que ses propres patrons « avaient décidé très tôt que la guerre était inévitable. Les journalistes qui présentaient des reportages contre les arguments de l'administration ont donc été rapidement découragés[17] ».

Les médias américains ont fait la seconde erreur de se concentrer davantage sur l'image du président des États-Unis que sur sa politique étrangère. En effet, les premiers mois de l'administration Bush avaient été accompagnés de nombreuses critiques concernant les capacités de George W. Bush à diriger le pays[18]. Après le 11 septembre, les médias ont donc surtout observé comment ce président, considéré jusqu'alors plus ou moins légitime en raison de l'imbroglio de l'élection de 2000, gérait la crise et conduisait la politique étrangère américaine. Ainsi, les pseudo-événements, et les *spins* orchestrés par la Maison-Blanche et par les conseillers du président, ont été allègrement repris par les médias pour tenter d'en tirer des conclusions sur les capacités de Bush. Par exemple, pour reprendre le discours du président sur le *USS Abraham Lincoln*, les reportages n'ont absolument pas abordé le contenu de ce discours (qui soulignait la fin de la guerre et assurait que les choses allaient bien en Irak, ce qui était résolument faux), mais se sont plutôt concentrés sur la façon dont le président avait géré le conflit, sur son aura de succès et sur ses chances de remporter l'élection présidentielle de 2004. Les médias ont alors grandement contribué à l'amélioration et à l'épuration de l'image du président en négligeant ainsi les fondements de sa politique étrangère, malgré les répercussions que cela pouvait avoir sur l'ensemble du Moyen-Orient.

L'incapacité des médias américains à prendre en compte et à relayer les arguments de l'opposition politique constitue leur troisième erreur, et probablement l'erreur la plus grave en ce qui concerne la crédibilité de la presse américaine, mais aussi la démocratie dans son ensemble. Alors que les médias concentraient leur attention sur les opinions qui allaient dans le sens de la Maison-Blanche, il existait néanmoins des personnes et des groupes — et non des moindres — qui tentaient de démontrer l'illogisme et les dangers des arguments soutenant la guerre en Irak.

D'anciens membres du cabinet de George H. Bush, dont Brent Scowcroft, Lawrence Eagleburger et James Baker, ont affirmé que la guerre aurait des conséquences catastrophiques, autant pour le Moyen-Orient que pour les États-Unis[19]. Les mêmes arguments ont été soutenus par Norman Schwarzkopf (commandant des forces américaines durant la guerre du Golfe), Wesley Clark (commandant des forces américaines de l'OTAN au Kosovo) et Anthony Zinni (conseiller du président sur le Moyen-Orient), alors que Paul O'Neill, ancien secrétaire au Trésor, affirmait que l'idée de renverser Saddam Hussein était dans la ligne de mire de l'administration Bush bien avant le 11 septembre[20]. Ces personnes, pourtant expertes en politique étrangère et en affaires militaires, n'ont reçu qu'une couverture médiatique limitée dans les principaux médias américains. Même chose pour le sénateur Ted Kennedy (démocrate-Massachusetts): il a assuré que la Maison-Blanche vendait la guerre comme un « produit politique partisan[21] ». Cette assertion a pourtant été renforcée par deux journalistes du *Washington Post*, selon qui la création du *White House Iraq Group* (WHIG) à l'été 2002 visait à vendre l'idée de la guerre aux citoyens américains. Pire encore: le directeur du personnel de la Maison-Blanche, Andrew Card, expliquait au *New York Times* pourquoi la campagne en faveur de la guerre en Irak avait débuté en septembre 2002. Selon lui, « d'un point de vue marketing, vous ne lancez pas un nouveau produit en août[22] ». Quant au refus des Nations unies, de la France, de la Russie, de l'Allemagne et du Canada d'appuyer une éventuelle intervention américaine en Irak, il a surtout été tourné en dérision par les journalistes, voire traité avec mépris. La conversion des *french fries* en *freedom fries* en est une démonstration éloquente.

Comment se fait-il que ni ces personnalités ni l'ONU ni les pays alliés des États-Unis n'aient reçu une couverture médiatique équivalente à celle offerte à la position de la Maison-Blanche ? L'enjeu était pourtant une guerre au Moyen-Orient, région particulièrement instable entre toutes. Plusieurs facteurs expliquent cette erreur colossale des médias américains. Tout d'abord, les anciens membres du gouvernement ou de l'armée ne sont pas perçus par les médias comme des joueurs en mesure d'influencer l'administration puisqu'ils œuvrent à l'extérieur du cercle du pouvoir. Le même genre de raisonnement s'applique aux Nations unies et aux pays alliés : lorsque les journalistes ont compris que l'administration Bush pouvait passer par-dessus, ces acteurs ont perdu toute crédibilité auprès des médias. Ensuite, il faut souligner « l'épuisement des démocrates en tant que parti d'opposition[23] ». En effet, ayant largement endossé les vues de la Maison-Blanche dans un premier temps, les démocrates étaient désormais incapables de formuler des arguments convaincants et unifiés pour faire contrepoids à ceux présentés par l'administration. Et ce n'était certainement pas Ted Kennedy, dépeint comme un ultralibéral, qui pouvait prétendre parler pour l'ensemble des démocrates. Il faut également comprendre que les médias se nourrissent des conflits politiques, ces derniers étant la matière première des journalistes. Ainsi, l'inefficacité de l'opposition politique, le ralliement des démocrates à cette guerre, et l'impuissance manifeste de l'ONU et des pays alliés ont conforté les médias dans l'idée que la guerre en Irak serait de toute façon menée, et que les raisons invoquées par le président et par ses conseillers étaient suffisantes pour la justifier. Les médias s'intéressent exclusivement aux gens qui ont le pouvoir d'influer sur la formulation et sur la conduite de la politique. Parmi toutes les personnes et les institutions qui se sont élevées contre la guerre en Irak, aucune n'offrait cette possibilité aux yeux des journalistes.

Ce qui est grave, c'est que l'échec des institutions politiques (tel le Congrès ou le Parti démocrate) à s'imposer semble entraîner obligatoirement l'incapacité des médias à mettre en lumière les problèmes soulevés par une action aussi importante qu'une guerre. Dans ces circonstances, il est tentant de croire que les médias ne sont que les porte-parole du gouvernement. D'ailleurs, selon Madeleine Bunting, journaliste au *Guardian Weekly* de Londres, « l'Irak représente la fin des médias en tant qu'acteur majeur de la guerre[24] ». Les médias ont pour cela bénéficié de manière substantielle de l'inertie de l'opinion publique. La confiance retrouvée entre journalistes et citoyens américains après les événements du 11 septembre a permis à la population de se fier aveuglément aux médias sur la question de la nécessité de cette guerre. Habituellement, c'est l'opinion publique qui tend à dicter aux médias ses impressions et ses idées au sujet des interventions militaires — qu'on pense, entre autres, au Viêtnam et à la Somalie —, mais c'est l'inverse qui s'est produit au sujet de l'Irak. Peu critiqués par l'opinion publique américaine, n'ayant aucun opposant politique de taille pouvant faire contrepoids à la Maison-Blanche, les médias se sont laissés bercer par les paroles rassurantes de l'administration Bush.

La quatrième erreur des médias — et la dernière en ce qui touche à la préparation de la guerre et au début de l'invasion militaire — est liée à l'acceptation de l'intégration des journalistes aux unités militaires (*embedding*) comme méthode de couverture médiatique privilégiée de la guerre.

L'*embedding*

L'*embedding*, ou l'intégration de journalistes triés sur le volet à des unités militaires, a été abondamment utilisé durant la guerre en Irak. Cette technique de couverture médiatique des conflits armés est toutefois officiellement apparue durant l'intervention en Bosnie en 1995, pendant laquelle 33 journalistes avaient été intégrés à 15 unités militaires américaines. L'*embedding* devait permettre d'améliorer la couverture médiatique de la guerre, grâce à une meilleure collaboration entre les militaires et les journalistes, et de favoriser une plus grande transparence de l'armée. Dans les faits, on a plutôt constaté une perte du sens critique des journalistes, puisque leurs sources d'information principales, les soldats, se retrouvent également être leurs protecteurs et leurs guides. On a également pu remarquer que cette méthode contribuait à aseptiser encore davantage la guerre et qu'elle réduisait la perspective des journalistes. Par contre, l'*embedding* présente un côté plus spectaculaire que les reportages traditionnels, comme l'a démontré la guerre en Irak : les journalistes ont pu offrir des images de combats rarement vues durant les autres conflits armés.

Une première version de ce texte a été publiée dans Karine Prémont, « Le champ de bataille des médias », *Le Droit*, édition spéciale, Congrès de la Fédération professionnelle des journalistes du Québec (FPJQ), novembre 2003, p. 10-11.

Outre le fait qu'ils dépendaient totalement des soldats, l'absence de sens critique des journalistes intégrés à ces unités tenait également au fait qu'ils n'avaient souvent aucune idée de ce qui se passait en Irak, puisqu'ils étaient cantonnés dans leur unité et souvent privés d'information provenant de l'extérieur du théâtre des opérations en raison des difficultés à établir des communications avec le reste du pays. Par ailleurs, les reportages étaient également directement filtrés par l'armée.

> ### Le nombre de journalistes intégrés
> ### aux unités militaires américaines
>
> En mars 2003, près de 800 journalistes et photographes — dont
> 600 provenant de médias américains — ont été intégrés à des
> unités militaires de l'armée américaine pour des opérations en
> Irak. Si la plupart de ces personnes travaillaient pour des médias
> « sérieux », un certain nombre d'entre eux provenaient égale-
> ment de chaînes ou de magazines de divertissement, tels que
> MTV ou *People*.
> L'*embedding* est utilisé à l'heure actuelle en Afghanistan par
> l'armée canadienne : plus de 250 journalistes, la plupart cana-
> diens, sont assignés à des unités militaires et sont chargés de
> couvrir le conflit depuis janvier 2006.

Les images spectaculaires provenant de l'*embedding* — et
l'enthousiasme souvent délirant des journalistes intégrés —
ont souvent fait les manchettes des bulletins télévisés.
Pourtant, la majorité des reportages étaient préparés par des
journalistes qui travaillaient de manière plus traditionnelle.
L'intégration des journalistes aux unités militaires a ainsi
induit une fausse perception des médias, à savoir celle qu'ils
font partie intégrante du conflit, qu'ils sont libres et objectifs
parce que présents sur le terrain. En réalité, sauf quelques
anecdotes de guerre, les reportages issus de l'*embedding*
étaient généralement stupéfiants d'insignifiance : aucune
information pertinente concernant la guerre en Irak n'est
jamais ressortie de cette méthode de couverture. Les reportages étaient plutôt l'occasion, pour les journalistes, de démontrer de façon exubérante leur patriotisme et leur appui aux
soldats qui accomplissaient le travail sur le terrain.

Les médias ont donc échoué lamentablement à offrir aux
citoyens américains un portrait global des tenants et des
aboutissants de la guerre en Irak, du moins lors de la phase
préparatoire et durant les premiers mois du conflit. Il faudra
des drames et des scandales particulièrement importants

pour modifier les méthodes des journalistes et pour secouer l'opinion publique.

Le retour à la réalité : Falloudja, Abou Ghraïb et Katrina

La première année de la guerre en Irak a été couverte par les principaux médias américains avec le même patriotisme que l'année qui l'avait précédée. Certains journalistes, plus audacieux que d'autres, ont avancé que le fait d'être d'accord ou non avec la nécessité de cette guerre importait peu : une fois déclarée, elle devait être gagnée et, pour cela, il était nécessaire d'appuyer les troupes et d'éviter de saper leur moral en les critiquant. De plus, les médias, convaincus que la guerre serait courte et décisive, la couvraient comme si elle était déjà gagnée par les États-Unis.

Le changement de ton est survenu seulement au printemps 2004 en raison d'une succession d'événements dramatiques. Tout d'abord, le magazine *Newsweek* a outrepassé l'interdiction, émanant de la Maison-Blanche, de diffuser des images de soldats morts en Irak en publiant une photo des cercueils d'une dizaine de soldats américains tombés au combat, recouverts du drapeau américain. Un an après le début du conflit, c'était la première fois que des images illustraient concrètement les réalités de la guerre en Irak, alors que les médias et le gouvernement avaient jusqu'alors tenté d'aseptiser ce conflit au maximum. Cela a provoqué une onde de choc au sein de la population, mais également parmi les représentants des médias[25]. Peu de temps après, en mai 2004, le réseau ABC a diffusé dans l'émission *Nightline* les photos des 721 soldats américains morts depuis mars 2004 en Irak. Ce revirement a cependant moins été le fait des médias eux-mêmes que celui de l'opinion publique. Insatisfaite de la tournure des événements en Irak, notamment en raison de la durée du conflit et de la violence des combats qui continuaient malgré l'annonce de Bush sur le *USS Abraham Lincoln*, la population américaine a de moins en moins appuyé la guerre. Bien sûr, la capture de Saddam Hussein en décembre 2003 a permis une légère remontée de l'appui populaire, mais elle a été de courte durée. Et c'est finalement ce que l'on a baptisé la « bataille de Falloudja » qui, en avril 2004, a marqué la dégringolade de l'appui des citoyens à la guerre en Irak, dégringolade qui a été à peu près constante depuis.

Les fluctuations de l'opinion publique durant la guerre en Irak

L'appui de la population américaine à la guerre en Irak est généralement à la baisse depuis 2003, à deux exceptions près : la capture de Saddam Hussein a permis à l'administration Bush d'obtenir quelques points supplémentaires en 2003, de même que la nouvelle stratégie annoncée par le général David Petraeus, commandant des forces de la coalition en Irak, semble contribuer à augmenter légèrement l'appui de la population à la guerre (en septembre 2007, le pourcentage d'appui à la guerre était de 39 %).

Figure 6

Les fluctuations du pourcentage de la population américaine appuyant la guerre depuis 2003

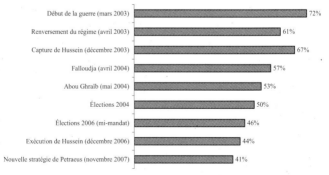

Début de la guerre (mars 2003)	72%
Renversement du régime (avril 2003)	61%
Capture de Hussein (décembre 2003)	67%
Falloudja (avril 2004)	57%
Abou Ghraïb (mai 2004)	53%
Élections 2004	50%
Élections 2006 (mi-mandat)	46%
Exécution de Hussein (décembre 2006)	44%
Nouvelle stratégie de Petraeus (novembre 2007)	41%

Sources : Les données proviennent de différents sondages réalisés entre 2003 et 2007 par le Pew Research Center for the People and the Press, disponibles à partir du site [http://people-press.org].

En effet, la bataille de Falloudja a symbolisé toutes les difficultés auxquelles faisait face l'armée américaine sur le terrain : grande instabilité politique, présence d'insurgés déterminés, transition démocratique déficiente et fatigue des soldats. Pendant plusieurs semaines, les insurgés, menés par le Chiite radical Moktada Al-Sadr, ont tenu l'armée américaine en échec dans la ville de Falloudja. Au début de cette bataille, quatre Américains ont été tués, brûlés, traînés dans les rues et suspendus à un pont devant les caméras. Ces hommes, mercenaires pour la firme *Blackwater Security Consulting*, ont été présentés comme des vétérans de la *Navy SEALs*. L'information était vraie, mais trompeuse : en présentant ces mercenaires comme des gens liés à l'armée américaine, les médias minimisaient « le sentiment d'indignation[26] » de la population, puisqu'il est normal, lors d'une guerre, de perdre des soldats. Cependant, c'est à partir de cet événement que les citoyens se sont posés des questions sur la violence des combats, sur la dangerosité de la mission et sur l'« enthousiasme » des Irakiens à être « délivrés » de leur chef d'État par les États-Unis.

À peu près au même moment, le journaliste Seymour Hersh dévoilait que des soldats américains humiliaient et torturaient des prisonniers irakiens détenus à Abou Ghraïb, prison déjà célèbre pour avoir abrité les débordements du régime de Saddam Hussein. Rapidement, de nombreuses photos sont parues pour appuyer les allégations de torture. Des procès ont été intentés et les dirigeants pointés du doigt — notamment Donald Rumsfeld — ont fait leur *mea culpa* avec plus ou moins de conviction.

Ainsi, la bataille de Falloudja et le scandale d'Abou Ghraïb ont eu raison de l'autocensure des journalistes et du silence imposé par le gouvernement sur les conséquences de la guerre. Le fait que l'opinion publique ait également commencé à se poser des questions sur les résultats et, plus tard,

Seymour Hersh

Seymour Hersh est un journaliste américain qui a causé beaucoup de souci aux détenteurs du pouvoir politique depuis les
années 1960. Journaliste d'enquête qui collabore régulièrement
au journal *The New Yorker*, Hersh est un spécialiste des affaires
militaires et de sécurité. Il a remporté de nombreux prix, dont
le *Pulitzer* en 1969 pour un reportage qui avait révélé que le village de My Lai, au Viêtnam, avait été incendié par des soldats
américains après qu'ils aient assassiné les habitants. Parmi les
autres scandales dévoilés par Hersh, soulignons les *Family Jewels*
en 1974, concernant les opérations secrètes de la CIA, notamment contre des citoyens américains, dans les années 1960, et
la torture dans la prison d'Abou Ghraïb en 2004.

sur les objectifs réels de l'intervention en Irak a également
contribué au revirement de ton de la couverture médiatique.
On peut toutefois déplorer que les médias aient été, tout au
long de la guerre, à la remorque des événements. Cela est la
conséquence de deux erreurs majeures commises par les
journalistes pendant l'invasion et, surtout, pendant l'occupation de l'Irak.

La première erreur des médias américains entre 2004 et
2006 a été d'attendre les tragédies et les scandales pour
mettre en doute les informations émises par l'administration
Bush. Comme nous l'avons souligné précédemment, de nombreux indices prouvaient les manipulations de la Maison-
Blanche concernant l'Irak. Les deux premiers ouvrages de
Bob Woodward (célèbre pour avoir dévoilé, avec Carl
Bernstein, le scandale du *Watergate*), *Bush at War*, publié en
2002, et *Plan of Attack*, publié deux ans plus tard, contenaient
une série de révélations spectaculaires sur le processus ayant
conduit à la guerre en Irak au sein de l'administration Bush.
Pourtant, il y eu peu de réactions dans le milieu des médias.
S'ils ont effectivement présenté des résumés ou des critiques
du travail de Woodward, les journalistes n'ont pas semblé

être en mesure d'en tirer les conclusions qui s'imposaient au sujet des intentions de la Maison-Blanche. Il a donc fallu attendre Falloudja, Abou Ghraïb et un nombre de morts considérable avant que les journalistes s'interrogent sur les chances de succès d'une telle guerre et sur les mensonges de l'administration Bush pour justifier l'intervention américaine. À ce moment, les médias ont alors accordé plus d'espace médiatique aux opposants à la guerre et ont fait de plus en plus fréquemment des analogies avec la guerre du Viêtnam.

La deuxième erreur des journalistes a été leur incapacité à exiger du gouvernement qu'il rende des comptes au sujet de ses mauvaises décisions et de son évaluation erronée de la situation. Alors que le rôle fondamental des médias est d'assurer le respect et le bon fonctionnement de la démocratie, l'Irak est le symbole de leur échec à considérer que les dirigeants aussi sont imputables et responsables de leurs politiques[27].

Mais la couverture médiatique des événements et la tendance de l'opinion publique ont véritablement atteint un tournant majeur, leur point de non-retour, lors de la tragédie du passage de l'ouragan Katrina en août 2005, à la Nouvelle-Orléans. Katrina a rapidement incarné l'incompétence de l'administration Bush à évaluer une crise, à organiser des secours et à agir rapidement pour en minimiser les conséquences. Les médias ont alors posé des questions importantes, auxquelles la population a répondu par une grande indignation et une colère rétroactive à propos de l'Irak: si l'administration était incapable de gérer les conséquences de Katrina, comment pouvait-elle gérer quelque chose d'aussi énorme que la guerre en Irak? L'inaction et l'indifférence de la Maison-Blanche face à la population touchée par Katrina, essentiellement noire et pauvre, donnaient une excellente idée de la réelle intention des dirigeants de protéger les centaines d'Irakiens victimes de la guerre. Enfin, si le président et ses conseillers étaient capables de mentir et de camoufler leurs erreurs à propos de Katrina, comment ne pas penser qu'ils avaient fait de même concernant l'Irak? À partir de ce moment, la population a cessé d'appuyer la politique irakienne de Bush et plusieurs fuites provenant de l'intérieur de la Maison-Blanche sont venues confirmer le malaise interne au sujet de la guerre[28]. Lorsque Bush avait tenté de convaincre le président polonais Aleksander Kwasniewski d'envoyer des troupes en Irak et que celui-ci avait répondu que les citoyens polonais n'étaient pas très chauds à cette idée, le président américain lui avait répondu: «le succès aide à changer l'opinion publique[29]». Malheureusement pour la Maison-Blanche, ce sont les insuccès en Irak qui ont contribué à modifier l'opinion publique américaine, alors que celle-ci avait commencé par soutenir massivement cette intervention armée.

C'est à partir de la fin de l'année 2006 qu'on peut constater une amélioration flagrante de la couverture médiatique de la guerre en Irak, même si elle trahit encore un certain parti pris envers le *statu quo*. Entre autres raisons, une plus grande diversité des sources d'information disponibles pour les journalistes depuis l'arrivée des démocrates au Congrès explique les nuances et les critiques qu'on peut désormais entendre et lire dans les reportages. De même, l'emprise de la Maison-Blanche sur l'information ou la crainte des journalistes d'être taxés d'antiaméricanisme ou d'antipatriotisme ont beaucoup diminué, ce qui facilite le travail des médias et permet même de remettre à l'avant-scène le journalisme d'enquête. Il faut compter également sur la diffusion de plusieurs documentaires qui ont relevé les problèmes posés par l'omniprésence de la Maison-Blanche — au sens figuré — dans les salles de rédaction lors de la préparation de la guerre en Irak. Il faut dire que les médias suivent surtout l'opinion publique : comme celle-ci tend de plus en plus à critiquer la présence américaine en Irak, les médias sont enclins à adopter le même discours. Par contre, la nature des reportages démontre que l'intérêt des journalistes est davantage marqué pour les drames personnels, souvent liés aux soldats et à leur famille, que pour les enjeux de la guerre. Le *human interest* est effectivement peu compromettant idéologiquement parlant. Il permet de susciter l'intérêt du public pour les reportages sans l'offenser et ne remet pas en question ce qui a été fait auparavant.

Notons également que la quantité de reportages sur l'Irak diminue avec les années, ce qui est un phénomène normal dans le domaine de l'information. Ainsi, à moins d'événements spectaculaires, ou de changements importants en termes de stratégie ou de politique, l'Irak fait de moins en

Figure 7

Les sujets les plus couverts par les médias américains en 2007

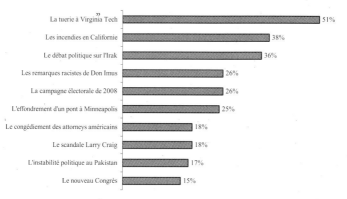

La tuerie à Virginia Tech	51%
Les incendies en Californie	38%
Le débat politique sur l'Irak	36%
Les remarques racistes de Don Imus	26%
La campagne électorale de 2008	26%
L'effondrement d'un pont à Minneapolis	25%
Le congédiement des attorneys américains	18%
Le scandale Larry Craig	18%
L'instabilité politique au Pakistan	17%
Le nouveau Congrès	15%

* Le pourcentage représente le rapport entre l'espace médiatique occupé par la nouvelle en question et celui occupé par les autres sujets durant les cinq jours suivant sa première apparition dans les médias.

Source : The Pew Research Center for the People and the Press, *Gas Prices, Disasters Top Public's News Interests in 2007*, 19 décembre 2007, [http://people-press.org/reports/display.php3 ?ReportID=380].

moins la une des journaux et les manchettes des bulletins télévisés. Cependant, l'arrivée des démocrates au Congrès a permis aux médias d'aborder davantage le débat politique entourant l'Irak, ce qui était impensable il y a quelques années, voire quelques mois.

Comme nous l'avons déjà mentionné, les médias s'intéressent par nature aux conflits politiques : le fait qu'il existe différents points de vue sur la meilleure stratégie à adopter pour améliorer la situation de l'armée américaine en Irak a, bien sûr, favorisé cet intérêt des médias pour les débats idéologiques. Contrairement à ce qui prévalait en 2002 et en 2003, il n'y a plus de discours unique sur la question irakienne. Les journalistes se sentent donc plus à l'aise de présenter des reportages qui vont à l'encontre de la position de la Maison-Blanche. Le fait que certains membres de la première administration de George W. Bush aient soulevé des doutes quant aux chances de réussite de la mission américaine en Irak a également ouvert la porte, pour les journalistes, à un traitement différent de cette guerre. Enfin, il va sans dire que le kidnapping de journalistes — et, souvent malheureusement, leur assassinat — par les insurgés irakiens a interpellé les médias de manière très émotive et très directe, contribuant sans doute à augmenter leur intérêt pour le conflit et à mettre en perspective non seulement leur

L'Irak est le conflit le plus meurtrier pour les journalistes

Entre le début de la guerre en Irak, le 20 mars 2003, et décembre 2007, 153 journalistes ont été tués en Irak, de même que 54 collaborateurs des médias. La guerre du Viêtnam, pour sa part, avait fait 63 victimes chez les journalistes sur une période de vingt ans (1955 à 1975). Il faut également ajouter à ce lourd bilan 14 journalistes kidnappés et deux toujours portés disparus. Selon Reporters sans frontières, 77 % des journalistes assassinés durant la guerre en Irak étaient des Irakiens, alors que 5 % étaient des Américains.

propre travail dans la couverture de la guerre, mais également les politiques de l'administration Bush en Irak.

Quant à l'opinion publique, on peut observer une diminution importante de son appui à la politique de l'administration Bush en Irak : depuis la fin de l'année 2005, alors que l'indignation au sujet de la gestion des conséquences de l'ouragan Katrina était à son comble, une majorité d'Américains souhaitait que les troupes se retirent d'Irak. Aussi, malgré les quelque 20 représentants des médias et les 4 000 soldats américains morts en Irak, l'intérêt des citoyens pour la situation actuelle va décroissant depuis le début de l'année.

Figure 8

L'intérêt des Américains pour la situation en Irak en 2007

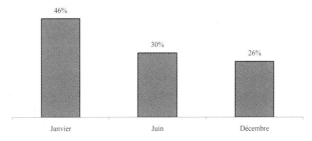

* Le pourcentage représente la portion de la population adulte américaine qui affirme suivre très attentivement les événements en Irak.

Source : The Pew Research Center for the People and the Press, *Gas Prices, Disasters Top Public's News Interests in 2007*, 19 décembre 2007, [http://people-press.org/reports/display.php3?ReportID=380].

La situation en Irak occupe seulement le sixième rang dans la liste des sujets les plus intéressants pour les Américains en 2007, avec une moyenne de 40 % de citoyens qui affirment suivre régulièrement les reportages à ce sujet à la télévision ou dans les journaux. En cette année d'élection présidentielle, il y a fort à parier que l'Irak va encore descendre de quelques lignes dans la liste des priorités des citoyens, à moins que la situation s'y détériore à un point tel que la guerre devienne un sujet central de la campagne électorale.

Figure 9

Les sujets les plus suivis par les Américains en 2007

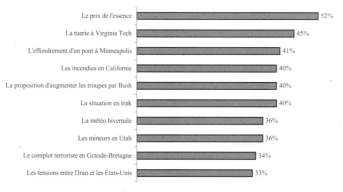

Source : The Pew Research Center for the People and the Press, *Gas Prices, Disasters Top Public's News Interests in 2007*, 19 décembre 2007, [http://people-press.org/reports/display.php3 ?ReportID=380].

Enfin, on peut souligner le fait que les médias américains, loin de constituer un quelconque « 4ᵉ pouvoir » — du moins au début du conflit —, sont en fait à la remorque de l'opposition politique et de l'opinion publique. Cela explique pourquoi l'administration Bush a pu mettre en œuvre et conduire la guerre en Irak en toute impunité, et en dépit de toute logique, pendant plus de deux ans. Le Congrès et la Cour suprême, en raison de leur rôle important dans le régime politique américain et de leur pouvoir sur l'Exécutif, auraient dû faire obstacle aux intentions de la Maison-Blanche ou, du moins, questionner les motivations et les vues à long terme de l'administration Bush à propos de l'Irak. Pourquoi ces institutions politiques ne l'ont-elles pas fait ?

Les ratés du Congrès et de la Cour suprême

Le 11 septembre 2001 a représenté un tel séisme politique qu'il a obligé les Américains à se rassembler et à soutenir inconditionnellement leur président. La formulation par le président Bush d'une doctrine manichéenne (« vous êtes avec nous ou contre nous ») a redéfini la ligne de démarcation principale de la politique américaine entre patriotes et traîtres. La crainte de paraître « antipatriote », les effets de manche de l'administration et les procédés juridiques auxquels a eu recours le gouvernement ont muselé toute dissidence. Dès lors, lorsque l'administration Bush a décidé d'entrer en Irak, même si le discours était contestable, ni les tribunaux ni le Congrès n'ont trouvé les armes nécessaires pour s'élever contre le rouleau compresseur gouvernemental. Pendant près de deux ans, le silence de ces institutions a pesé lourd. Malgré les déboires et les débâcles de l'administration, malgré les mouvements citoyens, le Congrès s'est incliné devant l'administration Bush, tandis que les cours se sont illustrées par un quasi-mutisme. Il a fallu attendre l'été 2005 et l'ouragan Katrina pour qu'enfin l'administration paraisse faillible et vulnérable. À partir de ce moment-là, la légitimité du président-commandant ayant été considérablement érodée, les voix des contestataires ont pu commencer à se faire entendre : c'était la fin du désert institutionnel.

Le silence des cours

Le pouvoir judiciaire est en principe, après l'Exécutif et le Législatif, le troisième pilier de la séparation des pouvoirs qu'avaient imaginée les Pères fondateurs. Dans ce mécanisme de *checks and balances* (où s'équilibrent les pouvoirs et les contre-pouvoirs), la Cour suprême constitue l'un des contrepoids aux pouvoirs du président et du Congrès. Les Pères fondateurs avaient imaginé que le conflit entre les institutions-clés du régime était un moyen de stopper le pouvoir et, ce faisant, d'assurer l'équilibre du système politique. On attend donc de la Cour suprême (mais aussi plus généralement de l'ensemble des tribunaux du pays) qu'elle soit en mesure de jouer le balancier du pouvoir et, particulièrement depuis la fin de la Seconde Guerre mondiale, le contrepoids du pouvoir exécutif. Elle l'a déjà fait : la Cour a connu des confrontations virulentes avec des présidents particulièrement populaires. Elle s'est parfois opposée frontalement au président, lorsque ce dernier outrepassait ses pouvoirs de façon démesurée : cela a été le cas face à Abraham Lincoln durant la guerre civile, face à Franklin D. Roosevelt sur le *New Deal* et face à Richard Nixon dans l'affaire du *Watergate*. Et de fait, « avant le *Watergate*, ce n'était pas le Congrès mais bien la Cour suprême qui imposait des limites à l'expansion des pouvoirs présidentiels en matière d'affaires étrangères[30] ».

Toutefois, dans le monde redéfini par le 11 septembre, la Cour a, à l'instar des tribunaux du pays et d'un grand nombre d'institutions américaines, fait montre de peu d'activisme lorsqu'il s'est agi d'enrayer le rouleau compresseur du président-commandant. Il y a à cela une première explication : l'administration Bush a mis à profit ses équipes juridiques pour véritablement utiliser le droit à son avantage, réinterprétant les conventions de Genève, requalifiant le droit de la guerre. Face à cette armée de juristes, les juges avaient un travail considérable à faire pour démêler l'écheveau.

Le 11 septembre 2001 a condamné les juges à un certain mutisme, enclins qu'ils sont à laisser plus de place au pouvoir exécutif durant les périodes de crise nationale. On a même parlé de « fondamentalisme sécuritaire » pour qualifier cette forme d'intégrisme politique qui a privilégié la sécurité nationale à tout prix et qui aurait conduit les cours à laisser à l'Exécutif une trop grande marge de manœuvre.

Les artisans de la métamorphose juridique à la Maison-Blanche

par Véronique Bourbeau

Au lendemain du 11 septembre 2001, un groupe d'hommes s'autoproclame «Conseil de guerre» (*War Concil*). Il est composé d'Alberto Gonzales, David Addington, Timothy Flangan (adjoint de Gonzales et, ainsi, chef du bureau du Conseil juridique sous George H. Bush), William Haynes, John Ashcroft et John Yoo, et se réunit toutes les semaines à la Maison-Blanche afin de discuter et de développer des politiques pour combattre le terrorisme. Certains de ces membres, toutefois, sont plus influents que d'autres et ont été au cœur de cette métamorphose juridique.

John Yoo, conseiller juridique du bureau du Conseil juridique

John Yoo intègre le bureau du Conseil juridique en juin 2001, avant les événements du 11 septembre, en tant qu'expert sur les pouvoirs présidentiels en temps de guerre. Il devient l'un des juristes les plus importants du gouvernement dans la foulée des attentats du 11 septembre. Après son départ du département de la Justice, sa participation à l'écriture de plusieurs mémos redéfinissant la torture et réinterprétant les conventions de Genève est publicisée et engendre une vague de contestation exigeant, en vain, sa démission.

David Addington, conseiller juridique du vice-président

David Addington entame sa carrière politique en tant qu'assistant du conseiller général à la CIA de 1981 à 1984. Pendant l'année 1987, il est l'assistant spécial du président Reagan avant de devenir, de 1989 à 1992, celui du secrétaire à la Défense, Dick Cheney. Il agit ensuite en tant que conseiller général du département de la Défense. Tout comme John Yoo, Addington est un fervent défenseur de la théorie de l'Exécutif unitaire. Cette théorie, qui connaît son âge d'or sous l'administration Reagan dans les années 1980, prône la création de bureaux de conseil exécutifs proches du président afin de limiter le travail de contrepoids du Congrès.

Alberto Gonzales, conseiller juridique officiel de la Maison-Blanche

Alberto Gonzales commence sa carrière politique en 1994 en tant que conseiller juridique de George W. Bush alors gouverneur du Texas. En 1997, ce dernier le nomme secrétaire du Texas puis, en 1999, membre de la Cour suprême du même État. Lorsque George W. Bush accède à la présidence des États-Unis, il nomme Gonzales au poste de conseiller à la Maison-Blanche. Gonzales joue un rôle crucial dans l'élaboration de la stratégie antiterroriste de l'administration Bush. De 2005 à 2007, il remplace John Ashcroft au poste de secrétaire à la Justice, nomination condamnée tant par la droite, qui le considère comme un modéré en raison de ses positions favorables à l'avortement et à la discrimination positive, que par la gauche, qui lui reproche son implication dans les dossiers de la torture et du scandale de l'écoute électronique par l'Agence de sécurité nationale.

William J. Haynes II, conseiller juridique du secrétaire à la Défense

William Haynes est conseiller général du département de l'Armée pendant trois ans et partenaire de divers cabinets d'avocats, avant de devenir le conseiller général du département de la Défense en mai 2001. Il y occupe le poste de conseiller juridique en chef et de conseiller juridique du secrétaire à la Défense Donald Rumsfeld. Haynes est soupçonné en 2003 d'avoir contribué à la mise en application de techniques d'interrogations prolongées, programme hautement controversé.

John Ashcroft, secrétaire à la Justice

John Ashcroft est nommé à la tête du département de la Justice par George W. Bush en 2001. Immédiatement après les événements du 11 septembre, Ashcroft entreprend l'élaboration de mesures antiterroristes, précisant qu'il espère faire adopter une loi antiterroriste rapidement et y refusant toute modification. Il fait de l'adoption du *Patriot Act* non seulement une priorité, mais une nécessité. Le 11 septembre 2001 participe au durcissement de sa position face à la lutte contre le terrorisme.

En novembre 2006, Yoo, Addington, Gonzales, Haynes et Ashcroft font l'objet d'une plainte reçue par le gouvernement allemand. Déposée par le *Center for Constitutional Rights* (CCR), l'*International Federation for Human Rights* (FIDH) et la *Republican Attorneys' Association* (RAV), elle accuse ces conseillers, ainsi que plusieurs hauts fonctionnaires de l'administration Bush (dont Donald Rumsfeld et George Tenet, alors directeur de la CIA) de crimes de guerre en raison du recours à la torture en Irak et à Guantanamo.

Sources : Jack Goldsmith, *The Terror Presidency: Law and Judgment Inside the Bush Administration*, New York, W.W. Norton, 2007, p. 22 ; Jennifer Van Bergen, « The Unitary Executive : Is the Doctrine Behind the Bush Presidency Consistent with a Democratic State ? », 9 janvier 2006, *FindLaw*. [http://writ. news.findlaw.com/commentary/20060109_bergen.html] (Consulté le 10 janvier 2008) ; Steven Lee Myers, « Embattled Attorney General Resigns », *The New York Times*, 27 août 2007 ; Neil A. Lewis, « Bush Drops Plans to Renominate 3 Judges », *The New York Times*, 10 janvier 2007.

Il est certain que le silence des cours a, pendant quelques années, permis à la définition très large de la torture élaborée par le bureau du Conseil juridique à la Maison-Blanche de prévaloir. Le message envoyé tant en Afghanistan, à Guantanamo, qu'en Irak était le même : les geôliers et les soldats avaient une grande latitude pour obtenir les informations dont ils avaient besoin. Dès lors, le glissement vers les abus d'Abou Graïb et le massacre d'Haditha étaient prévisibles. D'ailleurs, selon Donald P. Gregg, qui a été conseiller en matière de sécurité nationale auprès de George H. Bush, les mémos élaborés par l'administration de George W. Bush autorisant la torture « ont pavé le chemin vers les horreurs dévoilées [...] en Irak et [leur divulgation] réfute l'assertion de l'administration selon laquelle il ne s'agit que de phénomènes isolés[31] » : c'est cette politique institutionnalisée que les cours ont mis trop de temps à sanctionner.

La deuxième explication tient au temps. En effet, le temps de la justice est plus lent, plus long, que ne l'est le temps politique. Des années peuvent séparer la prise de décision contestée de la décision de justice qui l'invalide : saisine de la cour, instruction, auditions des parties, délibéré, rédaction

La redéfinition de la torture après le 11 septembre 2001

par Véronique Bourbeau

Après le 11 septembre 2001, le gouvernement américain constate l'échec retentissant des services de renseignements américains. La lutte contre le terrorisme exige désormais, d'après l'administration Bush, un service de renseignements plus efficace en mesure de déjouer de futures tentatives d'attentats terroristes. En ce sens, les combattants d'Al-Qaida faits prisonniers en Afghanistan, à Guantanamo ou en Irak représentent une des clés de la lutte contre le terrorisme. Pour cette raison, plusieurs conseillers de l'administration américaine vont estimer que, dans une certaine mesure, la torture est un outil indispensable à la lutte contre le terrorisme. Selon eux, en situation d'urgence (la fameuse *ticking bomb*), un droit limité de recourir à la torture devrait être reconnu comme une exception à son rejet moral et légal au niveau international. Pour John Yoo en 2002, le travail du bureau du Conseil juridique dans ce dossier était de définir clairement la torture, afin que les agents américains sur le terrain sachent ce qui est interdit par la loi. Les conseillers du bureau du Conseil juridique ont donc redéfini la torture en des termes extrêmes. Ils ont exclu un grand nombre de mesures, comme l'utilisation de chaleur et de froid intenses, les jeûnes forcés, l'isolement dans le noir pendant des dizaines de jours, le recours à des chiens et à des positions insoutenables lors d'interrogatoires : puisque ces mesures n'occasionnaient pas la mort, l'infirmité, le dysfonctionnement ou l'arrêt des organes vitaux, il fallait donc conclure, selon ces conseillers, qu'il ne s'agissait pas de torture.

Source : John Barry, Michael Hirsh et Michael Isikoff, « The Roots of Torture », *Newsweek*, 24 mai 2004.

et prononcé de l'arrêt, il peut se dérouler près de deux années entre le dépôt du recours et le jugement. C'est ainsi que les commissions militaires autorisées par le président Bush en novembre 2001 ont été examinées par la Cour suprême pour donner lieu à des jugements trois ans plus tard : le premier a été rendu en 2004. Lorsque, à compter de ce moment, la

Cour suprême a pu choisir d'intervenir et de limiter le pouvoir présidentiel, c'est parce qu'elle avait la faculté de se prononcer en contournant certaines questions épineuses.

Les premières décisions de la Cour suprême

La première affaire est intitulée *Hamdi v. Rumsfeld* : Yaser Edam Hamdi est un citoyen américain d'origine saoudienne arrêté en Afghanistan à la fin de l'année 2001. Il est alors incarcéré sans inculpation en Caroline du Sud et qualifié de « combattant ennemi » par le gouvernement. La Cour procède dans ce cas avec prudence. Elle précise tout de même que « l'état de guerre ne constitue pas un blanc-seing pour [le gouvernement] dès lors qu'il touche aux droits des citoyens ». Ainsi, elle ne vise pas directement le pouvoir présidentiel mais y fait implicitement référence. C'est un gain important pour les Américains incarcérés à la suite des événements du 11 septembre, car c'est la première fois depuis cette date que le pouvoir judiciaire choisit de s'opposer à la présidence pour assurer la protection des libertés fondamentales. Dans la décision *Rumsfeld v. Padilla* rendue le même jour, la Cour se prononce sur la notion de combattant et sur les droits de défense dont bénéficie un citoyen américain. José Padilla, de nationalité américaine, est arrêté à l'aéroport de Chicago à son retour du Pakistan. Il est d'abord détenu comme témoin dans l'enquête sur le réseau Al-Qaida. Il est ensuite qualifié de combattant ennemi par le département de la Défense, ce qui permet son incarcération pour un temps indéfini. La Cour suprême doit alors déterminer si l'autorisation d'utiliser la force militaire votée par le Congrès donne le droit au président de détenir un citoyen national au motif qu'il est un « combattant ennemi ». En l'occurrence, la Cour ne tranche pas, mais son jugement laisse présager, en se prononçant sur l'invalidation possible de la requalification du statut de témoin, une limitation du pouvoir du président en période de crise. Enfin, dans *Rasul v. Bush* et dans *Alodah v. United States*, affaires toutes deux également tranchées le 28 juin 2004, la question est de savoir si les cours américaines sont compétentes dans le cas de personnes qui ne sont pas détentrices de la citoyenneté américaine et qui sont détenues par l'armée américaine sur la base de Guantanamo. Petit à petit, la Cour s'enhardit et, dans ces affaires, le juge Stevens va considérer que la détention à Guantanamo équivaut à être détenu aux États-Unis. En affirmant la compétence des cours civiles sur ces détenus, elle limite donc d'autant le pouvoir discrétionnaire de l'Exécutif, et, surtout, l'interprétation que faisait ce dernier de la clause de la Constitution et du soutien du Congrès.

Réalisé d'après Élisabeth Vallet, « Le président et la Cour suprême », dans Élisabeth Vallet (dir.), *La présidence des États-Unis*, Québec, Presses de l'Université du Québec, 2005, p. 138-139.

La Cour suprême contourne effectivement certains sujets délicats de manière significative dans son jugement *Rasul v. Bush* (28 juin 2004), lorsqu'elle permet aux prisonniers de Guantanamo de saisir les tribunaux fédéraux pour contester leur détention. Et elle réaffirme son propos le 29 juin 2006 dans l'affaire *Hamdam v. Rumsfeld* qui porte également sur la détention à Guantanamo. Jusque-là, pourtant, les juristes n'étaient pas absents de la scène politique : en effet, ce sont plus de 500 avocats qui se sont autoconstitués en « barreau de Guantanamo ». Sur une base volontaire, ils ont pu ainsi offrir une défense aux prisonniers de la base américaine. Mais il reste que le pouvoir judiciaire n'a pas eu la capacité de s'opposer réellement et rapidement au président lorsque celui-ci est parti en croisade dans un contexte d'urgence nationale.

La troisième explication tient à la naturelle prudence des magistrats. En règle générale, les juges ont évité de trancher dans des domaines sensibles : il y a là une volonté délibérée des magistrats de ne pas s'aventurer sur des sables mouvants — particulièrement quand cela touche aux relations internationales et, surtout, aux pouvoirs de guerre. Les présidents y ont toujours vu leur pré carré, où secret diplomatique et raison d'État devaient œuvrer à l'abri du regard inquisiteur des juges. Dès 1803, la Cour suprême a ainsi affirmé sa volonté de se tenir à l'écart de ces questions. Et elle l'a fait, sur des questions sensibles, telles que la décision d'acquérir la Louisiane ou de créer la bombe atomique. La construction juridique qu'élabore la Cour à cet effet est parfois un peu artificielle... bien souvent parce qu'elle constitue la seule « issue de secours[32] » : le juge, pour éviter de s'immiscer dans un dossier sensible, refuse d'interférer dans un litige où il considère que l'un des deux pouvoirs en conflit n'a pas utilisé toutes les voies de recours dont il disposait. La doctrine de la « question politique » a donc été développée par le pouvoir judiciaire pour éviter de devoir s'immiscer dans des conflits politiques entre institutions, dans une zone grise qui ne lui aurait valu que des ennuis. La Cour n'a pas eu à utiliser cette doctrine dans le cas irakien, mais sa stratégie a reflété cette prudence naturelle qui est la sienne. Ainsi, les magistrats n'ont pas directement avalisé la guerre en Irak, loin s'en faut. Mais leur silence a été un peu long.

La servilité du Congrès

Pendant huit années, le président Clinton a fait face à un Congrès turbulent et vindicatif. De sa mise en examen dans l'affaire Lewinsky au blocage du budget fédéral en 1996, le président a connu une opposition farouche. Avec l'alternance (entre démocrates et républicains à la Maison-Blanche) de 2000 et la faible légitimité du président Bush (tant en raison des circonstances de son élection que de sa méconnaissance de la politique étrangère), le Congrès américain aurait pu bénéficier d'un retour du balancier. Mais le 11 septembre 2001 a eu raison de toutes les ambitions du Parlement américain. En effet, pendant tout le premier mandat présidentiel, le Congrès des années Bush s'est illustré par son silence, son obséquiosité, son allégeance quasi constante. Et l'entrée en Irak en a simplement constitué le paroxysme.

Dès le mois de février 2001, l'administration Bush a, un peu à l'image de ce qu'avait fait Bill Clinton auparavant, ordonné des frappes sur l'Irak pour non-respect des zones d'exclusion aérienne. Le Congrès, qui n'en avait pas été informé, n'a pas pour autant soulevé d'objections — même *a posteriori*. Comme sous l'administration précédente, puisque l'opinion publique n'avait rien à y redire (cela n'impliquait pas de troupes au sol, donc pas de pertes humaines du côté américain), les membres du Congrès n'ont guère élevé la voix. Le Congrès avait pour ainsi dire renoncé à se mêler véritablement de l'affaire irakienne. Les sables de Mésopotamie étaient alors bien loin de Washington.

Quel a été le poids des événements du 11 septembre sur la position du Congrès ?

À la suite des événements du 11 septembre, le ralliement de la population autour du drapeau et du président a été unanime. Depuis lors, on a assisté à une réelle recentralisation des pouvoirs par l'Exécutif et à la multiplication des réformes institutionnelles qui sont venues renforcer directement la fonction présidentielle. L'administration Bush a choisi de prendre très rapidement un grand nombre de mesures, laissant ainsi très peu de temps aux parlementaires pour débattre. Ces derniers, tétanisés tant par le fait qu'il s'agissait de la première attaque portée sur le territoire continental des États-Unis que par le taux de popularité sans précédent de George W. Bush (90 %), ont appuyé sans réserve l'administration et ses mesures de représailles. Les quelques voix discordantes ont été très vite accusées de collusion avec l'ennemi : contester les décisions du président Bush prises « au nom de la sécurité nationale » revenait alors à mettre cette dernière en péril. Par peur de se voir taxés de traîtres, et parce que le spectre électoral plane toujours sur eux, les membres du Congrès se sont constamment alignés sur la politique présidentielle. À commencer par les démocrates, qui ne pouvaient laisser les républicains se prévaloir de représenter seuls le parti de la sécurité. Pris dans l'engrenage généré par le 11 septembre et entretenu par les néo-conservateurs au pouvoir dans le gouvernement Bush, les parlementaires n'avaient d'autres choix que de se rallier au président... en attendant que les circonstances leur permettent éventuellement de prendre le risque politique de s'y opposer. Cela n'arrivera que quatre ans plus tard, dans la foulée d'un événement de politique intérieure : l'ouragan Katrina.

Plus encore, depuis les attentats de 2001, le Congrès américain a systématiquement plié devant le président américain : du vote quasi unanime donnant au gouvernement Bush tous les moyens nécessaires pour sanctionner les auteurs et complices des attentats du 11 septembre à l'approbation de l'entrée en guerre contre l'Irak en 2002, les *congressmen* américains ont multiplié les actes d'allégeance. En effet, la résolution que le Congrès a adoptée au lendemain du 11 septembre pour autoriser le gouvernement Bush à trouver, puis punir les auteurs des attentats et leurs complices est sans précédent. Son spectre est très large puisqu'elle inclut *toutes* les personnes et les nations impliquées de près ou de loin dans les événements, et qu'elle implique des moyens substantiels — notamment militaires.

À tout moment, le Congrès aurait pu faire jouer son « pouvoir du portefeuille ». En effet, dans le système politique américain, le Congrès a la capacité d'influer sur l'équilibre des pouvoirs en coupant les vivres à un gouvernement qui se montrerait trop entreprenant ou aventureux. Pourtant, le budget militaire des États-Unis n'a cessé d'augmenter continuellement : chaque fois que le président a présenté une augmentation, le Congrès a fini par l'avaliser, permettant une inflation inégalée depuis la guerre du Viêtnam en matière de dépenses militaires.

Ainsi que l'explique Frédérick Gagnon, ce n'est pourtant pas en raison de l'ignorance du Congrès. Depuis la fin de la Seconde Guerre mondiale, il dispose d'un grand nombre d'employés et d'une administration de plus en plus impor-

Figure 10

**Le budget américain de la Défense
(en milliards de dollars américains)**

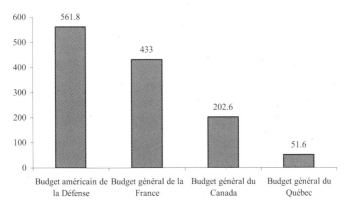

D'après Charles-Philippe David et la Chaire Raoul-Dandurand, *Le 11 septembre 2001, cinq ans plus tard: Le terrorisme, les États-Unis et le Canada*, Québec, Septentrion, 2006, p. 68.

tante, dotée de moyens de recherche et d'analyse conséquents. D'ailleurs, le Congrès a fait, à maintes reprises, usage de ses connaissances et de son savoir pour s'opposer aux directives de la Maison-Blanche: les batailles budgétaires sous Clinton ou George H. Bush appartiennent désormais à l'histoire de ces institutions. Pourtant sous George W. Bush, les législateurs se sont montrés moins virulents et ont presque toujours fini par s'incliner (à quelques nuances près) devant les requêtes du secrétaire de la Défense, Donald Rumsfeld: qu'il s'agisse de l'acquisition de nouvelles armes, de nouveaux systèmes d'armes ou de déploiements supplémentaires, les autorisations se sont enchaînées, accroissant irrémédiablement la dette américaine.

Pourquoi le Congrès a-t-il perdu du terrain face au président?

La fin de la Seconde Guerre mondiale a consacré l'avènement d'une présidence forte, dotée d'une bureaucratie de plus en plus puissante, douée du feu nucléaire, bénéficiant de son unicité face à un Congrès turbulent et divisé. Le mouvement de balancier qui s'est opéré aux dépens du Congrès n'a jamais été complètement compensé. Et le déséquilibre est demeuré, malgré les sursauts d'énergie de parlementaires, au moment d'affaires comme celles du *Watergate*, du scandale Iran-Contra ou du Monicagate. De fait, les présidents de l'après-Guerre froide — Clinton et George W. Bush — ont largement dominé le processus décisionnel militaire, éclipsant plus encore le Congrès et les autres contre-pouvoirs. Malgré son activisme, le Congrès n'est pas parvenu à brider le pouvoir exécutif — une situation accentuée à la suite des événements du 11 septembre. Tout cela est-il vraiment en contradiction avec les intentions des Pères fondateurs? Rien n'est moins sûr. Symbole de l'unité nationale, le président est «un»: il est donc logique que «la décision, le secret, la délégation émane d'un seul homme, plutôt que d'un grand nombre car ces qualités décroissent avec le nombre[33]». Tandis que le Congrès détient en principe seul le pouvoir de déclarer la guerre, la Cour suprême a reconnu que l'appui du Congrès à une «guerre présidentielle» pouvait se manifester par d'autres biais que par une déclaration formelle de guerre. Mais ce qui a véritablement altéré le paysage constitutionnel est la dernière révolution dans les affaires militaires et l'avènement de l'ère nucléaire: en donnant au président le pouvoir de déclencher le feu nucléaire (ce qui, naturellement, ne pouvait être mis dans les mains de plusieurs centaines de parlementaires), le système politique a consacré la suprématie du président. Plus encore, en éclipsant, pour des raisons de temps et de confidentialité, le Congrès, l'info-guerre affecte l'équilibre des pouvoirs car les actes de guerre peuvent être définis comme des mesures préventives (*preemptive* ou *prehostile*). De fait, cela sous-tend l'idée que le président pourrait désormais «lancer une attaque préventive unilatérale contre un État souverain *perçu* comme une menace pour les États-Unis[34]».

Réalisé d'après Élisabeth Vallet, «Les pouvoirs du président», dans Élisabeth Vallet (dir.), *La présidence des États-Unis*, Québec, Presses de l'Université du Québec, 2005, p. 83-84.

Dans le domaine de la politique étrangère, et particulièrement de la politique à l'égard de l'Irak, les choses n'ont pourtant pas véritablement différé de la pratique antérieure. En effet, l'opération *Renard du désert* a été menée en 1998 sans que les États-Unis aient été préalablement frappés, sans autorisation de l'ONU et sans qu'il y ait d'urgence. Pour autant, le Congrès a suivi le président. En ce sens, le Congrès a adopté une posture assez comparable à celle qu'il avait prise pendant la Guerre froide, acceptant sans grande contestation que le président choisisse de frapper un ennemi désigné. La seule différence réside dans l'identité de cet ennemi : il ne s'agissait plus de l'URSS mais de Saddam Hussein.

La question irakienne est entrée au Parlement dès le mois de juin 2002 : à la suite du discours du président à *WestPoint*, l'idée d'une intervention en Irak s'est faite plus pressante. À tel point que la Commission sénatoriale sur les affaires étrangères a tenu une série d'auditions dès le mois de juillet[35]. Dans le même temps, la doctrine de la guerre préventive promue par l'administration Bush et mise en application en Irak a déclenché, dès sa conception en septembre 2002, l'ire internationale. Cette nouvelle doctrine de l'administration Bush visant à permettre des attaques préventives (*preemption*), « au cas où », bafouait la coutume et les conventions internationales, de même qu'elle contrevenait au système onusien. Les manifestations, articles, éditoriaux, dénonciations politiques et universitaires, dans le monde mais aussi aux États-Unis, se sont multipliés. Rien n'y a fait. Ils étaient 27 à la Chambre des représentants à vouloir s'élever contre l'administration pour dénoncer cette doctrine. Ils le sont demeurés : aucun de leurs collègues n'a souhaité leur emboîter le pas.

Tout au plus, les membres du Congrès ont pu affirmer qu'une intervention sans autorisation contreviendrait à la loi sur les pouvoirs de guerre adoptée en 1979. Sur les conseils de sénateurs républicains influents comme Chuck Hagel et Richard Lugar, Bush a donc choisi de demander au Congrès son accord. En octobre 2002, la demande d'autorisation a d'ailleurs été soumise avant les élections de mi-mandat, un calcul politique qui a permis à Bush de contraindre les démocrates à autoriser la guerre en Irak, eux qui ne voulaient en aucun cas donner le sentiment d'être veules.

La résolution du 16 octobre 2002 autorisant l'usage des forces armées en Irak

Cette résolution autorise le président Bush « à utiliser les forces armées comme il le juge nécessaire et approprié afin de :
- défendre la sécurité nationale des États-Unis contre la menace constante que constitue l'Irak ;
- et faire appliquer toutes les résolutions du Conseil de sécurité contre l'Irak. »

Elle est approuvée :

- par 77 voix contre 23 au Sénat ;
- par 296 voix contre 133 à la Chambre des représentants.

Source : *Authorization for Use of Military Force Against Iraq Resolution of 2002*, Public Law 107–243, 16 octobre 2002.

Ainsi, le point paroxystique de la construction progressive de cette allégeance systématique du Congrès à la Maison-Blanche est atteint avec la politique de Bush en Irak. Durant l'automne 2002 en effet, le Congrès accepte d'adopter la résolution autorisant l'administration à renverser le régime de Saddam Hussein : le texte est suffisamment évasif, son application suffisamment large, pour que l'administration se pense dotée d'un blanc-seing équivalent à celui dont Johnson avait en son temps bénéficié avec le vote de la résolution du golfe du Tonkin. Il faut dire que l'administration n'a pas ménagé ses efforts. Le président s'est largement appuyé sur le bureau des Affaires législatives à la Maison-Blanche et sur l'usage de « marchandage et de faveurs » pour obtenir ses appuis[36]. Le 18 septembre 2002, George W. Bush a rencontré des leaders du Congrès, dont les représentants Dennis Hastert (républicain-Illinois) et Dick Gephardt (démocrate-Missouri), et les sénateurs Trent Lott (républicain-Mississipi) et Tom Daschle (démocrate-Dakota du Sud), pour les convaincre d'appuyer son projet de changement de régime en Irak. Malgré la sortie médiatique tonitruante du célèbre sénateur Robert Byrd, dénonçant dans le projet de résolution ce qu'il voyait comme « un chèque en blanc » pour l'administration, la résolution a été largement approuvée. Furibond, le sénateur Byrd lancera que le Congrès « ferait mieux de fermer ses portes et d'y apposer un écriteau avec la mention "parti à la pêche[37]" ».

En un sens, il faut admettre que l'administration Bush a été redoutable : le Congrès a avalisé l'autorisation en l'état sans amendement ni réels débats. Après seulement quelques jours de discussions, plusieurs démocrates et une majorité de républicains ont appuyé la résolution autorisant Bush à utiliser la force en Irak. Bien sûr, des critiques se sont élevées contre cette résolution, mais leur voix n'a guère été entendue. Et le Congrès est resté constant puisqu'un an plus tard il a voté, sans même en contester les fondements, pourtant erronés — et les *congressmen* le savaient —, une augmentation du budget pour l'Irak.

À quoi sert la Loi sur les pouvoirs de guerre (War Powers Act) ?

Les membres du Congrès la brandissent régulièrement pour s'insurger contre les initiatives de l'administration Bush. Votée en 1973 pour encadrer le recours aux forces armées par le président, la Loi sur les pouvoirs de guerre tente de définir les prérogatives présidentielles en matière d'utilisation de la force militaire à l'étranger. Elle stipule que le président ne peut recourir à la force que dans trois cas de figure : premièrement, lorsque le Congrès déclare la guerre ; deuxièmement, lorsque le Congrès approuve l'utilisation des militaires pour régler un problème de sécurité ; et troisièmement, lorsque le territoire, les « possessions » ou les forces armées des États-Unis sont attaqués. Elle impose au président de consulter automatiquement le Congrès avant d'utiliser la force à l'étranger et d'informer régulièrement les parlementaires des mouvements de troupes. Le plus important sans doute est que la Loi sur les pouvoirs de guerre prévoit que si, soixante jours après le déclenchement des hostilités, le Congrès n'a pas autorisé le recours à la force armée (en déclarant la guerre, en votant une autorisation ou en accordant un sursis au président), l'opération militaire à l'étranger doit se terminer et les troupes doivent être rapatriées dans les trente jours qui suivent. À cela, il faut ajouter qu'à tout moment, à défaut d'avoir autorisé l'intervention, le Congrès peut légalement mettre fin à l'opération militaire.

Cette loi, qui devait mettre un terme à l'expansion du pouvoir présidentiel en matière militaire, est pratiquement restée lettre morte. La plupart des présidents ont estimé qu'elle n'était pas constitutionnelle et, lorsqu'ils ont daigné consulter le Congrès, ils se sont gardés d'y faire référence, préférant invoquer la courtoisie plutôt que le cadre légal. L'utilité de cette loi est donc d'ordre plus symbolique que réel.

D'après Frédérick Gagnon, « Le président et le Congrès », dans Élisabeth Vallet, *La présidence des États-Unis,* Québec, Presses de l'Université du Québec, 2005, p. 93-94.

La surprise, c'est que cette déférence se soit maintenue alors même que l'on savait désormais que les raisons d'intervention en Irak étaient erronées, qu'il n'y avait pas d'armes de destruction massive et que le nombre de blessés américains ne cessait d'augmenter.

Qui peut décider de faire la guerre à Washington ?

La Constitution des États-Unis est claire : c'est au Congrès que revient la charge de déclarer la guerre (article I, section 8). Pourtant, malgré l'adoption en 1973 de la Loi sur les pouvoirs de guerre (*War Powers Act*), le pouvoir d'envoyer des troupes au combat revient *de facto* au président. Bien que cette pratique

présidentielle soit vivement contestée, il demeure qu'une distinction a été établie entre le pouvoir de faire la guerre et celui
de la déclarer. Ainsi, les opérations de maintien de la paix relèvent de la seule compétence du président. Ce qui, en d'autres
termes, signifie que le président peut engager les forces armées
dans des situations de conflit, sans pour autant devoir solliciter
l'approbation du Congrès, voire selon certains, en le défiant. À
l'inverse, le président a le pouvoir de mettre un terme à la guerre
et de signer un traité de paix (même si, en principe, c'est au
Sénat que revient le rôle de le ratifier). En outre, ce pouvoir de
recourir à la force en cas d'urgence et de légitime défense
semble bien autoriser les présidents à mettre sur pied des opérations militaires d'envergure, au-delà du territoire national et
contre les nations dites ennemies. C'est sur cette base que l'*Office of Legal Counsel* du département de la Justice a justifié les
interventions en Afghanistan à la suite du 11 septembre. C'est
également sur ce fondement qu'il a cherché à légitimer l'invasion de l'Irak, mais les pressions politiques ont été considérables
et le président a choisi de demander l'autorisation au Congrès.
Autorisation qui lui a été accordée, assortie d'une latitude
importante, le Congrès ayant pour ainsi dire abdiqué toute vel-
léité de contestation.

Source : Louis Fisher, *Presidential War Power*, Lawrence, Kansas University
Press, 1995, p. 182.

Le tournant : Katrina

À la suite de l'ouragan Katrina qui a ravagé la Louisiane et a
anéanti une grande partie de la Nouvelle-Orléans en août
2005, éditorialistes et analystes ont été quasiment unanimes :
Katrina constituait un moment pivot (*turning point*) pour la
politique américaine, au même titre que le 11 septembre 2001,
quatre ans plus tôt. La vulnérabilité soudaine de la gestion
« bushienne » de la crise et le fait que la critique ait pu enfin
émerger ont pavé la voie vers l'alternance politique de l'automne
2006 et la victoire des démocrates. Ensuite, avec ce changement de garde au Congrès, l'inflexion de la politique américaine en Irak devenait, selon certains, imminente : « les

élections législatives de 2006 donnent aux démocrates l'occasion de réorienter la direction générale de la politique de l'administration américaine[38] », parce que les membres du Congrès disposent d'une véritable légitimité politique, parce qu'ils peuvent s'appuyer sur le discrédit de l'administration Bush (tant en politique extérieure qu'intérieure) et parce qu'ils maîtrisent, étant majoritaires, les postes-clés des commissions.

Tel n'a pas été le cas : les démocrates n'ont pas insisté pour obtenir une révision de la politique en Irak. C'est tout un paradoxe, dans la mesure où c'est surtout sur la question irakienne que l'électorat américain avait choisi de sanctionner les républicains[39]. Cette inertie tient d'abord au fait qu'il n'y a pas eu, en novembre 2006, de raz-de-marée démocrate. Ils ont remporté la majorité avec 29 sièges à la Chambre et 6 au Sénat. Le mandat dont les élus disposent est donc limité. Il faut ajouter à cela que les démocrates présents au Congrès sont encore plus divisés que les républicains. Du redéploiement accéléré au retrait graduel et planifié, assorti ou non de réformes de la structure de l'État irakien, en passant par le maintien du *statu quo*, les positions des démocrates se démultiplient à l'infini : « si le constat que les choses ne vont pas dans la bonne direction en Irak est largement partagé, *aucun consensus n'est apparu chez les démocrates quant aux remèdes[40]* ». L'inertie du Congrès démocrate peut paraître surprenante, à l'aube de l'élection présidentielle de 2008, car il a théoriquement les moyens de faire plier l'administration Bush s'il le souhaite.

Le Congrès avait-il le pouvoir d'empêcher le président Bush d'intervenir en Irak ?

Contrairement à la réalité d'un régime parlementaire, le Congrès américain ne peut pas renverser le gouvernement du président Bush. Toutefois, il a constitutionnellement les moyens d'enrayer la machine de guerre présidentielle.

Théoriquement, le Congrès aurait pour cela deux moyens. Il peut d'abord s'appuyer sur la Loi sur les pouvoirs de guerre qui lui permet de mettre un terme à une intervention armée. Mais, comme nous l'avons vu plus tôt, cette fameuse loi demeure assez théorique. Suffisamment pour que les présidents successifs en aient contesté la constitutionnalité. Et assez pour que le Congrès ne puisse pas garantir son application.

Le second moyen à sa disposition est ce qu'on a appelé le « pouvoir du porte-monnaie ». Dans les années 1970, le Congrès a utilisé cet instrument pour limiter l'interventionnisme de l'administration Nixon en Asie du Sud-Est (notamment au Cambodge et au Laos). Il lui suffit, en effet, de réaliser les coupures budgétaires appropriées pour imposer le retour des troupes, puisque c'est lui qui vote les crédits nécessaires aux dépenses de l'administration.

Toutefois, en pratique, les choses sont plus nuancées. Les représentants sont élus tous les deux ans. Pour eux tout particulièrement, les décisions de cette nature (couper les fonds des troupes stationnées à l'étranger) doivent être pensées en terme d'électorat à échéance rapprochée. Et ce, d'autant plus que l'institution militaire est assez uniformément présente sur l'ensemble du territoire des États-Unis. Un représentant pourrait-il voter une amputation des crédits octroyés aux soldats présents en Irak? En théorie, cela impliquerait à terme le rapatriement des troupes. En pratique, il pourrait alors être accusé par le parti adverse de mettre en danger la sécurité nationale et les soldats déployés à l'étranger. Et le coût politique de cette décision serait trop élevé à la veille de la prochaine élection.

Le Congrès reste coi et renonce à apposer des conditions à l'octroi des 70 milliards de fonds d'urgence réclamés par l'administration en décembre 2007 — soit près de cinq ans après l'invasion et l'enlisement en Irak — pour les opérations en Afghanistan et en Irak. Il y a à cela plusieurs raisons. La première est technique : toute décision ayant force de loi doit être approuvée en termes identiques par la Chambre et le Sénat. Or, au Sénat, le simple basculement de Joseph Lieberman (indépendant) du côté républicain minerait toute marge de manœuvre des démocrates : ces derniers marchent donc sur des œufs. La deuxième raison est politique : le spectre de l'élection à venir plane de façon constante sur les membres du Congrès. Il est difficile pour les parlementaires démocrates d'envisager de procéder à des coupes budgétaires — ce qui est leur arme principale — sans en payer le prix politique. En effet, couper les fonds à l'administration Bush pour l'Irak reviendrait à « menacer de couper les fonds destinés aux *Boys* en Irak, [ce qui] mettrait, en effet, en péril la lente reconquête de l'opinion qu'ils ont opérée sur le terrain de la sécurité nationale[41] ». Il est évident que les républicains s'empareraient de ce prétexte pour les accuser de défaitisme et pour fustiger leurs agissements irresponsables : les démocrates donneraient alors irrémédiablement la main au parti de George W. Bush.

Le Congrès a-t-il le pouvoir de résoudre seul la crise irakienne ?

Non. Selon Fred Kaplan, « le Congrès, par nature, ne peut intervenir à ce niveau. Seul un président le peut. Encore faut-il qu'il s'en donne la peine. Et celui-là ne le fait pas ». Résoudre la crise irakienne, ce n'est pas seulement rapatrier les troupes. Il faut désormais stabiliser l'Irak, reconstruire le pays, car l'effondrement du régime de Saddam Hussein a complètement redéfini la géopolitique de la région. Laisser le pays à l'abandon obèrerait irrémédiablement et durablement l'image des États-Unis dans le monde — un « luxe » qu'aucun politicien américain ne peut désormais se permettre. En l'occurrence, l'impulsion politique de l'Exécutif est nécessaire pour mettre en œuvre une telle entreprise car les affaires internationales relèvent traditionnellement de sa compétence.

Pour les démocrates, il vaut mieux attendre et laisser les républicains sombrer d'eux-mêmes dans le bourbier irakien sans prêter le flanc à la critique. De toute façon, les démocrates ne savent pas tout à fait comment se positionner : « la plupart d'entre eux (et nombre de républicains en désaccord avec les politiques de Bush) ne savent juste pas ce qu'ils veulent faire avec l'Irak[42] ».

Le (quasi) consensus autour du 11 septembre, des représailles en Afghanistan puis de l'invasion de l'Irak explique en grande partie le silence d'institutions comme le Congrès et la Cour suprême : à quoi bon s'insurger face aux abus de la présidence, si l'opinion publique et les médias n'y trouvent rien à redire ? Cette réalité confirme le fait que les parlementaires et les juges sont très proches de la société civile, tandis que les médias se contentent souvent de suivre l'opinion publique et la position politique majoritaire. La crainte d'un gouvernement d'assemblée (où le Parlement jouerait le rôle de l'administration) ou celle d'un gouvernement des juges (où les magistrats seraient les véritables maîtres de Washington) est donc largement infondée. Investis d'une légitimité sans égal et d'un mandat sans faille après les événements du 11 septembre, le président et son administration avaient la main haute sur la politique étrangère et en ont pleinement usé.

Bibliographie sélective

BENNETT, W. Lance, Regina G. LAWRENCE et Steven LIVINGSTON, *When the Press Fails: Political Power and the News Media from Iraq to Katrina*, Chicago, University of Chicago Press, 2007.

FALLOWS, James, *Blind Into Baghdad: America's War in Iraq*, New York, Vintage, 2006.

FRANCK, Thomas M., *Political Question-Judicial Answers: Does the Rule of Law Apply to Foreign Policy?*, Princeton, Princeton University Press, 2001.

GAGNON, Frédérick, « En conformité avec la Maison-Blanche. Le Congrès et la politique de sécurité nationale des États-Unis durant le premier mandat de George W. Bush », *Études internationales*, vol. 36, n° 4, décembre 2005, p. 501-525.

GENOVESE, Michael A., *The Supreme Court, the Constitution, and Presidential Power*, Lanham, University Press of America, 1980.

GOLDSMITH, Jack, *The Terror Presidency: Law and Judgment Inside the Bush Administration*, New York, W.W. Norton, 2007.

GREENBERG, Karen J. et Joshua L. DRATEL, *The Torture Papers: The Road to Abu Ghraib*, Cambridge, Cambridge University Press, 2005.

HENDRICKSON, Ryan C., *Clinton, Bush, Congress, and War Powers: A Comparative Analysis of the Military Strikes on Iraq and Bin Laden*, Woodrow Wilson Center for International Scholars, Congress and US Military Interventions, 17 mai 2004. [http://www.wilsoncenter.org/events/docs/hendrickson.pdf] (Consulté le 20 décembre 2007).

ISIKOFF, Michael et David CORN, *Hubris: The Inside Story of Spin, Scandal, and the Selling of the Iraq War*, New York, Crown, 2006.

KELLNER, Douglas, *Media Spectacle and the Crisis of Democracy: Terrorism, War, and Election Battles*, Boulder, Paradigm, 2005.

LAVOREL, Sabine, *La politique de sécurité nationale des États-Unis sous George W. Bush*, Paris, L'Harmattan, 2003.

MASSING, Michael, *Now They Tell Us: The American Press and Iraq*, New York, New York Review of Books, 2005.

RICH, Frank, *The Greatest Story Ever Sold: The Decline and Fall of Truth in Bush's America*, 2ᵉ édition, New York, Penguin, 2007.

RUTHERFORD, Paul, *Weapons of Mass Persuasion: Marketing the War Against Iraq*, Toronto, University of Toronto Press, 2004.

Notes

1. Cité dans *The New York Times, Le Dossier du Pentagone: L'histoire secrète de la guerre au Viêtnam*, Paris, Albin Michel, 1971, p. 5.
2. Brigitte L. Nacos, *Mass-Mediated Terrorism: The Central Role of the Media in Terrorism and Counterterrorism*, New York, Rowman & Littlefield, 2002, p. 51-52.
3. Cité dans Tom Fenton, *Bad News: The Decline of Reporting, the Business of News, and the Danger to Us All*, New York, HarperCollins, 2005, p. 17.
4. Douglas Kellner, « The Persian Gulf TV War Revisited », dans Stuart Allan et Barbie Zelizer (dir.), *Reporting War: Journalism in Wartime*, Londres, Routledge, 2004, p. 51.
5. W. Lance Bennett, Regina G. Lawrence et Steven Livingston, *When the Press Fails: Political Power and the News Media from Iraq to Katrina*, Chicago, University of Chicago Press, p. 22.
6. À ce sujet, voir Hans Blix, *Irak, les armes introuvables*, Paris, Fayard, 2004.
7. Douglas Kellner, *Media Spectacle and the Crisis of Democracy. Terrorism, War and Election Battles*, Boulder, Paradigm Publishers, 2005, p. 46.
8. John A. Maltese, *Spin Control: The White House Office of Communications and the Management of Presidential News*, Chapel Hill, University of North Carolina Press, 1994, p. 215.
9. Karine Prémont, *La télévision mène-t-elle le monde ?*, Québec, Presses de l'Université du Québec, 2006, p. 80.
10. W. Lance Bennett, Regina G. Lawrence et Steven Livingston, *op. cit.*, p. 37.
11. *Ibid.*, p. 43.
12. Cité dans W. Lance Bennett, *News: The Politics of Illusion*, 5ᵉ édition, New York, Longman, 2003, p. 20.

13. Douglas Kellner, *op. cit.*, p. 64-66.

14. Cité dans Tom Fenton, *op. cit.*, p. 7.

15. *Ibid.*

16. Karine Prémont, *op. cit.*, p. 167.

17. Cité dans W. Lance Bennett, Regina G. Lawrence et Steven Livingston, *op. cit.*, p. 34.

18. À ce sujet, le film de Michael Moore, *Fahrenheit 9/11*, est tout à fait intéressant. Il démontre également comment les médias américains ont grandement facilité la préparation de la guerre en Irak. Il faut toutefois demeurer prudent quant à ce « documentaire » : Moore fait quelquefois des liens fallacieux et flirte avec la théorie du complot. Un autre documentaire, *Control Room*, produit par Jehane Noujaim en 2004, compare la couverture médiatique de la guerre en Irak par les médias américains et celle des médias arabes, notamment Al-Jazira.

19. Au sujet des réticences de l'administration de George H. Bush à renverser Saddam Hussein après la guerre du Golfe en 1991, voir le documentaire *Les Hommes de la Maison-Blanche*, réalisé par William Karel en 2000.

20. Cité dans W. Lance Bennett, Regina G. Lawrence et Steven Livingston, *op. cit.*, p. 25. Voir également l'ouvrage de Paul Suskind, *The Price of Loyalty: George W. Bush, the White House, and the Education of Paul O'Neill*, New York, Simon & Schuster, 2004.

21. W. Lance Bennett, Regina G. Lawrence et Steven Livingston, *op. cit.*, p. 18.

22. Cité dans *Ibidem*.

23. *Ibid.*, p. 32.

24. Madeleine Bunting, « A Disaster the West has Chosen to Forget », *The Guardian Weekly*, 9 septembre 2007, p. 17.

25. Karine Prémont, *op. cit.*, p. 21.

26. Karine Prémont, « Des corps calcinés, battus et mutilés, traînés dans les rues... », *Le Soleil*, 10 avril 2004, p. D5.

27. Madeleine Bunting, *op. cit.*, p. 17.

28. Ces fuites concernent essentiellement la publication, dans le *New York Times*, de mémorandums confidentiels émanant de Donald Rumsfeld et de Stephen Hadley, conseiller à la Sécurité nationale. Ces mémos soulignaient surtout les problèmes auxquels faisait face l'armée américaine sur le terrain et l'incompétence du premier ministre irakien à aider les Américains à ramener l'ordre dans le pays. Au sujet de ces fuites, voir « Rumsfeld Downplays Memo Leak », *FOX News*, 23 octobre 2003, [http://www.foxnews.com/story/0,2933,101048,00.html] ; Laura Rozen, « A Reader's Guide to Stephen Hadley's Reflection on Iraq », *The American Prospect*, 30 novembre 2006, [http://www.prospect.org/cs/

articles?article=get_the_memo] ; Dan Froomkin, « Where's the Leak ? »,
Washington Post, 4 décembre 2006, [http://www.washingtonpost.com/
wp-dyn/content/blog/2006/12/04/BL2006120400612_pf.html].

29. Cité dans Bob Woodward, *Plan of Attack*, New York, Simon &
Schuster, 2004, p. 291.

30. Elliot L. Richardson, « Checks and Balances in Foreign Relations »,
American Journal of International Law, vol. 83, n° 4, octobre 1989,
p. 738.

31. Donald P. Gregg, « After Abu Ghraib: Fight Fire With Compassion »,
The New York Times, 10 juin 2004.

32. Michael A. Genovese, *The Supreme Court, the Constitution, and
Presidential Power,* Lanham, University Press of America, 1980, p. 166.

33. Garry Wills, *The Federalist Papers by Alexander Hamilton, James
Madison and John Jay,* New York, Bantham, 1982, p. 356.

34. Robert Byrd, *Rush to War Ignores US Constitution*, Senate opened
debate on Senate Joint Resolution 46, 7 octobre 2002. [http://www.swans.
com/library/art8/zig078.html] (Consulté le 21 décembre 2007).

35. Frédérick Gagnon, « En conformité avec la Maison-Blanche. Le
Congrès et la politique de sécurité nationale des États-Unis durant le
premier mandat de George W. Bush », *Études internationales,* vol. 36,
n° 4, décembre 2005, p. 501-525 ; Frédérick Gagnon, « Dealing with
Hegemony at Home: From Congressional Compliance to Resistance to
George W. Bush's National Security Policy », dans Charles-Philippe
David et David Grondin (dir.), *Hegemony or Empire? The Redefinition
of US Power under George W. Bush,* Londres, Ashgate, 2006, p. 95 et
suiv.

36. Frédérick Gagnon, « Le président et le Congrès », dans Élisabeth
Vallet, *La présidence des États-Unis,* Québec, Presses de l'Université du
Québec, 2005, p. 100.

37. Robert Byrd, *op. cit.*

38. Louis Fisher et Nada Mourtada-Sabbah, « La Cour Suprême des États-
Unis et la décision Hamdan c. Rumsfeld », *Politique américaine,* n° 7,
printemps 2007, p. 101.

39. Frédérick Gagnon, « La victoire des démocrates, mauvais présage
pour 2008 ? », *Le Devoir,* 10 novembre 2006, p. A9.

40. Justin Vaïsse, « George W. Bush dans la tourmente », *Politique
Internationale,* n° 115, hiver 2006-2007, p. 22. Les italiques sont de
nous.

41. *Ibid.,* p. 23.

42. Fred Kaplan, « Remember Iraq ? », *Slate.com*, 20 décembre 2007.
[http://www.slate.com/id/2180470], (Consulté le 21 décembre 2007).

CHRONOLOGIE DE L'INTERVENTION AMÉRICAINE EN IRAK (2002-2007)

LA CAMPAGNE DE GEORGE W. BUSH

2002

29 janvier : George W. Bush déclare que l'Irak, l'Iran et la Corée du Nord forment un « axe du mal », contre lequel il promet d'agir.

7 avril : le premier ministre britannique, Tony Blair, adresse un avertissement à l'Irak, évoquant un « renversement » par la force de tout régime menaçant la sécurité internationale.

5 juillet : selon le quotidien *The New York Times*, l'armée américaine a mis secrètement au point un plan prévoyant une attaque massive contre l'Irak, forte de centaines d'avions de combat et de quelque 250 000 hommes.

8 juillet : Washington veut un « changement de régime » et utilisera « tous les moyens » pour renverser Saddam Hussein, déclare George W. Bush.

12-14 juillet : des officiers irakiens en exil et des représentants de l'opposition créent à Londres un conseil militaire pour renverser Saddam Hussein.

2 août : l'Irak invite à Bagdad Hans Blix, le chef de la Commission de surveillance, de vérification et d'inspection des Nations unies (UNMOVIC), pour discuter d'une éventuelle reprise des inspections de la commission chargée de veiller au désarmement de l'Irak.

12 septembre : sommant l'ONU, devant sa 57e Assemblée générale, d'agir de manière résolue pour se faire respecter par Bagdad, le président américain évoque une « action inévitable » contre l'Irak.

16 septembre : Kofi Annan, secrétaire général de l'ONU, annonce que l'Irak accepte sans conditions le retour des inspecteurs en désarmement.

17 septembre : le secrétaire d'État américain Colin Powell déclare que les États-Unis souhaitent une nouvelle résolution de l'ONU pour garantir que l'Irak respectera ses engagements de désarmement.

19 septembre : le président américain demande au Congrès l'autorisation d'utiliser l'armée américaine contre Bagdad si nécessaire.

20 septembre : l'administration Bush présente sa stratégie de sécurité nationale, qui prévoit notamment des attaques préventives contre les « États voyous ».

11 octobre : le Congrès américain autorise le recours à la force armée contre l'Irak.

16 octobre : lors d'un débat public au Conseil de sécurité, Kofi Annan demande qu'une dernière chance soit accordée à Bagdad.

18 octobre : Washington accepte que le Conseil de sécurité soit saisi à nouveau avant un éventuel recours à la force, mais souhaite une résolution unique et forte.

8 novembre : la résolution 1441 est votée à l'unanimité par le Conseil de sécurité des Nations unies. Elle donne sept jours à Bagdad pour accepter « cette dernière chance de se conformer aux obligations de son désarmement ».

13 novembre : l'Irak accepte sans réserve la résolution 1441, qui durcit le régime des inspections en désarmement sur son sol.

25 novembre : arrivée à Bagdad de 17 experts de l'UNMOVIC et de l'AIEA, conformément à la résolution 1441.

3 décembre : l'ONU adopte à l'unanimité la résolution 1447, qui renouvelle pour six mois le programme « pétrole contre nourriture » et autorise Bagdad à vendre une quantité limitée de pétrole pour acheter de la nourriture et des médicaments.

7 décembre : l'Irak remet à l'ONU une déclaration sur ses programmes à vocation militaire, un énorme rapport de 11 800 pages, tandis que Saddam Hussein présente pour la première fois des excuses au peuple koweïtien pour l'invasion de l'émirat en 1990.

17 décembre : l'opposition irakienne, réunie à Londres avec le soutien de Washington, adopte une déclaration politique appelant l'Irak d'après Saddam Hussein à se transformer en un État fédéral démocratique, libéré de ses armes de destruction massive.

19 décembre : « La déclaration irakienne utilise peut-être le langage de la résolution 1441, mais ne répond en rien aux exigences de cette résolution », déclare le secrétaire d'État américain, Colin Powell.

20 décembre: le chef des inspecteurs de l'ONU, Hans Blix, reproche à la Grande-Bretagne et aux États-Unis de ne pas fournir assez de renseignements sur les sites irakiens qu'ils suspectent d'abriter des armes de destruction massive.

2003

9 janvier: « le recours à la force est toujours un constat d'échec et la pire des solutions », déclare Jacques Chirac lors de ses vœux à la presse.

11 janvier: Washington renforce le déploiement de troupes américaines dans le Golfe, portant à 150 000 hommes le total des effectifs américains sur place.

13 janvier: le directeur de l'Agence internationale de l'énergie atomique (AIEA), Mohamed El Baradei, annonce que les inspecteurs en désarmement ont encore besoin de quelques mois pour mener à bien leur mission.

14 janvier: le chancelier allemand Gerhard Schroeder se prononce en faveur d'une deuxième résolution des Nations unies avant une éventuelle intervention militaire contre l'Irak.

20 janvier: « Rien ne justifie de rompre le fil des inspections » ni « d'envisager l'action militaire », déclare Dominique de Villepin, ministre français des Affaires étrangères, à l'issue d'une réunion ministérielle du Conseil de sécurité sur le terrorisme.

22 janvier: le secrétaire américain à la Défense Donald Rumsfeld s'en prend à l'Allemagne et à la France, en estimant que ces deux alliés, qui s'opposent aux États-Unis, ne représentent plus que « la vieille Europe ».

27 janvier: dans un rapport rendu au Conseil de sécurité de l'ONU, les chefs des inspecteurs du désarmement de l'Irak dressent un bilan sévère de la coopération de Bagdad, mais demandent plus de temps pour mener à bien leurs inspections.

30 janvier: les chefs d'État de huit pays européens (Danemark, Espagne, Grande-Bretagne, Hongrie, Italie, Pologne, Portugal, République tchèque, rejoints le lendemain par la Slovénie) se rangent derrière Washington dans une lettre commune publiée dans plusieurs journaux européens.

31 janvier : Hans Blix dément que le régime irakien soit lié au réseau terroriste Al-Qaida, ainsi que l'a affirmé le président américain dans son discours sur l'état de l'Union. Le bilan qu'il a dressé devant le Conseil de sécurité de l'ONU sur le déroulement des inspections ne justifie pas, selon lui, le déclenchement d'une guerre.

5 février : à l'ONU, le secrétaire d'État américain Colin Powell dresse un sévère réquisitoire contre l'Irak, photos et bandes sonores à l'appui, présentées comme des preuves que le régime de Saddam Hussein a choisi de ne pas coopérer.

9 février : la France et l'Allemagne mettent au point un plan de rechange à l'option militaire américaine. Celui-ci prévoit l'envoi de Casques bleus européens en Irak et le renforcement des inspections des Nations unies.

10 février : la France, la Russie et l'Allemagne adoptent une déclaration commune appelant à la poursuite et au renforcement substantiel des inspections en Irak.

Bagdad autorise « sans conditions » les vols d'avions espions U2, réclamés par les inspecteurs de l'ONU, au-dessus de son territoire.

11 février : la Chine apporte son soutien à la proposition franco-germano-russe d'étendre les inspections en Irak.

14 février : la plupart des membres du Conseil de sécurité demandent une poursuite des inspections en Irak, après un nouveau rapport des chefs des inspecteurs de l'ONU affirmant que l'Irak coopère mieux, mais doit encore apporter la preuve de son désarmement. Ce rapport signale que le missile Al-Samoud 2, qui dépasse 150 km de portée, enfreint les résolutions de l'ONU datant de 1991.

15 février : quelque dix millions de personnes se mobilisent dans le monde entier pour manifester contre la guerre en Irak, principalement en Europe où de véritables marées humaines déferlent dans les rues de Rome, Madrid et Londres.

17 février : les dirigeants européens réunis en sommet à Bruxelles se mettent d'accord sur un texte commun sur l'Irak, qui affirme que la « guerre n'est pas inévitable », sans exclure un recours à la force « en dernier ressort ». En marge du sommet, Jacques Chirac critique les pays d'Europe de l'Est qui aspirent à entrer dans l'UE pour s'être alignés sur les États-Unis et les accuse de ne pas avoir « un comportement bien responsable ».

22 février: Hans Blix fixe à Bagdad la date butoir du 1er mars pour le début de la destruction des missiles irakiens Al-Samoud prohibés.

24 février: Washington, Londres et Madrid soumettent un projet pour une seconde résolution (après la résolution 1441 adoptée le 8 novembre 2002) au Conseil de sécurité des Nations unies.

1er mars: le parlement turc rejette une motion appelant à un déploiement massif de soldats américains dans le pays.

L'Irak commence la destruction de ses missiles Al-Samoud.

5 mars: le chef de l'armée turque apporte son soutien à un déploiement de troupes américaines dans le pays.

7 mars: nouveau rapport des chefs des inspecteurs de l'ONU, Hans Blix et Mohamed El-Baradei. Ils dressent un tableau encourageant de la coopération irakienne en matière de désarmement. Hans Blix souligne l'accélération du désarmement irakien depuis fin janvier.

Washington, Londres et Madrid font circuler un projet de résolution amendé sur l'Irak, fixant au 17 mars la date limite pour que Bagdad désarme.

10 mars: le chef de la diplomatie russe, Igor Ivanov, affirme que Moscou mettra son veto au projet de résolution anglo-américain.

Au cours d'une interview télévisée, Jacques Chirac confirme sa détermination à tout faire pour empêcher une guerre contre l'Irak, quitte à utiliser le droit de veto de la France.

16 mars: Washington, Londres et Madrid annoncent une ultime tentative de faire avaliser par l'ONU un ultimatum autorisant l'usage de la force contre l'Irak, lors d'un sommet-éclair aux Açores.

17 mars: les États-Unis, la Grande-Bretagne et l'Espagne renoncent à soumettre leur résolution aux voix à l'ONU. Dans la soirée, George Bush donne 48 heures à Saddam Hussein pour quitter l'Irak. Il appelle les militaires irakiens à ne pas combattre.

Kofi Annan annonce le retrait d'Irak des inspecteurs en désarmement de l'ONU et de tout le personnel des Nations unies, ainsi que la suspension du programme «pétrole contre nourriture». Géré par l'ONU, celui-ci assurait l'essentiel du ravitaillement de la population irakienne.

Le secrétaire d'État américain Colin Powell affirme qu'une coalition de 45 pays soutient les États-Unis contre l'Irak.

19 mars : l'état d'urgence est proclamé par le parlement au Kurdistan, où des dizaines de milliers de personnes fuient les villes pour se réfugier dans des villages.

La conquête

20 mars : début de l'opération *Liberté pour l'Irak* ; les premiers bombardements américano-britanniques sur Bagdad visent des bâtiments officiels. Plusieurs puits de pétrole sont incendiés dans le sud de l'Irak.

Le parlement turc vote l'ouverture de l'espace aérien du pays à l'aviation américaine.

Le soir, les forces terrestres américano-britanniques passent à l'attaque en franchissant la frontière, à partir du Koweït.

21 mars : les Royal Marines britanniques prennent le contrôle des stations de pompage de pétrole de la péninsule de Fao, dans le sud de l'Irak.

Début des bombardements intensifs (opération *Choc et stupeur*).

La ville de Bassora (1,2 million d'habitants), dans le sud de l'Irak, est privée d'eau potable et d'électricité : les combats ont détruit les lignes à haute tension.

23 mars : de violents combats opposent les forces américano-britanniques aux soldats irakiens dans les villes d'Oum Qasr, Nassiriyah et Bassora, au sud du pays.

24 mars : la population de Bassora est menacée par une crise humanitaire en raison des coupures d'eau et des combats, selon le Comité international de la Croix-Rouge (CICR).

25 mars : les forces alliées prennent le contrôle d'Oum Qasr, ville portuaire sur le Golfe.

26 mars : 1 000 soldats de la 173ᵉ brigade de l'armée américaine sont parachutés dans le Kurdistan irakien.

28 mars : la résolution permettant la reprise du programme humanitaire « pétrole contre nourriture » pour l'Irak est adoptée à l'unanimité par le Conseil de sécurité de l'ONU.

Les combattants kurdes effectuent une avancée importante en direction de Kirkouk, au nord de l'Irak, après l'abandon par l'armée irakienne de plusieurs positions visées par des raids américains.

Une explosion, d'origine non identifiée, sur un marché populaire à Bagdad fait une cinquantaine de victimes civiles.

1er avril : un raid américain sur la ville d'Al-Hillah (80 km au sud de Bagdad) coûte la vie à 33 civils, dont des femmes et des enfants.

3 avril : les troupes américaines pénètrent dans Nadjaf.

4 avril : les troupes américaines prennent le contrôle de l'aéroport Saddam Hussein, à 20 km au sud-ouest de Bagdad.

6 avril : les Britanniques annoncent avoir pris le contrôle de la majeure partie de Bassora.

7 avril : les Américains prennent trois palais présidentiels dans le centre de Bagdad.

9 avril : les Américains contrôlent la plus grande partie de Bagdad. La statue de Saddam Hussein, place Al-Ferdaous au centre de la ville, est renversée par un blindé américain.

10 avril : les Kurdes, soutenus par les Américains, prennent Kirkouk.

Des hôpitaux, administrations et maisons de hauts dignitaires, ainsi que l'ambassade d'Allemagne et le centre culturel français à Bagdad sont pillés.

Abdel Madjid Al-Khoï, chef chiite modéré, est assassiné à Nadjaf.

11 avril : Mossoul (nord de l'Irak) est occupée par les forces américaines et Kurdes.

Le musée archéologique de Bagdad est pillé.

13 avril : les forces américaines entrent dans Tikrit, dernier bastion du régime. Les chefs des tribus demandent l'arrêt des bombardements pour négocier la reddition des miliciens.

16 avril : George W. Bush demande la levée des sanctions de l'ONU contre l'Irak.

17 avril : arrestation de Barzan Al-Tikriti, conseiller présidentiel et demi-frère de Saddam Hussein.

18 avril : l'administration américaine attribue au groupe américain de bâtiment et travaux publics Bechtel un contrat qui pourrait atteindre 680 millions de dollars, dans le cadre de la reconstruction en Irak.

21 avril : arrivée à Bagdad du général américain Jay Garner, administrateur provisoire de l'Irak d'après-guerre.

22 avril : une foule de centaines de milliers de fidèles se rassemble à Kerbala, ville sainte des Chiites en Irak, pour un pèlerinage, mais aussi pour fêter leur liberté de culte retrouvée et, pour certains, conspuer la présence américaine.

24 avril : l'ex-vice-premier ministre Tarek Aziz se rend aux Américains.

L'occupation américaine

1er mai : George W. Bush déclare, dans une allocution prononcée depuis le porte-avions Abraham-Lincoln, au large de la Californie, que «l'essentiel des combats est terminé en Irak».

2 mai : Paul Bremer, un diplomate de carrière, est chargé de diriger la reconstruction de l'Irak en tant qu'administrateur civil.

8 mai : les dirigeants de l'ex-opposition, désignés par Washington pour former le noyau d'un gouvernement provisoire, se réunissent à Bagdad avec des responsables américains.

10 mai : le chef de la principale formation de l'ex-opposition chiite irakienne exilé en Iran, l'ayatollah Mohammad Baqer Hakim, fait un retour triomphal en Irak.

16 mai : l'accès de la fonction publique est interdit à tous les hauts responsables du Baas, le parti du président déchu Saddam Hussein, mesure qui devrait toucher entre 15 000 et 30 000 personnes.

22 mai : la résolution américano-britannique pour la levée des sanctions en Irak est adoptée par les membres du Conseil de sécurité des Nations unies, à l'exception de la Syrie.

3 juin : la commission des Affaires étrangères du parlement britannique annonce l'ouverture d'une enquête sur la décision du gouvernement de participer à la guerre en Irak, à la suite d'accusations selon lesquelles Downing Street aurait réécrit un rapport des services de renseignement sur l'armement irakien pour justifier le conflit.

13 juin : des affrontements font 27 morts près de la base militaire Al-Bakr, au nord-ouest de Bagdad, après qu'un groupe d'assaillants ait attaqué des chars d'assaut de la 4e division d'infanterie américaine.

14 juin : l'armée américaine lance l'opération *Scorpion du désert* dans le nord et nord-ouest de l'Irak, contre les loyalistes au régime déchu de Saddam Hussein, qui harcèlent les forces de la coalition.

23 juin : la coalition annonce sa décision de payer les salaires des soldats irakiens démobilisés, qui menaçaient de recourir à des actions violentes si leurs soldes n'étaient pas versées.

27 juin : le chef de l'Assemblée suprême de la révolution islamique en Irak (Asrii-chiite), Mohammad Baqer Al-Hakim, rejette les actions violentes contre la coalition et affirme qu'il préférerait des moyens pacifiques pour mettre fin à l'occupation.

30 juin : les troupes américaines en Irak, confrontées à une insécurité croissante, lancent une nouvelle opération baptisée « Crotale du désert » contre l'ancien bastion du président déchu Saddam Hussein au nord de Bagdad.

1er juillet : l'armée américaine évacue une de ses positions dans la ville de Falloudja, où la tension est vive après la mort de six étudiants en théologie lors d'une explosion dans une mosquée.

3 juillet : les États-Unis offrent une récompense de 25 millions de dollars pour des informations conduisant à l'arrestation de Saddam Hussein.

6 juillet : Paul Bremer accepte la création d'un Conseil de gouvernement transitoire doté de véritables pouvoirs exécutifs, tout en se réservant un droit de veto.

13 juillet : le Conseil de gouvernement transitoire irakien, composé de 25 membres, se réunit pour la première fois à Bagdad.

22 juillet : les deux fils et le petit-fils de Saddam Hussein sont tués lors d'un assaut lancé par les troupes américaines contre une maison dans laquelle ils étaient cachés à Mossoul.

29 juillet : le Conseil de gouvernement transitoire irakien institue une présidence tournante de neuf membres : ce « Conseil présidentiel » compte cinq Chiites, deux Sunnites et deux Kurdes, choisis parmi les 25 membres du Conseil de gouvernement transitoire. Chacune de ces neuf personnalités présidera le Conseil durant un mois.

19 août : un attentat-suicide au camion piégé perpétré contre le siège de l'ONU à Bagdad fait 22 morts, dont le représentant de l'ONU, Sergio Vieira de Mello.

29 août : dix-huit personnes sont tuées, dont le chef de l'Assemblée suprême de la révolution islamique en Irak (ASRII), l'ayatollah Mohammad Baqer Hakim, durant l'explosion d'une voiture piégée devant le mausolée d'Ali dans la ville sainte chiite de Najaf, à la fin de la prière du vendredi.

3 septembre : le premier gouvernement de l'après-Saddam prête serment.

La Pologne prend le contrôle de cinq provinces.

2 octobre : un rapport du Groupe d'inspection en Irak (ISG) affirme qu'aucune arme de destruction massive n'a été découverte.

23-24 octobre : conférence des donateurs pour la reconstruction de l'Irak à Madrid ; 33 milliards de dollars sont recueillis.

27 octobre : cinq attentats-suicides à la voiture piégée sont perpétrés à Bagdad, contre le siège du Comité international de la Croix-Rouge (CICR) et contre quatre postes de police. Le bilan est de 43 morts.

30 octobre : L'ONU annonce le retrait temporaire de Bagdad de son personnel étranger.

2 novembre : un hélicoptère américain est abattu près de Falloudja. Seize soldats sont tués et 26 autres blessés.

12 novembre : 18 soldats italiens sont tués dans un attentat à la voiture piégée contre une base militaire à Nassiriyah (sud de l'Irak).

15 novembre : les États-Unis présentent un calendrier pour la passation de pouvoir aux Irakiens ; un gouvernement provisoire sera installé avant juin 2004. Une assemblée constituante devrait être élue en 2005.

Dix-sept soldats américains sont tués lors de la chute de deux hélicoptères de combat dans le nord de l'Irak.

16 novembre : l'occupation de l'Irak prendra fin le 30 juin 2004, mais les troupes de la coalition resteront dans ce pays « à l'invitation des Irakiens », annonce un responsable américain.

27 novembre : l'ayatollah Al-Sistani, le plus haut dirigeant chiite irakien, exige des élections immédiates au suffrage universel. Selon l'accord signé entre le Conseil de gouvernement et la coalition, les premières élections au suffrage universel ne devraient se tenir qu'en mars 2005.

5 décembre : l'ancien secrétaire d'État James Baker est nommé envoyé spécial pour la dette irakienne.

9 décembre : le Japon décide d'envoyer des troupes non combattantes en Irak.

10 décembre : création d'un tribunal spécial chargé de juger les crimes du régime de Saddam Hussein.

13 décembre : arrestation de Saddam Hussein près de Tikrit, sa ville natale.

14 décembre : l'explosion d'une voiture piégée devant un poste de police de Khaldiya, à l'ouest de Bagdad, tue 18 personnes.

27 décembre : quatre attentats à la voiture piégée frappent Kerbala (centre), faisant 19 morts.

2004

18 janvier : un attentat-suicide devant le siège de la coalition, à Bagdad, fait 23 morts.

19 janvier : des milliers de Chiites manifestent dans le centre de Bagdad à la demande de l'ayatollah chiite Ali Al-Sistani pour réclamer la tenue rapide d'élections.

23 janvier : David Kay, le responsable de la mission américaine chargée de découvrir un éventuel arsenal d'armes de destruction massive, démissionne en affirmant qu'il ne pense pas que le régime de Bagdad détenait des stocks d'armes interdites.

1er février : plus de 100 personnes sont tuées lors d'un double attentat-suicide perpétré contre les sièges des deux principaux partis du Kurdistan irakien à Erbil, au premier jour de la fête musulmane d'Al-Adha.

2 février : sous la pression du Congrès, George W. Bush annonce la création d'une commission d'enquête indépendante chargée d'établir si les services de renseignement américains ont commis des erreurs dans le dossier des armes de destruction massive.

10-11 février : deux attentats contre les forces de sécurité font une centaine de victimes à Bagdad et à Iskandariya.

1er mars : le Conseil de gouvernement adopte le texte de la Constitution provisoire, résultat d'un compromis difficile entre islamistes et laïcisants. Ce texte fait notamment de l'islam une source de la législation et non sa source exclusive.

2 mars : avec plus de 180 morts, l'Irak connaît sa journée la plus sanglante depuis la chute du régime de Saddam Hussein. Plusieurs attentats visant la communauté chiite, le jour de la fête de l'Achoura, font 112 victimes dans la ville sainte de Kerbala, tandis qu'à Bagdad un attentat contre une mosquée chiite tue 70 personnes.

15 mars : José Luis Rodriguez Zapatero, vainqueur des élections législatives en Espagne, annonce que, conformément à l'engagement pris pendant la campagne électorale, les troupes espagnoles seront retirées d'Irak « s'il n'y a pas de nouveauté avant le 30 juin ».

31 mars : quatre contractants militaires privés américains sont tués à Falloudja et les corps de deux d'entre eux sont mutilés par la foule et exhibés dans la ville.

4 avril : début d'affrontements très violents entre forces de la coalition et partisans du chef chiite radical Moktada Al-Sadr, dans les principales villes chiites du sud et à Bagdad.

5 avril : l'armée américaine lance une opération d'envergure contre la ville sunnite de Falloudja.

12 avril : l'enlèvement de trois Russes et cinq Ukrainiens, libérés le lendemain, marque le début d'une série de prises d'otages étrangers.

19 avril : Moktada Al-Sadr appelle ses partisans à cesser leurs attaques contre les soldats espagnols, au lendemain de la décision de Madrid de retirer son contingent.

20 avril : après le Honduras la veille, la République dominicaine décide de retirer ses troupes.

21 avril : plus de 70 personnes sont tuées dans cinq attentats à la voiture piégée contre la police, à Bassorah et à Zoubair, dans le sud de l'Irak, jusqu'à présent relativement épargné par la violence.

28 avril : des photos de soldats américains infligeant des sévices à des Irakiens dans la prison d'Abou Ghraïb, diffusées par la chaîne de télévision américaine CBS, soulèvent une vague d'indignation dans le monde.

30 avril : une brigade irakienne est chargée de maintenir l'ordre à Falloudja d'où les Marines se retirent. Ce retrait marque la fin de la confrontation dans ce bastion sunnite où quatre semaines de siège ont fait quelque 280 morts du côté irakien.

1er mai : le *New Yorker* révèle qu'un rapport de l'armée américaine dénonçait, dès février, l'aspect « systématique » des exactions commises contre les prisonniers irakiens.

6 mai : l'administrateur civil américain Paul Bremer nomme un gouverneur à Najaf et exige le désarmement de la milice de Moktada Al-Sadr, qui affronte, presque quotidiennement, dans la ville sainte, les soldats de la coalition.

7 mai : le secrétaire américain à la Défense, Donald Rumsfeld, présente des excuses pour les sévices contre les prisonniers. Le Comité international de la Croix-Rouge (CICR) indique avoir été témoin de mauvais traitements « assimilables à des tortures » et érigés en un « vaste système ».

10 mai : à Bagdad, 35 miliciens chiites sont tués en 48 heures dans des accrochages avec la coalition.

11 mai : un site Internet proche d'Al-Qaida publie les images de la décapitation d'un civil américain, Nicholas Berg, disparu depuis un mois.

14 mai : Paul Bremer évoque la possibilité d'un désengagement américain d'Irak, déclarant qu'« il n'est évidemment pas possible de rester dans un pays où nous ne sommes pas les bienvenus ».

17 mai : Ezzedine Salim, président en exercice de l'Exécutif irakien, est tué à Bagdad dans un attentat à la voiture piégée.

19 mai : dans la région d'Al-Qaëm, à une vingtaine de kilomètres de la frontière irako-syrienne, 41 Irakiens qui célébraient un mariage sont tués par un raid américain.

28 mai : le Chiite Iyad Allaoui, proche de Washington, est choisi par le Conseil de gouvernement comme futur premier ministre.

Le « transfert de souveraineté »

1er juin : Ghazi Al-Yaouar est désigné président de l'Irak.

8 juin : adoption à l'ONU de la résolution 1546 sur le transfert de souveraineté, détaillant les étapes de l'organisation d'élections d'ici à janvier 2005 et les conditions du maintien de la coalition, sans fixer de date limite.

22 juin : annonce de l'exécution d'un otage sud-coréen aux mains d'un groupe se réclamant du réseau de l'islamiste jordanien Abou Moussab Al-Zarkaoui, pour lequel la coalition en Irak offre 10 millions de dollars à qui permettra de le capturer. Il est considéré par les États-Unis comme le « suspect numéro un » dans une longue liste d'attentats meurtriers en Irak depuis la chute du régime de Saddam Hussein.

24 juin : une série d'attaques et d'attentats simultanés dans les régions de Mossoul, Baaqouba, Falloudja, Ramadi et Bagdad fait au moins 90 morts.

28 juin : transfert de pouvoirs au gouvernement intérimaire irakien dirigé par Iyad Allaoui. L'Autorité provisoire de la coalition (CPA) est dissoute. Paul Bremer quitte l'Irak.

30 juin : le président Ghazi Al-Yaouar annonce le rétablissement de la peine de mort.

1ᵉʳ **juillet :** Saddam Hussein comparaît devant un tribunal irakien qui lui signifie sept chefs d'accusation de crimes contre l'humanité.

7 juillet : le premier ministre Iyad Allaoui s'arroge les pleins pouvoirs en matière de sécurité.

16 juillet : cinquième pays à effectuer un désengagement anticipé, les Philippines quittent l'Irak, cédant aux ravisseurs qui menaçaient de tuer un de leurs ressortissants.

28 juillet : soixante-huit personnes sont tuées dans un attentat-suicide perpétré devant un bâtiment de la police à Baaqouba, à 60 km au nord de Bagdad.

5 août : la Force multinationale et la sécurité irakienne lancent une vaste offensive contre les miliciens chiites de Moktada Al-Sadr dans plusieurs villes d'Irak, dont Najaf, Bassorah, Nassiriyah et Bagdad.

6 août : le grand ayatollah Ali Al-Sistani, figure emblématique des Chiites, quitte Najaf où il réside, pour Londres, pour des problèmes de santé.

15-18 août : une conférence nationale de 1 300 délégués désigne un conseil consultatif et de contrôle, le « Conseil national intérimaire ». Cette instance de 100 personnes doit voter le budget et préparer les élections générales de janvier 2005.

17 août : huit membres de la conférence nationale se rendent à Najaf pour tenter une médiation avec les rebelles chiites.

26 août : l'ayatollah Al-Sistani arrive à Najaf, où un cessez-le-feu est décrété, puis un accord conclu avec Moktada Al-Sadr qui accepte de déposer les armes. Deux manifestations de partisans de Sadr se terminent dans un bain de sang : la Garde nationale ouvre le feu pour les empêcher d'entrer dans Najaf, tuant 74 personnes.

28 août : la télévision Al-Jazira annonce l'enlèvement de deux journalistes français, Christian Chesnot et Georges Malbrunot, disparus huit jours auparavant.

31 août : le site Internet du groupe islamiste « Ansar Al-Sunna », proche d'Al-Qaida, annonce l'exécution de douze otages népalais.

8 septembre : le seuil des 1 000 soldats américains morts en Irak est franchi, 18 mois après le début de la guerre.

9-17 septembre : nouvelle flambée de violence. Des affrontements avec des rebelles et des raids de l'armée américaine à Bagdad, dans le triangle sunnite et à Tall Afar, dans le nord de l'Irak, font plus de 250 victimes.

25 septembre : dans une interview publiée par le *New York Times*, Colin Powell annonce le soutien américain à la tenue d'une conférence internationale. L'administration Bush rejetait jusqu'alors cette initiative franco-russe, défendue par le candidat démocrate à l'élection présidentielle, John Kerry.

2-3 octobre : l'armée américaine et les forces irakiennes reprennent la ville de Samarra, ville sunnite de 250 000 habitants située à 125 km au nord de Bagdad, faisant quelque 150 morts en deux jours.

7 octobre : le rapport du chef des inspecteurs américains en Irak, Charles Duelfer, confirme l'absence de stocks d'armes bactériologiques, chimiques ou nucléaires dans ce pays lors de l'entrée en guerre.

15 octobre : l'armée américaine lance une opération d'envergure contre Falloudja, avec plus de 1 000 soldats américains, ainsi que des forces irakiennes.

2 novembre : début d'une vaste offensive américaine sur Falloudja qui durera plus d'un mois. Plus de 10 000 soldats américains, soutenus par 2 000 Irakiens, participent à l'offensive la plus importante depuis la chute de Bagdad en avril 2003. La majeure partie des 300 000 habitants fuit cette ville, qui sera en grande partie détruite.

7 novembre : Iyad Allaoui décrète l'état d'urgence sur tout le territoire irakien, excepté le Kurdistan, jusqu'aux élections.

26 novembre : dix partis irakiens, dont celui du premier ministre, Iyad Allaoui, demandent, sans succès, le report de six mois des élections générales, en raison de l'insécurité.

19 décembre : les villes saintes chiites de Najaf et Kerbala sont secouées par deux attentats qui font 66 morts.

21 décembre : libération de Christian Chesnot et Georges Malbrunot.

27 décembre : le Chiite Abdel Aziz Hakim, chef du Conseil suprême de la révolution en Irak, échappe à un attentat contre son bureau à Bagdad, qui fait 13 morts. L'action est revendiquée par le groupe Zarkaoui.

La principale formation sunnite, le Parti islamique irakien, annonce son retrait de la course électorale.

2005

4 janvier: le gouverneur de Bagdad, Ali Radi al-Haïdari, et l'un de ses gardes sont assassinés dans l'ouest de la capitale.

5 janvier: disparition de la journaliste française Florence Aubenas, et de son assistant irakien Hussein Hanoun.

La Maison-Blanche déclare que les États-Unis ont cessé de rechercher activement des armes de destruction massive (ADM) en Irak.

30 janvier: premières élections multipartites en Irak depuis 1953. Les électeurs désignent l'Assemblée nationale, l'Assemblée de la région autonome kurde et les 17 conseils de province, plus celui de Bagdad. Les Irakiens votent massivement, dans un climat marqué par des attentats qui font une quarantaine de morts, mais qui n'ont pas réussi à dissuader les électeurs, surtout les Chiites dans le centre et le sud, et les Kurdes dans le nord, de se rendre aux urnes. La liste chiite soutenue par l'ayatollah Ali Al-Sistani arrive largement en tête (48 % des voix), devant la liste kurde (25 %).

28 février: 118 personnes sont tuées à Hilla, ville à majorité chiite, lors de l'attentat-suicide le plus meurtrier depuis la chute de Saddam Hussein. L'attaque est revendiquée par le groupe d'Abou Moussa Al-Zarkaoui.

10 mars: un attentat-suicide lors des funérailles d'un dirigeant chiite à Mossoul fait 51 morts.

31 mars: la Bulgarie et l'Ukraine annoncent le retrait de leurs troupes, respectivement 460 et 1 300 hommes, avant la fin de l'année.

6 avril: après deux mois de tractations, le Kurde Jalal Talabani est élu président de l'Irak par l'Assemblée nationale transitoire.

7 avril: le Chiite Ibrahim Al-Jaafari est nommé premier ministre par le président Talabani, qui propose une amnistie pour les insurgés.

20 avril: le gouvernement annonce la découverte, sur les berges du Tigre, au sud-est de Bagdad, de corps décomposés de plus de cinquante otages portés disparus. Le président Talabani établit un lien entre cette découverte et une prise d'otages le week-end précédent à Madaïen, à une vingtaine de kilomètres en amont du lieu où ont été repêchés les corps.

8 mai: le gouvernement transitoire irakien, enfin au complet plus de trois mois après les élections, obtient la confiance du Parlement. Il compte 36 ministres: 18 Chiites, 9 Sunnites, 8 Kurdes et un chrétien. Il comprend sept femmes.

11 mai : une série d'attentats, notamment à Tikrit et à Hawija, fait au total 64 victimes.

14-15 mai : une série d'attentats antichiites et la découverte de 46 corps d'hommes sunnites tués par balle, décapités ou égorgés, avivent la tension entre les deux communautés. Le Comité des oulémas musulmans, la principale association sunnite, met en cause l'organisation chiite Badr.

12 juin : libération de Florence Aubenas et de son guide Hussein Hanoun.

16 juin : un compromis est trouvé sur la question de la participation de Sunnites à la commission de rédaction de la Constitution. Ils auront 13 représentants sur un total de 55 membres. La commission doit achever la rédaction de la loi fondamentale avant le 15 août.

7 juillet : la branche irakienne d'Al-Qaida annonce avoir tué l'ambassadeur d'Égypte, Ihab Al-Chérif, dont elle avait revendiqué l'enlèvement cinq jours plus tôt à Bagdad.

13 juillet : 32 enfants et adolescents sont tués par un kamikaze qui a fait exploser sa voiture piégée contre des soldats américains qui leur offraient du chocolat, à Bagdad.

22 août : le texte de la Constitution est approuvé par le Parlement, mais des points de divergences restent à régler. Les Sunnites rejettent ceux qui menacent, selon eux, l'unité du pays.

31 août : à la suite de rumeurs sur la présence de kamikazes dans la foule, lors d'un pèlerinage chiite, une gigantesque bousculade sur un pont à Bagdad fait un millier de morts.

14 septembre : une vague d'attentats et d'attaques fait 150 morts. Abou Moussab Al-Zarkaoui, s'exprimant sur un site islamiste, proclame une « guerre totale » contre les Chiites, les accusant d'« exterminer » les Sunnites qu'il exhorte « à se réveiller ».

11 octobre : le principal parti sunnite, le Parti islamique, annonce qu'il va appeler à voter « oui » lors du référendum constitutionnel, après un accord permettant d'amender ce texte à l'issue des élections générales de décembre.

15 octobre : le projet de constitution, instituant le fédéralisme, est adopté à 78 % par référendum.

19 octobre : ouverture du procès de Saddam Hussein.

18 novembre : des attentats-suicides contre deux mosquées chiites à Khaneqin (nord-est) font 78 victimes.

19-21 novembre : une réunion de réconciliation entre les principales factions irakiennes, au Caire, aboutit à une réintégration de la minorité sunnite dans le jeu politique.

15 décembre : élections législatives. La liste chiite conservatrice remporte 78 sièges sur 275, mais n'obtient pas la majorité absolue ; la liste kurde emporte 53 sièges et la liste sunnite 44.

2006

5 janvier : au moins 120 personnes sont tuées dans une vague d'attentats en Irak, en particulier devant un centre de recrutement de la police à Ramadi (67 morts), et dans la ville sainte chiite de Kerbala (44 morts).

12 février : le premier ministre Ibrahim Al-Jaafari est choisi comme candidat à sa propre succession par les Chiites conservateurs, majoritaires dans le nouveau Parlement.

22 février : un mausolée de Samarra, lieu saint chiite, est sérieusement endommagé par un attentat. Les jours suivants, des violences entre Chiites et Sunnites font plus de 450 morts.

13 mars : Londres annonce le retrait de 800 soldats avant le mois de mai, soit 10 % de ses troupes en Irak.

20 mars : le magazine *Time* révèle que 15 civils irakiens auraient été tués par des Marines en novembre 2004 près de la ville de Haditha (à l'ouest de l'Irak) en représailles après que leur véhicule ait été atteint par une bombe.

7 avril : un triple attentat-suicide contre une mosquée chiite à la fin de la prière du vendredi à Bagdad tue 90 personnes.

10 avril : victoire de la coalition de centre gauche en Italie qui a promis de retirer les troupes italiennes d'Irak si elle l'emportait.

20 avril : le premier ministre sortant, Ibrahim Al-Jaafari, renonce à sa candidature au poste de premier ministre, ouvrant la voie à la formation d'un gouvernement, plus de quatre mois après les élections du 15 décembre. Ses adversaires critiquaient l'incapacité de son gouvernement à maîtriser les violences.

22 avril : Nouri Al-Maliki, le numéro deux du parti Dawa d'Ibrahim Al-Jaafari, est chargé de former un gouvernement.

7 mai : le parlement de la région autonome du Kurdistan irakien vote l'unification des trois provinces, scellant la réconciliation du Parti démocratique du Kurdistan (PDK) de Massoud Barzani et de l'Union patriotique du Kurdistan (UPK) de l'actuel président irakien Jalal Talabani.

7 juin : Abou Moussab Al-Zarkaoui, le chef de la branche d'Al-Qaida en Irak, est tué par un raid aérien américain.

17 juillet : fin du retrait des 600 soldats japonais.

18 juillet : cent civils meurent chaque jour en Irak, selon un rapport de l'ONU qui dresse le tableau d'un pays sombrant dans la violence intercommunautaire.

1er septembre : le Pentagone publie un rapport, rédigé à la demande du Congrès, qui évoque le spectre de la guerre civile. Le nombre d'attaques a augmenté de 15 % en trois mois et celui des victimes irakiennes de 50 %.

11 octobre : le Parlement adopte une loi créant un État fédéral, en dépit des craintes que cette réorganisation suscite parmi les Sunnites. Ils ont peur d'être isolés parce que leurs régions, situées essentiellement dans l'ouest du pays, sont largement désertiques et privées de pétrole.

12 octobre : une étude publiée par le journal britannique *The Lancet* estime à 650 000 le nombre d'Irakiens qui auraient péri depuis l'invasion américaine en mars 2003.

5 novembre : le Tribunal spécial irakien condamne Saddam Hussein à la pendaison pour le massacre de 148 villageois chiites en 1982.

21 novembre : l'Irak et la Syrie rétablissent leurs relations diplomatiques, rompues en 1980 par Saddam Hussein en raison du soutien de Damas à Téhéran pendant la guerre Irak/Iran.

23 novembre : l'Irak connaît l'une des journées les plus meurtrières depuis l'intervention américaine, en mars 2003, avec plus de 200 morts dont 150 à Sadr City, le quartier populaire chiite de Bagdad.

1er décembre : fin du retrait des troupes italiennes.

6 décembre : le groupe d'études sur l'Irak, formé à l'initiative du Congrès américain et conduit par l'ex-secrétaire d'État républicain James Baker, rend un rapport dressant un constat d'échec de la politique de George W. Bush et prônant un début de retrait des forces américaines, associé à une ouverture diplomatique en direction de la Syrie et de l'Iran pour tenter de sortir de la crise.

28 décembre : les pertes de l'armée américaine atteignent le seuil des 3 000 morts.

30 décembre : Saddam Hussein est exécuté par pendaison.

Plus de 34 000 civils ont été tués en 2006 selon l'ONU.

2007

10 janvier : George W. Bush annonce une « nouvelle » stratégie pour l'Irak. Ignorant les conseils proposés par le groupe d'études sur l'Irak dirigé par James Baker, il annonce l'envoi d'un renfort de 21 500 soldats américains. Sur les volets diplomatique, politique et économique, il maintient la direction prise depuis 2003.

15 janvier : pendaison du demi-frère de Saddam Hussein, Barzan Al-Tikriti, ancien patron des services secrets, et d'Awad Al-Bandar, ex-président du tribunal révolutionnaire.

24 janvier : la commission des affaires étrangères du Sénat américain se prononce en faveur (12 contre 9) d'une résolution non contraignante qui dénonce le plan du président Bush prévoyant le déploiement de troupes supplémentaires en Irak.

1er février : selon le National Intelligence Estimate, le gouvernement irakien est trop faible pour assurer l'unité du pays et l'armée irakienne ne dispose pas des outils nécessaires pour contrer l'insurrection. La présence militaire américaine est donc toujours requise pour stabiliser l'Irak.

6 février : un nouveau plan de sécurisation de Bagdad est mis en application. Il prévoit le déploiement de 85 000 hommes.

16 février : malgré l'augmentation de la violence dans la capitale irakienne, le premier ministre Nouri Al-Maliki qualifie le nouveau plan de sécurisation de Bagdad de « succès fulgurant ».

La Chambre des représentants se prononce en faveur (246 contre 182) d'une résolution non contraignante qui exprime son soutien aux troupes américaines déployées en Irak tout en critiquant la décision du président Bush d'envoyer 20 000 soldats supplémentaires.

21 février : le premier ministre Tony Blair affirme que 1 600 des 7 100 soldats britanniques stationnés dans le sud de l'Irak quitteront le pays dans les prochains mois. Selon Blair, « cela ne signifie pas que nous sommes satisfaits de la situation à Bassora, cela signifie plutôt que le destin de Bassora est désormais entre les mains des Irakiens».

26 février: le gouvernement irakien adopte un projet de loi selon lequel les revenus pétroliers devront être répartis entre les régions sur la base de leur importance démographique. Le projet accorde aux régions le droit de négocier des ententes avec les compagnies étrangères en ce qui concerne l'exploitation des champs pétrolifères se trouvant sur leur territoire.

5 mars: l'explosion d'une voiture piégée ravage le quartier des librairies, centre intellectuel de Bagdad.

10 mars: Bagdad organise une conférence internationale sur la paix, invitant les États membres du Conseil de sécurité (Chine, États-Unis, France, Grande-Bretagne, Russie), les pays voisins de l'Irak (Arabie saoudite, Iran, Jordanie, Koweït, Syrie, Turquie), l'Égypte, Bahrein, ainsi que l'ONU, la Ligue arabe et l'Organisation de la conférence islamique.

12 avril: huit personnes, dont deux législateurs irakiens, sont tuées dans un attentat-suicide ayant lieu au parlement situé dans la Zone internationale fortifiée de Bagdad. Dans une autre attaque qui fait dix morts, le pont Al-Sarafiya qui enjambait le Tigre est détruit.

18 avril: cinq bombes ciblant les quartiers chiites de Bagdad tuent environ 200 personnes et ravagent la capitale irakienne dans le pire épisode de violence depuis plusieurs semaines.

1er mai: George W. Bush pose son veto au projet de loi de financement d'un montant de 124 milliards $US qui prévoyait le retrait des troupes américaines de l'Irak. Selon le président, «fixer une date butoir pour le retrait des troupes équivaut à fixer la date d'un échec, ce qui serait irresponsable».

4 mai: le «Contrat international d'objectifs pour l'Irak» est adopté lors de la conférence internationale réunissant une cinquantaine de pays à Charm el-Cheikh, en Égypte. Au cours de cette même conférence, l'Iran accuse les États-Unis de «terrorisme» en Irak, ce qui vient amoindrir les espoirs d'une détente des relations entre les deux pays.

11 mai: le président irakien Jalal Talabani estime que les troupes américaines doivent demeurer dans son pays encore un an ou deux.

25 mai : le chef radical chiite Moktada Al-Sadr sort de la clandestinité en se rendant à la mosquée de Koufa au sud de Bagdad, où il tend la main aux Sunnites et prononce un sermon hostile envers les États-Unis, réclamant le retrait des troupes américaines de l'Irak.

Avec 127 décès, le mois de mai est le plus meurtrier pour les troupes américaines en Irak depuis novembre 2004.

13 juin : la mosquée chiite de Samarra est bombardée pour la deuxième fois en 16 mois.

24 juin : trois officiels de l'armée irakienne, y compris un cousin de Saddam Hussein, sont déclarés coupables et condamnés à mort pour leur rôle dans la campagne Anfal au cours de laquelle quelque 50 000 Kurdes avaient péri en 1988.

7 juillet : un camion rempli d'explosifs détruit des dizaines de maisons et de commerces à Amerli, un village chiite au nord de Bagdad. Des centaines de personnes sont blessées dans l'attaque, ce qui ravive les critiques envers le projet de George Bush en Irak, qualifié par le *New York Times* de « cause perdue ».

1er août : six ministres du Front de la concorde nationale, la plus importante faction sunnite au sein du cabinet du premier ministre Nouri Al-Maliki, démissionnent en invoquant l'incapacité du gouvernement dirigé par les Chiites à endiguer la violence de l'insurrection, à mettre en place les projets de réformes et à encourager la participation des Sunnites au processus décisionnel irakien.

14 août : au moins 175 personnes sont tuées et plus de 200 blessées dans quatre attentats au camion piégé qui visaient des membres de la secte religieuse des Yézédis dans le nord de l'Irak.

26 août : le premier ministre chiite Al-Maliki, le président kurde Talabani, le vice-président sunnite Tarek Al-Hachémi, le vice-président chiite Adel Abdel Mehdi et le président de la région autonome du Kurdistan irakien, Massoud Barzani, acceptent une loi de réconciliation qui remplacera la loi de « débaassification » adoptée en 2003, et qui permettra aux anciens membres du Parti baassiste de rejoindre le gouvernement et l'armée.

27 août : le président français, Nicolas Sarkozy, réclame un calendrier clair de retrait des troupes américaines de l'Irak.

3 septembre : le président Bush, la secrétaire d'État Condoleezza Rice et le secrétaire à la Défense Robert Gates effectuent une visite surprise en Irak et se rendent dans la province d'Anbar. Une rencontre est organisée entre les dirigeants américains et le premier ministre Nouri Al-Maliki, ainsi que d'autres dirigeants irakiens. George W. Bush y souligne les progrès accomplis dans la province d'Anbar au niveau de la sécurité et de la réconciliation nationale. Il affirme également qu'un retrait des troupes américaines de l'Irak pourrait être envisagé si la situation continue de s'améliorer.

10 septembre: le général David Petraeus, commandant en chef des forces américaines en Irak, affirme, lors d'une audition devant les commissions réunies des Forces armées et des Affaires étrangères de la Chambre des représentants, que Washington pourrait réduire le nombre de soldats déployés dans le pays à environ 130 000 hommes d'ici l'été 2008 sans compromettre les progrès en matière de sécurité. De son côté, l'ambassadeur des États-Unis à Bagdad, Ryan Crocker, assure qu'un départ précipité d'Irak ferait de l'Iran le grand gagnant.

13 septembre: George W. Bush annonce un retrait militaire limité d'Irak d'ici à juillet 2008.

16 septembre: dix-sept civils irakiens sont tués lorsque les employés de la société de sécurité privée *Blackwater USA*, qui escortaient un convoi diplomatique, tirent sur une voiture ayant omis de s'arrêter malgré la demande d'un agent de police. Le premier ministre irakien Nouri Al-Maliki menace d'expulser du pays les employés de la firme *Blackwater*.

8 octobre: le premier ministre britannique Gordon Brown annonce que la Grande-Bretagne réduira son contingent dans le sud de l'Irak à 2 500 soldats à compter du printemps 2008.

17 octobre: le Parlement turc vote en faveur (507 contre 19) d'une motion autorisant le lancement de raids contre les bases de séparatistes kurdes de Turquie dans le nord de l'Irak.

18 octobre: le président russe, Vladimir Poutine, affirme que les Américains ont échoué en Irak et devraient fixer une date pour leur retrait de ce pays.

24 novembre: cinq mille soldats américains s'apprêtent à quitter la province de Diyala, ce qui constitue le premier retrait significatif de troupes américaines de l'Irak. Une fois le départ de ces soldats complété, le nombre des effectifs américains en Irak passe à 157 000.

5 décembre: au moins quatre attentats à la bombe font 25 morts et une soixantaine de blessés pendant la visite surprise du secrétaire à la Défense, Robert Gates, en Irak.

16 décembre : avec l'aide de l'armée américaine, des avions de combat turcs bombardent la province de Dohouk, au nord de l'Irak, ciblant le Parti des travailleurs du Kurdistan. Au moins un civil perd la vie dans cette attaque.

La Grande-Bretagne remet la responsabilité de la sécurité dans la province de Bassora aux forces irakiennes après cinq ans de contrôle britannique du sud de l'Irak.

18 décembre : cinq cents soldats turcs mènent une incursion dans le nord de l'Irak contre des rebelles kurdes, alors que Condoleezza Rice effectue une visite surprise en Irak. La secrétaire d'État américaine accuse les troupes turques de déstabiliser la région.

29 décembre : le général David Petraeus note une baisse de 60 % des attaques à la voiture piégée et des attentats-suicides depuis juin 2007. Selon lui, la plus grande menace à la sécurité en Irak demeure l'organisation terroriste Al-Qaida.

30 décembre : Une poignée de fidèles de l'ancien régime irakien rend un hommage discret à Saddam Hussein à Aouja, village où repose le dictateur déchu, exécuté il y a exactement un an pour des crimes commis contre des villageois chiites.

Selon *Iraq Body Count* (IBC), groupe qui dresse le bilan des victimes dans ce pays depuis l'invasion de 2003, 24 000 civils ont été tués en Irak en 2007.

Source : Catherine Gouëset, « L'intervention américaine en Irak (2002/2007) », *L'Express*, 16 janvier 2007. Mise à jour par Marie-Chantal Locas.

LISTE DES FIGURES

TABLE DES MATIÈRES

À PROPOS DES AUTEURS

CHARLES-PHILIPPE DAVID est professeur de sciences politiques, directeur de l'Observatoire sur les États-Unis, et titulaire de la Chaire Raoul-Dandurand en études stratégiques et diplomatiques à l'Université du Québec à Montréal. Il a été membre élu de l'Académie des lettres et des sciences de la Société Royale du Canada en 2001 et récipiendaire du prix Jean Finot de l'Institut de France en 2003. Il a été boursier Fulbright à deux reprises, d'abord à l'Université de Californie à Los Angeles (UCLA) en 1991-1992, puis à l'Université Duke en 2002-2003. Il a publié seul ou en collaboration une douzaine d'ouvrages en français, dont *Le 11 septembre 2001, cinq ans plus tard* (Septentrion, 2006), *La guerre et la paix. Approches contemporaines de la sécurité et de la stratégie,* 2ᵉ édition (Presses de sciences po, 2006), *Au sein de la Maison-Blanche: La formulation de la politique étrangère américaine,* 2ᵉ édition (Presses de l'Université Laval, 2004), *La politique étrangère des États-Unis. Fondements, acteurs, formulation* (Presses de sciences po, 2003), *Repenser la sécurité* (Fides, 2002), *Théories de la sécurité* (Montchrestien, 2002).

KARINE PRÉMONT est chercheure associée à l'Observatoire sur les États-Unis de la Chaire Raoul-Dandurand de l'UQAM et professeure de science politique au Collège André-Grasset à Montréal. Elle a participé à de nombreux ouvrages sur les États-Unis, notamment *La présidence des États-Unis* et *Les élections présidentielles américaines*, parus aux Presses de l'Université du Québec. Son ouvrage, *La télévision mène-t-elle le monde?*, est paru en 2006 aux mêmes éditions. Karine Prémont est également doctorante à l'UQAM.

JULIEN TOURREILLE est chercheur à l'Observatoire sur les États-Unis de la Chaire Raoul-Dandurand et chargé de cours à l'UQAM. Il est également étudiant au doctorat en science politique à l'UQAM. Il a participé à de nombreux ouvrages sur les États-Unis, notamment *Le conservatisme américain. Un mouvement qui a transformé les États-Unis* (co-dirigé avec Charles-Philippe David), PUQ, 2007 ; *Washington et les États voyous. Une stratégie plurielle ?*, IRIS-Dalloz, 2007 ; *Hegemony or Empire ? The Redefinition of U.S Power under George W. Bush*, Ashgate, 2006.

Élisabeth Vallet est titulaire d'un doctorat en droit public. Avant de se joindre à la Chaire Raoul-Dandurand en études stratégiques et diplomatiques de l'UQAM, elle a effectué un post-doctorat au Centre de recherche en droit public de l'Université de Montréal. Elle a été, en 2002-2003, chercheure invitée à l'Université Duke aux États-Unis, puis chercheure à la Chaire de recherche du Canada en relations internationales de l'UQAM. Elle a notamment publié *Les élections présidentielles américaines* (en co-direction, 2004), *La présidence des États-Unis* (2005), *Le 11 septembre 2001, cinq ans plus tard* (2006).

LA CHAIRE RAOUL-DANDURAND
EN ÉTUDES STRATÉGIQUES
ET DIPLOMATIQUES

Créée à l'Université du Québec à Montréal en janvier 1996, la Chaire Raoul-Dandurand en études stratégiques et diplomatiques est dirigée par Charles-Philippe David, professeur au département de science politique. Elle a pour mission de répondre aux besoins d'information, de formation, de recherche et de consultation des universités, des organismes d'État, des organisations internationales et des entreprises, dans le domaine des relations internationales.

Le nom de la Chaire évoque le souvenir de Raoul Dandurand, qui fut sénateur de 1898 à 1942. Il exerça également les fonctions de président du Sénat de 1905 à 1909 et de président de l'Assemblée de la Société des Nations en 1925. Le sénateur Dandurand fut l'instigateur de l'indépendance de la politique internationale canadienne vis-à-vis de celle de l'Angleterre en 1931.

Le mandat de la Chaire est triple:

MOBILISER les connaissances
La Chaire Raoul-Dandurand est une structure de développement de la recherche. Avec ses six groupes de recherche, la Chaire Raoul-Dandurand développe une expertise pointue dans les domaines de la politique étrangère des États-Unis, de la géopolitique des ressources naturelles, des nouveaux enjeux liés au terrorisme, de l'économie et de la sécurité, des missions de paix et des évolutions au Moyen-Orient.

DIFFUSER le savoir
La Chaire Raoul-Dandurand est une structure de diffusion de la recherche. Auprès des universités, des organismes d'États, des organisations internationales et du secteur privé, elle transmet son expertise par des publications, des conférences et des colloques. Au travers de ses interventions médiatiques et de ses publications didactiques, elle joue le rôle d'interface entre le monde scientifique et le grand public.

FORMER les étudiants, les chercheurs et les décideurs
La Chaire Raoul-Dandurand est une structure de formation. Elle propose des enseignements dans le cadre des programmes d'études du département de science politique de l'UQAM afin d'initier les étudiants aux grands problèmes politiques contemporains. Elle associe également chaque année de jeunes chercheurs à ses programmes de recherche. Elle offre aux décideurs et aux entreprises privées des formations sur les enjeux contemporains des relations internationales.

Pour de plus amples renseignements:

CHAIRE RAOUL-DANDURAND EN ÉTUDES
STRATÉGIQUES ET DIPLOMATIQUES
UNIVERSITÉ DU QUÉBEC À MONTRÉAL
455, boul. René Lévesque Est, UQAM, Pavillon Hubert-Aquin,
4ᵉ étage, Bureau A-4410, Montréal (QC), H2L 4Y2
Tél.: (514) 987-6781 • Fax: (514) 987-8502
[w w w . d a n d u r a n d . u q a m . c a]

CET OUVRAGE EST COMPOSÉ EN MINION PRO CORPS 11
SELON UNE MAQUETTE RÉALISÉE PAR JOSÉE LALANCETTE
ET ACHEVÉ D'IMPRIMER EN FÉVRIER 2008
SUR LES PRESSES DE L'IMPRIMERIE MARQUIS
À CAP-SAINT-IGNACE
POUR LE COMPTE DE GILLES HERMAN
ÉDITEUR À L'ENSEIGNE DU SEPTENTRION